감동을 주는
神殺 通辯術

감동을 주는 신살 통변술

초판인쇄	2019년 11월 11일
초판발행	2019년 11월 15일
지은이	한길수
발행인	조현수
펴낸곳	도서출판 프로방스
마케팅	이동호
IT 마케팅	신성웅
디자인 디렉터	오종국 Design CREO
ADD	경기도 고양시 일산동구 백석2동 1301-2
	넥스빌오피스텔 704호
전화	031-925-5366~7
팩스	031-925-5368
이메일	provence70@naver.com
등록번호	제2016-000126호
등록	2016년 06월 23일
ISBN	979-11-6480-021-6 12720

정가 48,000원

파본은 구입처나 본사에서 교환해드립니다.

감동을 주는
神殺 通辯術

프로방스

이 책은 이렇게 썼다.

필자는 이번까지 11권의 책을 집필하면서 아쉬움이 남는게 독자들이 소위 말하는 비법 즉, 고객들에게 어떻게 하면 감동을 줄 수 있을까에 대하여 고심을 해왔다.

왜냐하면 감동을 주지 못하면 손님이 없을 것이고, 손님이 없으면 사무실을 운영할 수 없기 때문이다.

결국 사주를 잘 본다는 것은 돈을 잘 번다는 것인데, 돈을 벌지 못하면 술사로서 생명력이 떨어진다.

이러한 이유로, 손님에게 감동을 주기 위해서는 기본적으로 용신을 잘 잡아야 하지만 용신법만으로는 운의 좋고 나쁨을 알 수 있을 뿐이지 고객들에게 큰 기쁨을 주거나 감동으로 인한 눈물을 흘리게 할 수 없는 것이다.

고객을 감동시킬 수 있는 방법은 각자의 사주가 다르고, 운의 흐름에 따라 자기가 현재 처해있는 현실이 다르기 때문에 설령 호응은 얻을 수 있을지라도 모든 사람들은 감동시킬 수는 없다.

고객을 감동시킬 수 있는 방법에 있어 필자가 중요하게 생각하는 것은 용신법을 기본으로 하여 合, 沖, 刑 등 주요 神殺과 明暗合 같은 支藏干의 움직임을 잘 관찰해서 당사자의 비밀을 끄집어내야 감동을 줄 수 있다는 것이다.

그렇다고 해서 무조건 殺을 대입하는 것은 옳지 않다.

殺의 종류가 엄청나게 많은데, 그 많은 殺들은 다 암기 할 수도 없고, 사주에는 붙이면 거의 殺이 되는데, 이 殺을 모두 대입할 필요가 없으며, 다만 많이 쓰이는 殺을 선별해서 해석해야 하고, 그 당면한 大運이나 歲運에 맞게 殺을 해석해야 한다는 것을 수많은 임상을 통해 터득한 지식임을 분명히 밝힌다.

또한 현침살, 철쇄개금살, 도화살, 천문성 같은 경우는 살성으로서의 작용보다는 직업으로 작용하는 사례를 많이 봐왔다.

일반격 사주의 용신 잡는 법에 있어 다 아는 바와 같이 "조후용신"이 있다.

이 조후용신법이 맞는 것임에는 틀림없지만 조후라는 개념이 광범위하기 때문에 초보자들은 용신을 잡는데 애로가 많을 수 있다.

일반격 사주에 대한 용신을 잡는데 있어 필자가 가장 중요하게 여기는 것은 사주의 온도와 습도인데, 이 방법은 月支를 중심으로 해서 각각의 글자를 계절의 특성에 맞게 온도를 측정하고, 支藏干 등을 고려해서 습도를 측정해 이를 종합하여 사주의 온도와 습도를 측정해 용신을 잡는다.

예를 들어 甲木과 乙木이 있다고 하자.

이 甲木과 乙木은 그 쓰임새나 크기가 다를 뿐 똑 같은 생명체 이기 때문에 온도와 습도가 맞아야 생명을 유지하고 성장하여 결실을 맺을 수 있기 때문이다.

따라서, 필자는 조후용신이라는 용어를 대신해서 온도와 습도를 줄임말로" 온습도 용신"이라 칭한다.

독자 여러분께서도 필자의 이 용신법 이론을 도입해서 임상을 해보시기 바랍니다.

또한, 날마다 사주 손님이 오지만 사주마다 이야기가 다를 뿐만 아니라 감동이 있는 사주도 있고, 무덤덤한 사주도 있으며, 필자가 생각하기에 학문적인 가치가 있는 사주도 있고, 그렇지 않는 사주도 있는데, 필자는 그동안 많은 책을 써왔기 때문에 아무 사주나 마음에 와 닿질 않지 않아 골라서 쓰다 보니까 햇수로 3년만에야 이 책을 내놓게 되었다.

따라서, 책에 쓰여진 사주들은 어떤 사주도 임의로 만들어서 풀이하지 않았고, 추상적으로 집필하지 않았으며, 오직 실제로 감명한 사주들만을 소재로 삼았다. 이 사주들의 命主의 명예를 생각해서 누구의 사주인지 알 수 없도록만 정보를 왜곡했다.

또 한 가지 독자여러분들께서 고려해 주셔야 할 것은 필자의 사무실이 위치해 있는 장소가 강남구 대치동 은마종합상가 1층으로 부촌이기 때문에 상대적으로 어렵게 사는 사람의 숫자가 적음을 이해하여 주시기 바란다.

독자들의 발전을 빕니다.

2019. 1. 25.

한길수 철학원장

✳ | 차례

01

丙申年 통변술

01 | 좋은 직업을 가진 전직 판사라도 남자 복이 없으니 이혼 했다.

65	55	45	35	25	15	5	
己	戊	丁	丙	乙	甲	癸	大
巳	辰	卯	寅	丑	子	亥	運

時柱	日柱	月柱	年柱	
丙	癸	壬	癸	坤
辰	巳	戌	丑	命

＊ 丙申년 子月에 제주도에서 온 여자로, 사주의 구조는, 소띠 해의 늦 가을에 자신을 나타내는 글자를 가을 비에 비유해 해석하는 癸水로 태 어나 火와 土는 많은 반면 도와주는 세력이약하므로 신약한 사주다.

＊ 늦가을에는 곡식을 걷어 들여야 하고, 걷은 곡식을 말려야하므로 비 가 많이 내리면 습해서 곡식이 썩기 때문에 많은 비가 필요하지는 않지 만 그렇다 해도 적정량의 비가 내려야 습도가 맞을 것이나 이 사주에는 土가 3개가 있고, 火가 두 개가 있어서 신약하고 건조하다.
따라서, 水가 용신이고, 金이 길신이며, 火와 건토는 흉신이고, 그 나마 습토는 다소 길신 작용을 해주며, 이런 경우 운에서 木이 온다 해도 火 를 생해서 더욱 건조하게 하기 때문에 크게 도움이 되지 않는다.

＊ 이 사주의 殺은 丑土와 戌土가 丑戌刑을 하고 있어서 남편과 헤어질 운명이고, 巳戌鬼門殺을 가지고 있어 성격이 까다롭거나 우울증과 인연 이 있으며, 怨嗔殺을 구성하고 있어서 남편과 아버지 또는 시어머니와

갈등을 겪을 것이고, 巳火와 戌土가 天門星이라 종교나 철학에 인연이라 무당집에 점을 보러 갔었고, 사주와도 인연이며, 丑土와 戌土가 湯火殺인데, 자신한테는 현실 비관성이고, 전 남편도 그러할 것이나, 전 남편에 대한 것은 확인하지 못했으며, 日主가 천을귀인이지만 의미없는 殺이다.

* 辰土, 戌土, 丑土가 총칭 華蓋殺인데, 이 중에서 眞華蓋殺은 年支 三合을 기준해서 巳酉丑에 丑土이므로 丑土가 眞 華蓋殺로, 이 華蓋殺 역시 종교나 철학에 인연이 있다.

* 이 女命은 日干인 癸水가 財星인 丙火로부터 剋을 당하고, 官星인 土가 많아서 地支의 土로부터도 은연중 극을 당하고 있으며, 巳戌鬼門殺도 있어 성격이 예민할 뿐만 아니라 아이큐가 140 이상으로 높다.

* 이렇게 아이큐가 높으면서 대운이 잘 받쳐주면 의외의 좋은 대학을 갈 수도 있고, 좋은 직업을 가질 수도 있는데, 이 命主는 전직 판사로, 丁酉年에 巳酉丑金局이 되어 강력한 길신으로 작용해주므로 부부장 판사로 승진한 후 곧바로 부장 판사로 승진할 예정이라고 했다.
그런데 특이한 것은 판사의 체계상 1년 만에 부부장에서 부장으로 승진할 수가 있다고 하니 일반적인 공직사회의 승진과는 차이가 있는 것 같다.

* 이 女命의 남자관계를 살펴보면, 丑土, 戌土, 辰土가 남자이고, 巳중의 戊土도 남자인데, 巳중 戊土는 애인이다.

年支 丑土는 偏官이면서 干上에 癸水가 있어서 남의 남자이고, 月支 戌土가 正官으로 남편인데, 이 戌土가 比劫인 壬水를 머리에 이고 있으면서 丑戌刑을 했으므로 결혼하자마자 이혼하게 되는데, 이 命主는 31세 되는 癸未年에 결혼을 했으며, 아이 하나를 낳고, 2006 丙戌年이나 2009 己丑年에 이혼했을 것인데, 이런 사주는 결혼하자마자 마음속에 애정이 없어 이혼한 것이나 다름없기 때문에 이혼한 해년은 큰 의미가 적다.

또한, 巳火 속의 남자를 만나게 되는데, 이 女命은 2002년에 辰土 官星이 들어오므로 5살 위의 남자와 사귀고 있으나 마음에 내키지 않는다고 한다.

그 원인을 분석해 보면, 日支 巳火가 길신이면 좋아할 남자이지만, 巳火가 흉신이라서 좋아하지 않게 되며, 巳戌鬼門殺을 이루고 있어서 2018년 戊戌年에 歲運에서 正官인 戊土가 戌土를 끌고와 丑戌刑을 하면 헤어질 것으로 본다.

앞으로 다가올 자기 남자의 인연은 辰土인데, 이 辰土는 나와 같은 성분인 辰중 癸水가 들어있어서 본인한테 도움이 될 것이기 때문이나, 이 辰土는 辰중 戊土와 辰중 癸水가 暗合을 하고 있으므로 이 辰土 남자는 임자가 있거나, 임자가 있었던 남자와 인연이다.

02 | 丙申年에 남편을 잃었단다.

65	55	45	35	25	15	5		
庚	己	戊	丁	丙	乙	甲	大	
子	亥	戌	酉	申	未	午	運	

時柱	日柱	月柱	年柱	
庚	戊	癸	辛	坤
申	申	巳	亥	命

47

＊ 丙申년 子月에 자신의 이름을 개명을 하려고 구리에서 래원한 여자로, 사주의 구조는, 돼지띠 해의 초여름에 자신을 나타내는 글자를 큰 산의 흙에 비유해 해석하는 戊土로 태어나 도와주는 세력이매우 약하므로 신약한 사주다.

＊ 초여름에 태어난 戊土라서 어느 정도 火氣가 있지만, 金과 水가 너무 많아서 신약하므로 火가 용신이고 日干인 土가 길신이며, 金과 水가 病神이고, 운에서 오는 濕土가 흉신이며, 운에서 오는 木이 閑神이다.

＊ 이 女命의 사주에서 官星인 남편은 亥水 속에 들어있는 甲木인데, 巳亥沖을 받아서 亥水가 깨졌으므로 그 속에 들어있는 官星인 甲木도 깨졌다고 해석해야 하며, 용신인 巳火는 巳亥沖을 받은데다가 巳申合을 하고 있어 용신이 매우 불안하다.

＊ 女命의 사주에서 용신을 남편으로 해석하는데 용신이 깨졌으므로 용

신적인 측면에서도 남편이 깨졌다고 본다.

이와 같이 원래의 官星이 들어있는 亥水가 巳火와 巳亥冲을 받아 깨진 상태에서 운에서 또 다시 巳亥冲이 되어도 亥水가 깨지게 되지만, 申金이 와서 巳申合을 하면 巳火가 움직이게 되어 巳亥冲이 되므로 亥水가 깨지게 된다.

따라서, 丙申年이나 丁酉年에 남편을 잃게 되는데, 이 女命은 丙申年에 잃었다고 한다.

＊ 이 女命이 인터넷으로 보내온 사연이다.

현재의 이름은 김영자인데, 몇 달 전에 남편을 잃었습니다. 안 그래도 외로운 처지에 그나마 하나 있던 친구인 남편마저 그리 되었네요.. 겨우 추스르고 나니, 이름이 안 좋단 말이 자꾸 떠올라서 개명하려고 합니다.

03 | 유복자로 태어나 18살에 어머니 마져 돌아가셨다.

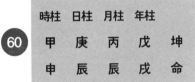

69	59	49	39	29	19	9		時柱	日柱	月柱	年柱	
己	庚	辛	壬	癸	甲	乙	大	甲	庚	丙	戊	坤
酉	戌	亥	子	丑	寅	卯	運	申	辰	辰	戌	命

(60)

＊ 丙申년 子月에 판교에서 래원한 여자로, 사주의 구조는, 개띠 해의 늦봄에 자신을 나타내는 글자를 무쇠 金에 비유해 해석하는 庚金으로 태어나 도와주는 세력이많으므로 신강한 사주다.

＊ 초여름에 태어난 庚金이 土가 많아서 신강하므로 火를 용신으로 쓰고 木을 길신으로 쓸 것 같으나, 火는 뿌리가 없고, 木은 甲庚沖이 된데다가 酉金 위에 앉아있어서 죽은 木이라서 쓰지 못하고, 어쩔 수 없이 申중 壬水를 용신으로 쓸 수밖에 없으므로 火와 木은 오히려 흉신이고, 金이 길신이며, 土가 흉신이다.
따라서, 용신잡기가 어려운 사주다.

＊ 이 命主 설명은, 자신은 유복자로 태어났으며, 6살(癸卯年)때 어머니 마져 작고하셔서 어려운 환경에서 성장했으며, 30대 중반부터 남편의 사업이 번창해서 잘 살아왔다고 하며, 여태까지 살아오면서 베푸는 것을 낙으로 살고 있으며, 호주에서 아들 뒷바라지를 하면서 생활하고 있

다고 말했다.

＊ 이를 검증해 보면, 財星이 乙木인데, 乙卯대운에 乙木은 乙庚合되어 없어 졌고, 卯木은 卯酉沖되어 없어졌다는 것이 증명되었고, 이 사주에 모친은 土인데, 土가 너무 많아서 病神이라 모친과 인연이 없으며, 이 마져도 辰戌沖을 하면서 깨져 모친이 일찍 돌아가셨다고 판단한다.

＊ 현재 대운이 庚戌대운인데, 앞으로 오는 2018 戊戌年에 辰戌沖을 하므로 건강문제나 경제적 문제 또는 남편하고의 문제 등을 예상할 수 있다.

＊ 자식이 食傷인 水로, 辰土 속에 들어있는데, 辰土가 2개이므로 두 번 낙태를 했다고 말했다.

남편 사주
食傷이 여러 개라서 조모가 두 분이란다.

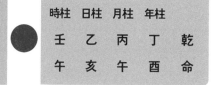

69	59	49	39	29	19	9	
己	庚	辛	壬	癸	甲	乙	大
亥	子	丑	寅	卯	辰	巳	運

時柱	日柱	月柱	年柱	
壬	乙	丙	丁	乾
午	亥	午	酉	命

＊ 丙申년 子月에 부인이 가지고 온 남편의 사주로, 사주의 구조는, 닭 띠 해의 한여름에 자신을 나타내는 글자를 꽃나무에 비유해 해석하는

乙木으로 태어나 도와주는 세력이 약하므로 신약한 사주다.

＊ 한여름에 태어난 乙木이 水는 적은데 火가 너무 많아서 신약하므로 극심한 가뭄을 만나 갈증을 느끼고 있는 현상이고, 다른 해석으로는 여름 꽃 나무가 너무 많은 꽃을 피웠기 때문에 아름답고 향기는 진동하나 몸이 고달픈 현상과 같으므로 水가 용신이고 金이 길신이며, 火가 病神이고, 운에서 오는 濕土는 길신이며, 木이 한신이다.

＊ 이 사주에 食傷이 病神으로, 食傷은 조모에 해당하고, 결혼을 한 후에는 장모에도 해당하는데, 인연이 없을 뿐만 아니라 업으로 작용하는데 이 命主의 조모가 두 분이라고 하며, 재혼을 하지 않았으므로 장모는 해당 하지 않는다.

＊ 이 命主의 직업은 年支에 鐵鎖開金殺인 酉金이 있어서 제약회사를 운영한다.

04 | 씨 다른 이복형제가 있다.

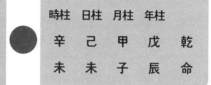

62	52	42	32	22	12	2	大
辛	庚	己	戊	丁	丙	乙	運
未	午	巳	辰	卯	寅	丑	

時柱	日柱	月柱	年柱	
辛	己	甲	戊	乾
未	未	子	辰	命

＊ 丙申년 丑月에 과천에서 래원한 여자로, 사주의 구조는, 용띠 해의 한겨울에 자신을 나타내는 글자를 야산의 흙에 비유해 해석하는 己土로 태어 나도와주는 比劫이많으므로 신강한 사주다.

＊ 한겨울에 태어난 己土가 신왕하나 劫財인 辰土가 子辰水局을 이루고 時上에 辛金도 있어서 온도가 낮으므로 未중 丁火가 용신이고, 木이 길신이며, 水와 金이 흉신이고 건토는 길신이나 濕土인 辰土가 흉신이다.

＊ 子辰水局으로 財星인 부친이 여러 명이고, 未중 丁火가 두 개이므로 모친도 두 명이며, 陰과 陽이 다른 比劫이 여러 개인데, 이 比劫은 부모가 재혼을 해서 낳은 형제들이므로 배 다른 형제이거나 씨 다른 형제인데, 실제로 이 女命은 진술은 어머니가 재혼을 해서 씨 다른 형제가 많다고 말했다.

＊ 이 사주의 殺은 辰土가 水의 庫로 아버지에 대한 한이 있거나, 아버

지의 건강이 나쁠 것이고, 두 개의 未土가 官庫라서 官星인 甲木 하나에 乙木이 두 개이므로 나중에 여러 남자와 인연을 맺을 것이고, 子水가 空亡이므로 부친이 비었으므로 인연이 박하다는 것을 알 수 있다.

겨울 생은 丑土와 辰土가 急脚殺인데, 젊기 때문에 아직까지 신경통이나 관절이상 증세는 없다고 했다.

＊ 또한, 日干인 己土가 官星인 甲木이 甲己合을 하고 있으므로 남자와 다정함을 나타내고 있는데, 甲木의 입장에서 보면 財星인 여자가 여러 명인데다가 甲己合을 하고 있으면서 이중 己土와도 甲己暗合을 하고, 時支 未中 己土와도 甲己暗合을 하기 때문에 본인과 남편이 각각 여러 번 연애를 하거나 결혼을 한다고 본다.

＊ 이 女命은 懸針殺을 갖고 있어서 의료와 인연인데, 구체적인 설명을 안한체 보험업에 종사하고 있다고 했다.

05 | 官庫를 가져서 34세 청춘에 남편이 사망했다.

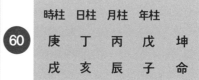

69	59	49	39	29	19	9	
己	庚	辛	壬	癸	甲	乙	大
酉	戌	亥	子	丑	寅	卯	運

60

時柱	日柱	月柱	年柱	
庚	丁	丙	戊	坤
戌	亥	辰	子	命

＊ 丙申년 丑月에 온 송파구에서 래원한 여자 사주로, 사주의 구조는, 쥐띠해의 늦봄에 자신을 나타내는 글자를 인공 불에 비유해 해석하는 丁火로 태어나 도와주는 세력이매우 약하므로 신약한 사주다.

＊ 늦봄에 태어난 丁火지만 丙火 하나 만 있고 木이 없으므로 신약한데 다가 火를 극하는 水가 많아서 신약하므로 水가 병신이고, 火가 용신이 며 운에서 오는 木이 길신이고, 건토는 약신이며, 濕土가 흉신이다.

＊ 이 사주의 殺은, 辰亥怨嗔殺 겸 鬼門殺이고, 戌亥天門星이며, 子辰水 局을 이루는데, 日支 남편 궁에 있는 官星인 亥水와 辰土가 원진살이면 서 鬼門殺이므로 남편 덕이 없음을 나타내고, 官庫인 辰土를 갖고 있어 서 남편의 건강에 문제가 있으며, 子辰水局을 이루어 辰土가 없어지고 水로 변질되었으므로 辰土 자식을 잃을 수 있는데, 이 命主는 2명의 자 식을 자연유산으로 잃었고, 2명의 자식을 얻었다고 한다.

* 또한, 子辰水局이 됨으로써 또 하나의 水가 발생했는데, 결국 官星인 水가 너무 많은 형국이므로 남편이 없는 것과 같다.

29대운 癸丑대운에 癸水 官星이 나타나므로 그 당시로서는 늦은 나이인 29세 丙辰年에 결혼을 했는데, 34세 辛酉年에 남편이 교통사로 사망했다고 한다.

* 이 사주에는 木이 꼭 필요한데도 나타나지 않았는데, 木은 옷이고, 日干인 火는 시각적이거나 디자인이므로 옷 가게가 맞기 때문에 여태까지 영등포 지하상가에서 옷가게를 운영하면서 살아오고 있다고 한다.

06 | 子酉鬼門殺과 多官殺을 가진 여자.

66	56	46	36	26	16	6			時柱	日柱	月柱	年柱	
乙	丙	丁	戊	己	庚	辛	大	**56**	庚	丁	壬	壬	坤
巳	午	未	申	酉	戌	亥	運		子	酉	子	寅	命

＊ 丙申년 丑月에 성동구에서 사귀고 있는 남자와 같이 래원한 여자로, 사주의 구조는, 범띠 해의 한겨울에 자신을 나타내는 글자를 인공 불에 비유해 해석하는 丁火로 태어나 도와주는 세력이매우 약하므로 극 신약한 사주다.

＊ 한겨울에 태어난 丁火는 추운 세상을 따뜻하게 해주기 위해서 태어났기 때문에 충분한 열량이 필요함에도 日干인 丁火가 年上과 月上에 있는 壬水와 爭合을 하면서 月支에 亥水가 있고, 時支에 子水가 있으며, 日支에 酉金이 있어서 年支에 있는 寅木에 의지하므로 寅木이 용신이고, 火가 길신이며, 水가 病神이고, 金이 흉신이며, 운에서 오는 건토는 水를 극해 주므로 좋지만 濕土는 흉신이다.

만약 寅木이 없었다면 從을 할 사주이나 寅木이 있어서 從을 할 수 없으므로 엄마인 寅木에 의지해야 하므로 마마걸이다.

＊ 여자 사주에 官星이 많아서 病神이 되면 반드시 남편 복이 없는 팔자

이고, 성격이 너무 예민하여 신경정신과 치료를 받아야 한다.

＊ 이 女命은 초년 운에서 戌 대운은 좋지만 酉, 申 대운이 나쁘기 때문에 결혼과 동시에 남편과 불화를 겪게 되므로 언제 이혼했느냐는 사실상 별의미가 없다.

＊ 이 사주의 殺은 다음과 같은데, 사귀고 있는 연인과 함께 왔기 때문에 자세한 것을 확인치 못하여 아쉬우나 확인된 殺을 중심으로 적었다. 月支 寅木은 驛馬殺이고, 寅酉怨嗔殺이며, 子酉雙鬼門殺을 이루고 있는데, 印星인 寅木이 驛馬殺이므로 일반적인 사주라면 많이 움직일 운명이지만 극 신약사주의 경우 체력이 약한데다가 불안증세가 있기 때문에 집에서 나오지 않을 것이다.

＊ 모친인 寅木이 驛馬殺이므로 어머니가 많이 움직이는 직업을 가졌을 것이고,

＊ 사주에 官殺이 너무 많아서 신약하면 대부분 불안증세나 우울증 같은 정신질환을 앓게 되는데, 이 사주의 경우는 雙鬼門殺까지 갖고 있어서 불안 증세가 더욱 심하며, 특히 그 남자에 대한 불안심리가 강하다.
따라서, 이런 구조를 가지면 밤에 잠을 못자는 경우가 대부분인데 이 命主도 약을 먹어야 잠을 잘 수 있다고 했다.
실제로 이 命主는 위와 같이 설명을 해준 필자에게 "어떻게 해야 예민함을 해결할 수 있습니까?"라고 묻기에 필자의 대답은 "어쩔 수 없으니 약

이라도 복용하세요."라고 원론적인 대답을 할 수밖에 없었다.

＊ 또한, 남편 덕이 없으므로 같이 온 남자도 차분하지 못했고, 감옥도 갔다 왔으며, 재산도 모두 날려봤고, 이혼까지도 했었다고 말했다.

07 | 自刑殺의 새로운 이론 – 1

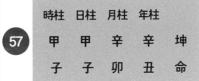

61	51	41	31	21	11	1			時柱	日柱	月柱	年柱	
戊	丁	丙	乙	甲	癸	壬	大	57	甲	甲	辛	辛	坤
戌	酉	申	未	午	巳	辰	運		子	子	卯	丑	命

＊ 丙申년 丑月에 성동구에서 래원한 여자로, 사주의 구조는, 소띠 해의 중 봄에 자신을 나타내는 글자를 큰 나무에 비유해 해석하는 甲木으로 태어나 도와 주는 세력이많으므로 신강한 사주다.

＊ 중 봄에 태어난 甲木은 강한 자신의 기세를 설기 해야만 할뿐만 아니라 꽃을 피워야 아름답고 향기가 있는 법이므로 火가 가장 필요하지만 나타나있지 않으므로 金이 용신이고 丑土가 길신이며, 木과 水가 흉신이고, 운에서 오는 乾土와 火는 흉신이다.

＊ 여자 사주에서 官星이 용신이라면 일반적으로 이혼이 어렵다고 봐야하지만, 이 사주의 경우는 比劫이 旺한 상태에서 官星과 부딪치고 있고, 대운에서 31 乙未대운을 만나 대운의 未土가 官星의 뿌리인 丑土를 丑未沖하므로 아이 둘을 낳고 이혼해서 솔로로 생활하고 있다.

＊ 이 사주의 殺은 子子自刑인데, 이 사주에서 子水는 水生木을 해서 왕

한 木을 더욱 더 왕하게 만들 뿐만 아니라 甲木을 물에 뜨게 하므로 흉신이기 때문에 부모덕이 없다고 판단해야 하는데, 이 命主의 설명은 41세 이후 엄마의 유산을 받아 월 1억에 가까운 월세를 받고 있다고 하니 辰午酉亥子刑殺에 대한 기존의 이론을 뒤집어야 할 형편에 놓였다.

＊ 또한, 그동안 남자가 눈에 안 들어와서 결혼할 생각을 안해왔는데 올해 들어 모 정보기관에 근무하는 고위직 남자가 나타났는데 동거를 해볼 생각이라고 했다.

08 | 自刑殺의 새로운 이론 – 2

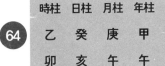

70	60	50	40	30	20	10		時柱	日柱	月柱	年柱	
癸	甲	乙	丙	丁	戊	己	大	乙	癸	庚	甲	坤
亥	子	丑	寅	卯	辰	巳	運	卯	亥	午	午	命

＊ 丙申년 丑月에 종로구에서 래원한 여자로, 사주의 구조는, 말띠 해의 한 여름에 자신을 나타내는 글자를 여름비에 비유해 해석하는 癸水로 태어나 도와주는 세력이 약하므로 신약한 사주다.

＊ 한여름에 태어난 癸水는 날씨가 덥기 때문에 비(水)가 충분히 내려야 만 좋은데도 불구하고 이 사주에는 한여름에 태어난데다가 午火가 두 개가 있고 木이 3개나 있어서 신약하므로 水가 용신이고, 金이 길신이며, 火가 많아서 병신이고, 木이 흉신이며, 운에서 오는 濕土가 길신이다.

＊ 이 사주의 殺은 辰午酉亥 自刑殺중에서 午午自刑殺이 있는데, 午火가 病神이므로 自刑殺의 폐해가 크다고 해야 하지만, 반대로 이 女命은 財星으로 친정 아버지가 고위 관료를 지냈으며, 그 지방에서 큰 부자여서 이 命主의 남편이 사업을 시작할 때 수십억원을 지원해 주어 그 돈이 종잣돈이 되어 한 때 1조 8천억원이라는 자산을 지녔으나 현재는 몇 천

억원에 이른다고 한다.

＊ 그렇다면 그동안에 자형살의 폐해에 대하여 어떻게 설명해야 하는가 가 문제다.

子子自刑殺을 갖고 있는 다른 사주에서도 설명했지만, 그 命主도 부모 유산을 많이 받아서 큰 부자였는데, 이번 午午自刑을 殺은 가진 命主도 부모 유산을 받아서 큰 부자인 것이 확인되었으므로 自刑殺을 새로운 시각에서 검토해야 하는데, 이 自刑殺이 있을 경우라도 부모의 유산을 받아 큰 부자라는 것이다.

09 | 驛馬殺을 직업으로 삼았다.

69	59	49	39	29	19	9		56	時柱	日柱	月柱	年柱	
辛	庚	己	戊	丁	丙	乙	大		己	丁	甲	壬	乾
亥	戌	酉	申	未	午	巳	運		酉	丑	辰	寅	命

＊ 丙申年 丑月에 강서구에서 래원한 남자로, 사주의 구조는, 범띠 해의 늦 봄에 자신을 나타내는 글자를 인공 불에 비유해 해석하는 丁火로 태어나 도와주는 세력이약하므로 신약한 사주다.

＊ 늦봄은 기온이 어느 정도 높아졌기 때문에 생명체인 木이 왕성하게 자랄 계절이라서 자연불인 태양불로 나무를 길러야 좋으나, 인공불로 나무를 기르면 그만큼 불리하고, 더군다나 이 사주에는 습한 기운이 많아 더 많은 량의 火가 필요하기 때문에 火가 용신이고 木이 길신이며, 水가 병신, 金이 흉신, 습토도 흉신, 己土는 일부분 壬水를 막아주므로 閑神이다.

＊ 이 사주의 殺은, 寅木이 驛馬殺이고, 甲辰과 丁丑이 白虎殺, 辰土가 水의 庫, 丑土가 金의 庫이며, 日支 기준해서 酉가 空亡이며, 寅木과 酉金이 怨嗔殺이다.

＊ 寅木이 印綬이면서 驛馬殺인데, 이 命主는 驛馬殺과 관련이 있는 자동차 회사에 다니고 있으며, 白虎殺의 폐혜를 확인 할 수 없었고, 官星인 水가 병신이고, 水의 庫를 가지고 있어서 분명히 자식에 대한 문제점을 안고있을 것이며, 財庫인 丑土가 흉신인 酉金과 合을 하면서 흉신작용을 하면서 日支에 앉자있기 때문에 부부간의 성격이 맞지 않을 것이나, 직업문제가 중요한 관심 사항이었기 때문에 다른 문제들은 본인이 확인해주지 않았기 때문에 이 책에 기술하지 않았다.

10 | 壬辰 魁罡殺 日主 여자의 부부인연

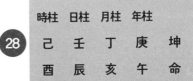

65	55	45	35	25	15	5	
庚	辛	壬	癸	甲	乙	丙	大
辰	巳	午	未	申	酉	戌	運

時柱	日柱	月柱	年柱	
己	壬	丁	庚	坤
酉	辰	亥	午	命

28

＊丙申년 丑月에 마포구에서 래원한 여자로, 사주의 구조는, 말띠 해의 초겨울에 자신을 나타내는 글자를 강물에 비유해 해석하는 壬水로 태어나 도와주는 세력이 많으므로 신강한 사주다.

＊초겨울에 태어난 壬水라서 그렇지 않아도 찬데, 時上에 庚金이 있고, 年支에 亥水, 日支에 辰土, 時支에 酉金이 있으면서 辰酉合金을 이루어 金生水를 하므로 매우 신강한데, 겨울에 태어난 壬水는 신강하면 신강할수록 차기 때문에 火와 土가 필요하지만 地支의 辰土는 辰酉合을 해서 변신을 했으므로 쓸 수 없고, 時上의 己土는 酉金위에 앉아있어서 힘이 없는 土라 火를 용신으로 쓰고 土가 약신 겸 길신이며, 水가 병신이고, 金이 흉신이 며, 운에서 木이 온다 해도 흉신이다.

木을 흉신으로 본 이유는 사주에 木이 나타나 있지 않을 뿐만 아니라 土를 쓰지 않을 경우라면 木을 길신으로 쓸 수도 있지만, 이 사주는 사실상 土로 제방을 막아야 하는데 木이 나타나면 木剋土하므로 土를 쓰지 못하기 때문이다.

＊이 사주를 가지고 래원한 시어머니의 말을 들어보면, 이 命主는 25세 甲午年 대학교 다닐 때 같은 대학에 다니던 아들과 연애를 했는데 임신이 되어 어쩔 수 없이 결혼을 해서 아이를 낳았는데, 결혼하자 마자 남편과 갈등을 겪어오다 丙申年 들어 법원에 이혼신청을 했다고 하며, 이 命主는 세 번째 친정 의붓아버지 밑에서 성장해왔다고 했다.

＊이 사주의 殺과 가족관계를 분석해 보면 아래와 같다.

이 사주의 殺은 日主가 壬辰魁罡殺이고, 辰亥怨嗔殺이 있으며, 辰土가 急脚殺이고, 日主를 기준하여 午火가 空亡이고, 壬水 日干을 기준하여 午火가 湯火殺이며, 丁壬合이 있고, 辰酉合이 있으며, 辰土가 官庫이다.

여자 사주에서 日主가 魁罡殺이면서 官星이 길신이고 힘이 있으면 결혼 생활을 하는 사람도 있으나, 그렇지 않을 경우는 대부분 이혼하게 된다.

또한, 辰土가 남편인데, 辰亥怨嗔殺을 이루므로 남편과 불화를 예고하고 있으며, 나중에 만날 時上의 己土는 酉金 위에 앉자있어서 힘이 없는 남편이므로 이 남자를 만난다 해도 무능력한 남편이 될 것이다.

이 女命의 첫 남자는 午火 속의 己土인데, 이 己土는 桃花殺이면서 空亡을 맞아서 비었고, 湯火殺이라서 비관적이므로 여러 가지로 나쁜 작용들이 가중하므로 결국 이혼하게 된다.

그리고, 이 女命의 모친은 年上에 庚金이 있고, 時支에 酉金이 있으며, 辰土와 酉金이 合을 해서 또 다른 金을 만드므로 印綬가 3개 이므로 어머니가 3명이라는 것이 증명되었다.

年支의 午火 부친은 空亡을 맞아서 비었으니 인연이 박하고, 月上의 壬水 부친과는 丁壬合을 하므로 인연이 맞는데, 문제는 3번째 의붓 아버지와 살아왔다고 하므로 3번째라는 것이 증명이 되지 않는다.

또 다른 이론은, 壬水 일간과 財星인 丁火가 丁壬合을 하므로 이 命主와 시어머니의 사이가 좋다고 한다.

11 | 이 財多身弱 사주를 어떻게 해석해야 하는가?

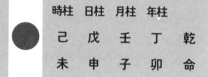

66	56	46	36	26	16	6	
乙	丙	丁	戊	己	庚	辛	大
巳	午	未	申	酉	戌	亥	運

時柱	日柱	月柱	年柱	
己	戊	壬	丁	乾
未	申	子	卯	命

＊ 丙申년 丑月에 강서구에 사는 어머니가 가지고 래원한 아들 사주로, 사주의 구조는, 토끼띠 해의 한겨울에 자신을 나타내는 글자를 큰 산의 흙에 비유해 해석하는 戊土로 태어나 도와주는 세력이약하므로 신약한 사주다.

＊ 한겨울에 태어난 큰 산이라서 火가 충분해야 나무를 기를 수 있을 것인데, 丁火가 있지만 丁壬合을 해서 木으로 변했고, 未土 속의 丁火에 의지를 해야 하고, 卯木은 子卯刑이 되어 손상을 입었기 때문에 기를 수 없으므로 土가 용신이고, 火가 길신이며, 水가 병신이고, 木과 金이 흉신이며, 건토는 길신이지만 운에서 오는 濕土가 흉신이다.

＊ 이 사주에서 水가 강한 세력을 갖고 있어서 財多身弱 사주인데, 이 財多身弱에 대한 육친적인 해석을 어떻게 해야 맞는가?가 중요한 문제이도 하다.

財星은 부친이고, 부인인데, 이 財星의 위치가 부모 궁에 있으므로 이와 같은 요소도 함께 해석을 해야 맞다.

일반적으로 남자 사주에서 財多身弱은 돈을 벌어도 갖질 못하고, 또 자기 보다 강한 여자 때문에 피곤하게 되며, 부친도 도움이 안된다고 알고 있으나, 財星이 부모 궁에 있는데다가 강한 기운을 갖고 있으므로 아버지가 부자이거나 사업을 해서 부자라는 것을 의미하는데, 이 命主의 경우는 아버지가 사업을 해서 큰 부자라고 하므로 본인 사주에 水인 財星이 病神이라서 고통을 준다고 해석할 것이 아니고, 아버지가 능력있는 부자라고 해석해야 하는데, 이런 財多身弱의 경우 만약 財星이 부모 궁에 있지 않고 다른 궁에 있다고 하면 아버지의 덕이 없다고 해석해야 한다.

왜냐하면 부모 궁에 財星이 있을 경우 대게 부모가 부자인 경우가 많기 때문이다.

또한, 財星이 부인이기도 한데, 이런 경우 부인의 덕이 있다고 봐야하나 없다고 봐야하나를 살펴야 하는데, 이 사주는 財가 病神이므로 부인 덕이 없는 것으로 봐야 한다.

＊ 이 사주의 殺星은 丁壬合이 있고, 자묘형이 있으며, 묘신귀문살과 怨嗔殺이 있고, 日主를 기준하여 卯木이 空亡이다.

年上의 丁火 엄마 또는 조부는 卯木 桃花 위에 앉아있으면서 月上의 壬水 아버지로 해석하면 年上의 丁火와 丁壬合을 하고, 未土 속의 丁火와도 합을 하므로 바람둥이다.

月上의 財星은 妻이기도 하므로 妻의 입장에서 보면 남자인 官星으로

日干인 戊土가 申金 위에 있어서 무능력하게 보이고, 時上에 己土는 未土 위에 앉아있는데 未土 속에는 丁火가 들어있어서 合을 할 뿐만 아니라 추위도 녹여주고, 乙木 자식도 갖고 있으므로 日干인 戊土보다 좋기 때문에 재혼팔자이다.

이 사주의 官星은 月支 卯木이 있으나 子卯刑이 되어 얼어있고 공망이므로 자식과 인연이 멀고, 時支의 未土 속에 乙木이 있는데, 庫속에 들어 있으므로 이 乙木 자식과도 인연이 박하여 자식을 낳더라도 이 자식이 썽을 피우거나 건강이 나쁠 수 있다.

＊ 이 命主는 甲午年에 연애결혼을 해서 자식을 낳았는데, 丙申年 己丑月 현재 이혼 신청을 한 상태이기 때문에 실제로는 丁酉年에 이혼이 될 것이므로 그 작용은 卯酉沖으로 보기 때문에 자식은 妻가 데리고 갈 것이라고 진단했다.

02

丁酉年 통변술

01 | 친부모가 능력이 없어서 양부모에게 입양된 신생아.

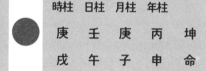

66	56	46	36	26	16	6	
癸	甲	乙	丙	丁	戊	己	大
未	午	未	申	酉	戌	亥	運

時柱	日柱	月柱	年柱	
庚	壬	庚	丙	坤
戌	午	子	申	命

* 丁酉年 寅月에 필자의 지인이 이름을 지어달라고 가지고 래원한 여자 신생아 사주로, 사주의 구조는, 원숭이띠 해의 한겨울에 자신을 나타내는 글자를 강물에 비유해 해석하는 壬水로 태어나 도와주는 세력이많으므로 신강한 사주다.

* 겨울에 태어난 壬水는 신왕하면 신왕할수록 찬데, 이 사주는 한겨울에 태어난데다가 印星인 庚金이 2개가 있고, 申金이 하나 있으면서 子水와 申子水局을 이루므로 신강하므로 火가 용신이고 土가 약신 겸 길신이며, 운에서 오는 濕土는 흉신이며, 운에서 오는 木이 길신이다.

* 이 사주는 年上의 丙火 偏財가 아버지이고, 午중 己土가 첫 남편이며, 戌土가 두 번째 남자이다.

그런데, 아버지 年上 丙火는 申金 위에 앉아 있어서 힘이 없는데다가 日干 壬水와 丙壬沖을 하고, 印星인 庚金과 火金相剋을 하고 있으며, 日支를 기준해서 年支 申金이 空亡을 맞았으므로 丙火도 空亡을 맞은거나 다름없기 때문에 丙火 부친이 견딜 수 없어서 없어지게 된다.

＊ 午중 丁火가 正官으로 첫 남편인데, 桃花殺이고, 湯火殺인데, 부모 궁에있는 子水와 日支 午火가 子午沖을 하므로 부모와도 인연이 없고, 나중에 자신의 남편과 이별하기가 쉬우며, 戊土는 財庫와 官庫를 겸하고 있는 偏官이지만 두 번째로 만난 남편인데, 튼튼하므로 잘살 수 있다.

＊ 이 사주는 독자들의 이해를 돕기 위해서 문답식으로 풀었다.

친구 ｜ (전화와 문자로 사주를 알려주면서) 어이 친구, 이 아이 이름을 지어주게?
필자 ｜ 그렇게 하지.

그런데, 태어난 날이 2016년 12월 26일이고 오늘이 2017년 2월 27일로 한참이 지났는데, 왜 이제야 이름을 짓는가?

친구 ｜ 그렇게 됐다네.
필자 ｜ 하여튼 알았네.

내일 이름을 찾으러 오게.

다음 날 고객이 이름을 찾으러 왔다.

필자 ｜ 이 아이 사주를 보니까 어머니는 강하고 아버지는 능력이 없어서 부모가 이혼한 것으로 보이고, 자신도 재혼할 가능성이 높은데, 이 아이하고 관계가 어떻게 되는가?

친구 | 사주에 그렇게 나오는가?

필자 | 아무래도 가족관계가 정상적이지 않아 보이는데, 어떻게 된 것인가?

친구 | 자네가 도사는 도사네.

사실은 이 아이 이름을 부탁한 사람이 나와 가까운 인척으로 공무원인데, 그동안 수차례 인공수정도 해봤으나, 임신이 되질 않아서 하는 수 없이 입양을 했다네.

그런데 내가 들은 얘기로는 이 아이 친부모가 대학생인데, 불장난을 해서 낳은 아이라서 기를 능력이 없어서 기관에 입양을 했다고 들었네.

필자 | 그렇게 되었구만.

나는 입양까지는 모르고 가족관계가 이상하다는 것은 알 수가 있네.

친구 | 이름을 잘 지어줘서 고맙고, 잘 전달해 주겠네.

02 | 日支를 驛馬殺이 양쪽에서 충돌을 해도 부부문제가 크지않다.

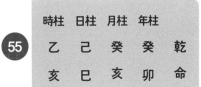

65	55	45	35	25	15	5	
丙	丁	戊	己	庚	辛	壬	大
辰	巳	午	未	申	酉	戌	運

(55)

時柱	日柱	月柱	年柱	
乙	己	癸	癸	乾
亥	巳	亥	卯	命

＊ 丁酉年 寅月에 종로구에 사는 부인이 가지고 래원한 남편의 사주로, 사주의 구조는, 토끼띠 해의 초겨울에 자신을 나타내는 글자를 야산의 흙에 비유해 해석하는 己土로 태어나 도와주는 세력이 매우 약하므로 태약한 사주다.

＊ 초겨울에 태어난 己土가 水가 너무 많아 겨울 폭우가 내려 장마가 진 것과 같고, 춥고 신약한데 기르지 못할 나무를 기르고 있으므로 火가 용신이고, 水와 木이 病神이며, 운에서 오는 金은 약신과 흉신을 겸하고, 운에서 오는 濕土는 흉신이며, 건토는 길신이다.

＊ 이 사주의 殺은, 日支 巳火를 기준하여 戌亥가 空亡이고, 日支를 기준하여 亥水가 驛馬殺이며, 또 日支 巳火를 기준하여 月支와 時支의 亥水가 양쪽에서 巳亥沖을 하므로 일반적으로 볼 때는 이혼수가 있다고 할 수 있는데, 이 부부는 부부간에 갈등은 겪었으나 이혼을 하지는 않았다고 한다.

＊ 亥水가 부친과 부인을 나타내는 財星으로 空亡인데, 부친이 생존해 있고, 부부문제도 없으나 단지 부친 대에서 가난했다고 하며, 驛馬殺작용은 확인할 수가 없다.

＊ 신약한 日干이 木剋土를 당하고 있고, 土克水를 해야 하므로 성격이 매우 예민하며, 아이큐가 140에서 150은 될 것이라고 했더니 이 命主의 부인이 수치는 모르나 머리가 좋다고 말했다.

＊ 官星인 木이 病이므로 고등학교를 졸업한 자식이 정신적으로 불안증세를 가지고 있고, 공부를 하지 않아 진학을 못했다며 이 命主의 부인이 눈물을 보였으며, 財星인 水가 아버지이면서 부인을 나타내기도 한데, 아버지 대에 무척 가난했었다고 하며, 자신과는 갈등이 크지 않다고 말했다.

＊ 직업은 신약한 己土지만 水를 막는 것이 급선무이므로 은행 부지점장급이라고 했다.

03 | 比劫 속에 부인이 들어있어서 의처증이 있다.

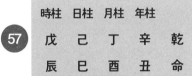

68	58	48	38	28	18	8			時柱	日柱	月柱	年柱	
庚	辛	壬	癸	甲	乙	丙	大	57	戊	己	丁	辛	乾
寅	卯	辰	巳	午	未	申	運		辰	巳	酉	丑	命

＊ 丁酉年 寅月에 서초구에 사는 부인이 가지고 래원한 남편의 사주로, 사주의 구조는, 소띠 해의 한가을에 자신을 나타내는 글자를 야산의 흙에 비유해 해석하는 己土로 태어나 도와주는 세력으로 比劫이 3개가 있고, 印星인 火가 두 개가 있어서 신왕해 보이나 丑土와 巳火가 巳酉丑金局으로 변했고, 地支가 이렇게 金氣가 강한 상태이고 辰土도 辰酉合이 되었으므로 신약한 사주다.

＊ 한가을에 태어난 己土가 金이 많아서 신약하므로 火가 용신이고, 운에서 오는 木이 길신이며, 건토도 길신, 濕土가 흉신이고, 운에서 오는 水는 흉신이다.

＊ 이 사주의 殺은, 丑土가 食傷의 庫이고, 辰土는 水의 庫이며, 合으로는 辰酉合과 巳酉丑金局이 있다.

＊ 巳酉丑金局은 조모가 두 분이거나 장모가 두 분을 의미하는데, 아직

은 확인되지 않았고, 食傷인 金이 강하다는 것은 官이 克을 받으므로 자식에 대한 고민이 있을 수 있으며, 食傷 庫인 丑土가 있어서 앞에서 설명한 조모나, 장모에 관한 문제가 따를 수 있다.

* 또한 丑土는 比肩이고, 辰土는 劫財로, 丑土와 辰土 속에 癸水 여자가 있는데, 丑土 속의 여자는 年支 멀리있는 여자라서 결혼하기 전에 나이가 많은 여자와 인연이 있었다고 하며, 辰土 속의 여자가 本妻인데, 劫財 속에 들어 있기 때문에 의처증을 갖고 있는데다가, 日支가 空亡이므로 부부 관계가 나쁜 와중에 歲運에서 丙申年에 巳申合刑을 하므로 작년에 이혼할 뻔 했다고 말했다.

62	52	42	32	22	12	2	大		時柱	日柱	月柱	年柱	坤
乙	丙	丁	戊	己	庚	辛			丙	癸	壬	丙	命
酉	戌	亥	子	丑	寅	丑	卯		辰	巳	辰	辰	

* 丁酉年 寅月에 강동구에 사는 동생과 함께 래원한 언니 사주로, 사주의 구조는, 용띠 해의 늦봄에 자신을 나타내는 글자를 봄비에 비유해 해석하는 癸水로 태어나 도와주는 세력이약하므로 신약한 사주다.

* 늦봄에 태어난 癸水가 火와 土가 많아서 신약하므로 水가 약신 겸 용신이고, 金이 길신이며 운에서 濕土인 辰土는 그 속에 水를 품고 있으므로 길신의 작용을 해주고 있으며, 火가 병신이고, 운에서 오는 木이 흉신이다.

* 이 사주의 殺은 辰辰自刑이 있으나, 필자는 自刑에 대하여 수 많은 연구를 해봤으나 나쁘다, 좋다에 대한 어떠한 이론도 갖고 있지 않고, 생극제 화가 더 중요하다고 판단하고 있다.

* 辰巳가 天門星인데, 이 命主의 경우는 天門星에 대한 특별한 이론을 발견 할 수 없었고,

＊ 劫財인 壬水가 辰土를 깔고 있으므로 魁罡殺이라서 혼자 사는 형제가 있을 수 있는데, 이 命主의 여동생의 사주를 보니 혼자 살 것으로 예측됐다.

＊ 日主인 癸水를 기준으로 해서 辰巳가 空亡인데, 이 사주의 겨우 地支 4개 모두가 空亡이고, 그 空亡 중에 辰土 남자가 空亡인데 지금까지는 결혼생활을 잘하고 있다고 하므로 空亡의 이론을 발견할 수 없었으나, 앞으로 오는 丙戌 대운이 오면 대운에서 온 戌土 官星이 사주에 있는 官星인 辰土를 辰戌沖을 하면 부부관계에 변화가 올 수 있다.

＊ 여자 사주에 官星이 많으면 미녀인데 이 命主도 키가 훤칠하게 컸고, 미녀였으며, 地支에 있는 3개의 辰土가 正官으로 남자이고, 巳火 속에도 戌土正官이 들어있으므로 끊임없이 正官과 明暗合을 하고 있다.
따라서, 이 命主에게 여러 남자를 사귀겠다고 말해줬으나, 여동생이 옆에 있어서인지 그에 대한 대답을 확실하게 하지 않았으며, 자신의 직업이 땐서라고 말했는데, 이는 많은 남자와 합을 하는 像이므로 직업과 상통한다.

여동생 사주
여자사주에 孤鸞殺이고 官星이 病神이 되면 결혼하기가 어렵고, 결혼을 한다고 해도 곧 이혼한다.

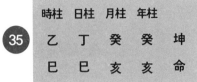

64	54	44	34	24	14	4	大
庚	己	戊	丁	丙	乙	甲	運
午	巳	辰	卯	寅	丑	子	

時柱	日柱	月柱	年柱	
乙	丁	癸	癸	坤
巳	巳	亥	亥	命

＊ 丁酉年 寅月에 앞의 언니와 함께 래원한 동생으로, 사주의 구조는, 돼지띠 해 초겨울에 자신을 나타내는 글자를 인공 불에 비유해 해석하는 丁火로 태어나 도와주는 세력이약하므로 신약한 사주다.

＊ 초겨울에 태어난 정화는 추위를 녹여주는 역할을 하므로 기본적으로 신왕 해야 좋은데, 이 사주는 水가 너무 많아서 病神이고, 病을 치유해 줄 수 있는 乾土가 없으며, 水와 火가 충돌을 하고 있으므로 통관시켜주는 木이 용신이고, 火가 길신이나 사실상 火가 더 좋다.

＊ 여자 사주에 官星이 病神이면 결혼하기 어렵고, 혹시 결혼을 하다고 해도 곧 이혼하게 되는데, 이 사주의 경우는 日主가 丁巳 孤鸞殺이라서 그 혼자 살아갈 가능성이 매우 높다.

＊ 이 命主의 언니 사주에서 劫財가 魁罡殺인데, 여자사주에서 劫財를 남자 형제로 보지만, 이 경우는 자매로 해석해도 맞는데, 여자 魁罡殺은 결혼 생활을 유지하기가 매우 어렵다.

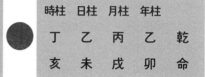

62	52	42	32	22	12	2		時柱	日柱	月柱	年柱	
己	庚	辛	壬	癸	甲	乙	大	丁	乙	丙	乙	乾
卯	辰	巳	午	未	申	酉	卯	亥	未	戌	卯	命

＊丁酉年 卯月에 영등포에서 래원한 남자로, 사주의 구조는, 토끼띠 해의 늦가을에 자신을 나타내는 글자를 꽃나무에 비유해 해석하는 乙木으로 태어나 도와주는 세력이약하므로 신약한 사주다.

＊늦가을에 태어난 꽃나무라서 火가 적어도 안좋지만, 이 사주에는 火가 2개가 있고, 未土와 戌土 속에도 火가 들어있으므로 火는 충분하나, 水가 부족해서 건조하므로 水가 용신이고, 金이 길신이며, 운에서 오는 濕土도 길신이며, 木이 많으므로 한신이다.

＊이 사주는 卯木과 戌土가 卯戌合을 하고, 未土와 戌土가 戌未刑을 하고 있으며, 亥水와 未土가 亥未合을 하고 있다.

＊이 사주가 남자이므로 특히 財星의 동향을 살펴봐야 하는데, 財星인 未土와 戌土가 戌未刑을 하고 있어서 부인이 깨졌을 뿐만 아니라 더군다나 日支 부인 궁이 깨졌으므로 사주가 이렇게 구성되면 결혼하기도

힘들고, 결혼을 한다고 해도 백년해로하기가 어렵다.

단지, 자신이 재혼을 하거나, 그렇지 않으면, 결혼에 실폐한 여자와 결혼을 하거나, 결혼을 해서 주말부부로 산다면 부부관계를 유지 할 수도 있을 것이다.

＊이 男命은 乙未 대운 29세 癸未年에 결혼을 할 여자와 헤어진 후 올해까지 한번도 여자를 만나지 못했고, 또한 일반 직장생활을 하고 있는 노총각이다.

남편의 직업과 관련하여 큰 위기에 처해있다.

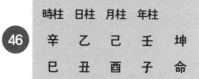

68	58	48	38	28	18	8		
壬	癸	甲	乙	丙	丁	戊	大	
寅	卯	辰	巳	午	未	申	運	

46

時柱	日柱	月柱	年柱	
辛	乙	己	壬	坤
巳	丑	酉	子	命

＊ 丁酉年 卯月에 마포에서 래원한 여자 사주의 구조는, 쥐띠 해의 한가을에 자신을 나타내는 글자를 꽃나무에 비유해 해석하는 乙木으로 태어나 도와 주는 세력이 약하므로 신약한 사주다.

＊ 한가을에 태어난 乙木이 巳火(사화)로 꽃이 피어있는데, 태어난 계절이 한 가을인데다가 찬 기운은 金과 추운기운인 水가 많아서 기온이 낮고, 믿었던 巳火 마져 巳酉丑金局으로 변하였으므로 아름다운 꽃을 지속적으로 피기가 어려운 환경이므로 신약하기도 하고 기온이 낮으므로 火가 용신 겸 약신이고, 木이 길신이며, 金이 病神이고 水가 흉신이며, 濕土도 흉신이다.

＊ 이 사주의 殺은 年支 子水가 총칭 桃花殺이고, 年支를 기준하여 申子辰에 酉金이 桃花殺이며, 日支 丑土가 官庫이며, 日支를 중심으로 巳酉丑金局을 이루고 있고, 日干인 乙木을 時支 辛金이 乙辛沖을 하고 있는 구조다.

＊ 여자 사주에 官星이 많으면 잘 생겼는데, 이 女命도 잘생겼으나, 官星이 지나치게 많아서 病神이므로 다자무자로 없는 것과 같기 때문에 남편과의 관계가 나쁠 뿐만 아니라 사주가 대부분 陰氣로 구성되어 있어서 재혼 할 가능성이 매우 높으나, 이혼 여부는 여자 사주로만 보고 단정지어서는 안된다.

부부는 서로 상대적이기 때문에 어느 한쪽이 나쁘다고 해서 무조건 이혼 할 것이라고 단정지어서는 안된다는 말이다.

＊ 이 女命에서 懸針殺이 辛金과 酉金인데, 이 懸針殺이 남편이므로 남편이 개업을 한 의사라서 이 女命의 입장에서 보면, 남편과 사이는 나쁘지만 경제적으로 안정되게 살아왔기 때문에 이혼할 생각이 없다고 한다.

＊ 다만, 각방을 쓰면서 성생활 할 때만 합방을 하고 있다고 하며, 대게 여자의 경우, 기온이 너무 낮고 음이 강하고 양이 부족하며, 性을 나타내는 巳火가 巳酉丑金局으로 변했으므로 性이 절반은 기능을 상실했기 때문에 성생활에 재미를 느끼지 못할 것이라고 진단했더니 이 女命의 대답이 "그렇습니다"라고 대답함으로써 증명되었다.

＊ 2016 丙申年부터 큰 어려움에 봉착해 있는데, 그 이유는 歲運에서 온 申金이 용신인 巳火를 巳申合刑을 하고, 2017 丁酉年에 역시 歲運에서 온 酉金이 용신인 巳火와 巳酉丑金局을 이루므로 남편문제나 자신의 일 문제로 인한 어려움인데, 자신은 주부이므로 자신의 직업은 상관이 없

는 대신 남편이 경영하는 병원에 세금납부 문제로 해결하기 어려운 지경에 이르렀다고 한다.

＊ 필자의 진단은 내년에 戊戌年이 오면 丑戌刑을 해서 金局을 파괴하고, 戌土 속에 火가 들어있으므로 냉한 사주에 온기를 불어넣어주므로 해결될 것이라고 진단해줬다.

＊ 앞으로 오는 辰 대운이 오면 子辰水局을 이루고, 辰酉合을 해서 病을 더욱 키우므로 더 어려워질 것이라고 진단했다.

07 | 남자 사주에 財星이 흉신이고, 刑殺이며, 日支도 흉신이므로 노총각이다.

62	52	42	32	22	12	2	
甲	癸	壬	辛	庚	己	戊	大
子	亥	戌	酉	申	未	午	卯

時柱	日柱	月柱	年柱	
辛	壬	丁	戊	乾
亥	寅	巳	申	命

＊ 丁酉年 卯月에 성남에 사는 모친이 가지고 래원한 아들 사주로, 사주의 구조는, 원숭이띠 해의 초여름에 자신을 나타내는 글자를 강물에 비유해 해석하는 壬水로 태어나 도와주는 세력이 약하므로 신약한 사주다.

＊ 초여름에 태어난 강물은 더워져가는 계절이기 때문에 신약하면 갈증이 난것과 같으므로 적정량의 水(물)가 필요하나 이 사주는 水가 부족하여 신약하므로 水가 용신이고, 金이 길신이며, 火가 병신이고, 木이 흉신이며, 건토도 흉신이고, 운에서 오는 濕土가 길신이다.

＊ 이 사주의 殺은 寅巳申三刑殺인데, 이 三刑殺 속에 巳火 財星이 들어있고, 부인을 나타내는 財星이 病神이며, 日支 妻 궁에 있는 寅木이 三刑殺 이면서 흉신이므로 결혼하기도 힘들고, 결혼을 한다고 해도 이혼하기가 쉽다.

＊ 또한 지금 대운이 42세 壬戌대운으로 운의 흐름이 안좋고, 日主를 기

준해서 辰巳가 空亡이므로 財星이 비어있고, 年柱를 기준해서 일지 妻宮이 空亡 이라서 더욱 더 어렵다.

＊ 이 사주에서 유의해서 봐야할 것은 財星인 丁火와 日干이 壬水가 丁壬合을 하고, 財星이 月柱에 있다는 것은 비록 財星이 病神이라고 하지만, 정상적으로 나타나있다는 의미이므로 지금까지 결혼을 안했다고 하는 것이 믿어지지 않아서 이 사주를 가지고 온 모친께 물어본 바, 29세(丙午年)에 결혼을 전제로 사귀는 여자가 있었으나, 이 命主의 부친이 갑자기 알아 누운 관계로 파혼을 한 후 지금까지 미혼이라고 한다.

＊ 이 命主는 초년 대운이 火운이었으므로 약했지만, 명문대를 졸업하고 외국에서 경영학 공부를 마치고 귀국한 후 대기업에 근무중이란다.

08 | 남자 사주에서 財星이 比劫과 同柱하므로 돈과 부인을 남한테 빼앗긴다.

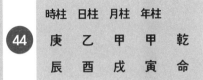

69	59	49	39	29	19	9		時柱	日柱	月柱	年柱	
辛	庚	己	戊	丁	丙	乙	大	庚	乙	甲	甲	乾
巳	辰	卯	寅	丑	子	亥	運	辰	酉	戌	寅	命

（가운데 원 안에 44）

＊ 丁酉年 卯月에 오륜동에 사는 모친이 가지고 온 아들로, 사주의 구조는, 범띠 해의 늦가을에 자신을 나타내는 글자를 꽃나무에 비유해 해석하는 乙木으로 태어나 도와주는 세력이다소 약하므로 신약한 사주다.

＊ 늦가을에 태어난 乙木은 기온이 낮아져 가기 때문에 적정량의 火가 필요 함에도 火가 나타나 있지 않고, 寅木과 戌土속에 암장해 있으며 寅戌火局을 한다고 하지만 가을이므로 火가 약하고, 그 대신 干上에 庚金이 있으며, 日支에 酉金이 있으면서 時支에 辰土가 있어서 辰酉合을 해서 냉기를 부추기므로 火가 용신이고 木이 길신이며, 金이 병신이고 습토가 흉신이며, 乾土는 길신이고, 운에서 水가 오면 흉신이다.

＊ 이 사주의 殺은 年支 寅木이 총칭 驛馬殺인데, 역마살에 대하여 확인되지 않았고, 月支 戌土가 財庫 또는 食傷庫인데, 食傷에 관한 사항도 확인되지 않았으나, 財庫가 길신이고 부모 궁에 있어서 부모가 잘 살고 있었으며, 財庫를 劫財인 甲木이 깔고 앉아있으므로 乙木 日干의 재산

인 戊土를 劫財인 甲木에게 빼앗긴다고 볼 것인데, 실제로는 이 命主가 동업을 하고 있는 상태인데, 그 동업자가 이 命主의 지분을 모두 가지려고 해서 갈등을 빚고 있다고 했다.

＊ 乙木의 첫 부인인 戊土를 甲木 劫財에게 빼앗기므로 결혼 생활에 문제가 따르는데, 실제로 이 命主는 29세 丁丑 대운 30세 癸未年에 결혼을 하려고 준비를 마친 상태였는데, 그 때 하필 부친이 아파서 뒷바라지 하는 바람에 결혼을 파기 한 후 지금까지 제대로 사귀는 여자가 없었다고 한다.
결혼이 깨진 이유는 원국의 戊土와 歲運의 未土가 戊未刑殺을 일으켰기 때문으로 본다.

09 | 여자가 從殺格이라도 사주가 나쁘면 이혼한다.

61	51	41	31	21	11	1	
己	庚	辛	壬	癸	甲	乙	大
未	申	酉	戌	亥	子	丑	運

時柱	日柱	月柱	年柱	
戊	辛	丙	甲	坤
戌	未	寅	子	命

＊ 丁酉年 卯月에 개명을 하기 위해서 강동구에서 래원한 여자로, 사주의 구조는, 쥐띠 해의 초봄에 자신을 나타내는 글자를 보석 金에 비유해 해석 하는 辛金으로 태어나 도와주는 세력이많지 않으므로 신약한 사주다.

＊ 초봄에 태어난 辛金이 乾土인 未土와 戌土, 戊土가 있지만 乾土라서 土生金을 해주지 않은데다가 未土와 戌土가 戌未刑을 해서 깨졌으므로 더욱더 土生金을 해주지 못하므로 강한세력을 가지고 있으면서 日干인 辛金과 合을 하고 있는 丙火로 從을 한 從殺格 사주이므로 火가 용신이고, 木이 길신이며, 金이 흉신이고 乾土는 일부 좋지만, 운에서 오는 濕土는 흉신이고, 水도 흉신이다.

＊ 대게, 여자 사주가 從殺格을 이루면 남자로 따라갔으므로 좋은 사주라고 할 수 있으나, 이 사주의 경우에는 從殺格이라도 日支가 刑이 되었고, 결혼 당해 年의 歲運이 2013 癸巳年으로 從殺格을 파괴하므로 이혼

을 했는데, 결혼을 한 해가 歲運 干上의 癸水와 丙火가 상극을 이루고, 歲運 地支의 巳火가 丙火의 뿌리인 寅木을 寅巳刑하므로 결혼하자마자 갈등이 심해서 어려움을 겪다가 2014년에 이혼을 했다고 한다.

＊ 여기서, 2014 甲午年에 이혼을 했다고 했는데, 이 사주에서 甲午年은 용신년으로 좋은 해인데, 왜 甲午年에 이혼을 했는 가이다.
경험을 해보면, 이혼을 하루 아침에 하는 것이 아니기 때문에 그 이전의 歲運을 잘 살펴봐야 답이 나온다는 것을 명심해야 오판을 줄일 수 있다.

＊ 이 女命은 丙申年에 日干인 辛金과 丙辛合을 하는데, 이런 경우 결혼 상태를 유지하고 있다면 歲運에서 새로운 남자인 丙火가 나타났으므로 이혼을 할 수 있고, 이 命主와 같이 이혼을 한 상태에서는 새로운 남자와 合을 하게 되므로 남자를 사귀게 되는데, 문제는 歲運의 干上에 丙火가 歲運地支에 申金을 달고 왔으므로 새로 나타난 남자인 丙火 입장에서 보면 지지에 申金이 있는 남자이므로 결국 유부남이다.
따라서, 이 女命은 丙申年에 유부남인줄 모르고 연애를 했으나 나중에 유부남이라는 것을 알고 헤어졌다고 한다.

＊ 본인이 인터넷에 밝힌 사연의 일부분.
주위사람들은 잘 겪지않는 안좋은일이 빈번히 일어나고 심지어 주위사람들도 '너는 왜 그러냐 도대체' 라는 말을 많이 하였습니다.
이름 개명과 더불어 새 출발을 하고 싶습니다.

10 | 여자 사주에 官星이 길신이라도 魁罡일주는
부부관계가 나쁘다.

69	59	49	39	29	19	9	47	時柱	日柱	月柱	年柱	
丁	丙	乙	甲	癸	壬	辛	大	庚	壬	庚	辛	坤
酉	申	未	午	巳	辰	卯	運	戌	戌	寅	亥	命

＊丁酉年 卯月에 경기도 가평에서 래원한 여자로, 사주의 구조는, 돼지띠 해의 초봄에 자신을 나타내는 글자를 강물에 비유해 해석하는 壬水로 태어나 도와주는 세력이많으므로 신강한 사주다.

＊초봄에 태어난 壬水가 신강하고 계절상 기온이 낮기 때문에 왕하면 왕할 수록 찬물이라서 火가 용신이고 木이 길신이며, 戌土도 길신, 金과 水가 흉신이고 운에서 오는 濕土가 흉신이다.

＊이 命主는 출생시간이 불명확하다고 하므로 검증을 해본 바, 戌時가 되면 어머니가 두 분이거나, 어머니한테 배다른 형제가 있을 것이고, 만약, 모친이 두 분이라면, 계모가 庚戌魁罡殺이기 때문에 성격이 강할 것이고,
지금 혼자 살 것이라고 했더니 고객의 대답이 친 어머니가 고 2때 돌아가시고, 새 엄마를 만났는데, 아버지가 돌아가신 후 의붓 엄마와 헤어져서 지금은 혼자 사실 것이라고 대답함으로 戌時가 틀림없기 때문에 戌

時로 풀기로 했다.

＊ 이 사주의 殺은, 寅木과 戌土가 湯火殺인데, 탕화살의 작용은 확인할 수 없었으며, 壬戌이 魁罡星이라서 官星인 戌土가 길신이지만 부부관계가 나쁘다고 하면서 다른 남자한테 관심을 보였다.
또한, 戌亥가 天門星이라서 영감이 발달해 있을 것이라고 말했더니 그렇다고 대답했고, 사주보는 것을 좋아해서 여러군데서 사주를 봤다고 했다.

＊ 이 사주 속의 남자는 寅중에 戊土가 있고, 두 개의 戊土가 있어서 모두 3개인데, 이 女命은 25살 乙亥年에 寅亥合木을 하면서 寅중에 戊土가 힘을 쓰지 못하므로 결혼까지 약속했던 남자와 헤어졌고, 27세에 지금의 戊土 남편을 만나 살고 있으나, 젊어서 남편이 바람을 하도 피워 아이를 유산시켜 현재 아이가 없다고 했다.

＊ 이 사주는 時支에 또 하나의 戊土 남자가 있으므로 이 남자를 만날 것인데, 실제로 큰 사업을 하고 있는 남자한테 관심을 갖고 있었다.

＊ 이 사주에 자식인 식상인 寅木이 버젓이 있는데 왜 자식이 없는가에 대하여 남편사주를 보고 분석해보기로 하자.

남편 사주

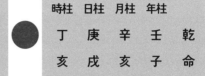

67	57	47	37	27	17	7	
戊	丁	丙	乙	甲	癸	壬	大
午	巳	辰	卯	寅	丑	子	運

時柱	日柱	月柱	年柱	
丁	庚	辛	壬	乾
亥	戌	亥	子	命

＊ 위 여자의 남편 사주로, 사주의 구조는, 쥐띠 해의 초겨울에 자신을 나타내는 글자를 무쇠에 비유해 해석하는 庚金으로 태어나 도와주는 세력이 약하므로 신약한 사주다.

＊ 사주가 水가 많아서 냉하므로 水가 病이기 때문에 戊土가 약신 겸 용신이고, 火가 길신이며, 운에서 오는 寅木은 길신이나 卯木은 흉신이며, 습토도 흉신이고, 金도 흉신이다.

＊ 이 사주는 겨울에 태어난 庚金이라서 전형적인 金水傷官格으로, 時上에 丁火를 보고 있어서 똑똑하고 정직한 사람이다.

＊ 남자 사주에서 食傷이 祖母이고, 장모인데, 이 命主는 조모가 두 분이라고 하며, 만약, 이혼을 한 후 재혼을 한다면 丈母도 두 분일 수 있는데, 47세 戊辰 대운에 日支 戌土를 辰戌沖하면 이혼할 수 있다.
또한, 月支 亥水 속에 財星인 甲木이 들어있고, 時支 亥水 속에도 甲木이 들어있으므로 辰 대운에 時支 亥水 속의 여자를 만날 것이다.

＊ 이 사주의 특징은 너무 많은 食傷인 水를 性(성)으로도 보는데, 子水

는 桃花殺에 해당하므로 性을 밝힐 수 있겠고, 또 이 사주에 財星인 木이 절실하게 필요한 사주라서 여자를 탐한다고도 볼 수 있으므로 바람둥이라고 할 수 있다.

＊ 이 사주에서 중요한 것은, 時上에 자식으로 官星인 丁火가 있으나, 亥水 위에 있어서 꺼진 불이나 마찬가지이고, 火의 무덤인 戌土를 가지고 있어서 자식이 없거나, 있다면 몸이 약하거나 속을 썩일 수 있다.
따라서, 앞에서 부인이 말했던 것처럼 부인 사주에는 자식이 있으나, 남편 사주에 자식이 없는 것과 같으므로 아이를 유산시켜서 낳지 않았다는 말이 증명된 그 주된 원인은 남편에게 있다.

11 | 驛馬殺 官星이라서 버스운전기사로 일하고 있는 여자.

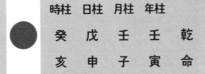

61	51	41	31	21	11	1	大
己	戊	丁	丙	乙	甲	癸	運
未	午	巳	辰	卯	寅	丑	

時柱	日柱	月柱	年柱	
癸	戊	壬	壬	乾
亥	申	子	寅	命

＊ 丁酉年 辰月에 성내동에서 래원한 여자로, 사주의 구조는, 범띠 해의 한겨울에 자신을 나타내는 글자를 큰 산에 비유해 해석하는 戊土로 태어나 도와주는 세력이 약하므로 신약한 사주다.

＊ 한겨울에 태어난 戊土가 水가 너무 많아서 물에 떠내려갈 정도로 신약하므로 寅중 丙火가 용신이고, 木이 길신이며, 水가 病神이라서 土가 藥神이고 金이 흉신이며, 운에서 오는 濕土와 습목은 흉신이다.

＊ 이 사주의 殺은 日支를 기준해서 寅木이 驛馬殺이고, 子水가 桃花殺, 亥水가 天門星이며, 日支를 기준해서 寅木이 空亡이다.

＊ 이 사주의 특징은, 전형적인 財多身弱 사주로, 水가 너무 많은데, 이와 같은 현상은 겨울에 눈보라가 휘몰아치고 눈사태가 나서 뿌리가 약한 산(土)이 붕괴하기 일보 직전인데, 멀뿐만 아니라 木剋土하므로 밉지만 하는 수 없이 寅중에 丙火와 戊土가 들어있으므로 寅木에 의지하는

수밖에 없으며,

＊戊申대운에 대운의 申金이 官星인 寅木을 寅申冲하므로 장사를 하다
가 큰 손해를 봐서 부도가 났고, 남편과 이혼을 했다가 재결합했으며,
그 후 운전기사로 취업을 했다고 한다.

＊寅木이 남편이고 직업이므로 남편이 못마땅하지만 대책이 없기 때문
에 남편한데 의지해야만 하고, 역마살이 직업이므로 자신도 버스운전기
사로 일하며, 남편도 같은 일을 하고 있다고 한다.

＊財星이 아버지이고, 결혼하면 시어머니인데, 이 사주에는 陽인 壬水
와 음인 癸水가 있고, 申子水局으로 또 다른 水가 발생하므로 아버지가
두 분일 가능성이 더 높은데, 현실적으로는 모친이 재혼을 했다고 하므
로 결국은 아버지도 두 분이라는 것이 증명되었으며, 시 어머니도 두 분
이라고 한다.

12 | 남편인 官星이 怨嗔殺이고, 日支가 흉신이므로 부부애정이 없다.

65	55	45	35	25	15	5			時柱	日柱	月柱	年柱	
癸	甲	乙	丙	丁	戊	己	大	52	戊	己	庚	丙	坤
未	申	酉	戌	亥	子	丑	運		辰	酉	寅	午	命

＊ 丁酉年 辰月에 대전에서 래원한 여자로, 사주의 구조는, 말띠 해의 초봄에 자신을 나타내는 글자를 야산의 흙에 비유해 해석하는 己土로 태어나 도와주는 세력이 약하므로 신강한 사주로 보이나, 時支의 辰土가 辰酉合金이 되므로 신약한 것과 같다.

＊ 초봄에 태어난 己土가 신약하므로 火가 용신이고, 木이 길신이며, 天干의 土는 길신이지만 운에서 濕土인 辰土는 흉신이며, 金도 흉신이고, 운에서 오는 水도 흉신이다.

＊ 이 사주의 殺은 午火와 酉金이 총칭 桃花殺이고, 寅木이 총칭 驛馬殺이며, 辰土가 水庫인데, 印星이 桃花이고, 용신이므로 친정 어머니께서 매우 아름다웠고, 잘살았으며, 官星인 寅木이 日支 酉金과 더불어 怨嗔殺이면서 日支가 흉신을 겸하고 있으므로 부부관계가 좋지 않았으나, 이혼을 할 정도는 아니라고 하면서도 남편에 대한 불만이 크다.

＊ 남편인 寅木이 驛馬殺이므로 남편이 보험설계사 사무실을 운영하던 중 2010 庚寅년에 寅酉怨嗔殺이 작용하여 관재가 발생 아직 해결을 하지 못했다고 한다.

＊ 또한, 2016 丙申年부터 대전 시내에서 김밥 집을 운영중인데, 歲運이 金 운으로 흉신이라서 크게 돈이 안 벌리고, 건강도 나빠져서 가게를 팔까 생각중이라고 한다.

＊ 時柱의 戊辰이 형제인데, 형제인 戊土가 財庫인 辰土를 깔고 앉자있어서 부자이고, 財庫인 辰土가 日支 酉金과 辰酉合을 하고 있는데, 이는 형제가 자기 돈과 함께 合을 하자고 하는 것으로, 이는 동업을 하자는 것으로 해석하며, 만약 辰酉合을 하면 金으로 변하는데, 金이 흉신이므로 결론은 合을 하면 내가 손해라는 판단이 선다.

13 | 부친의 재산을 놓고 엄마와 소송하는 딸.

63	53	43	33	23	13	3	
乙	甲	癸	壬	辛	庚	己	大
丑	子	亥	戌	酉	申	未	運

時柱	日柱	月柱	年柱	
壬	癸	戊	癸	坤
子	卯	午	卯	命

55

＊ 丁酉年 辰月에 경기도에서 세무사 사무실을 운영하고 있는 필자의 지인이 가지고 래원한 여자로, 사주의 구조는, 토끼띠 해의 한여름에 자신을 나타내는 글자를 여름비에 비유해 해석하는 癸水로 태어나 도와주는 세력이 약하므로 신약한 사주다.

＊ 한여름에 태어난 癸水가 신약하므로 金을 용신으로 써야하지만 없기 때문에 比劫인 水가 용신이고 金이 길신이며, 木, 火, 土가 흉신이고, 운에서 오는 濕土가 길신이다.

＊ 이 사주의 官星인 戊土가 남편인데 흉신이므로 남편 덕이 없는 팔자인데, 戊土 입장에서 보면 양쪽에 癸水가 여자이므로 양쪽에 여자를 두고 이여자, 저 여자를 끌어안고 있는 형국이고, 더하여 午火 桃花殺을 깔고 앉아 있어서 바람둥이 남자라는 것을 알 수 있다.

＊ 戊 대운에 새로운 官星이 와서 어렵게 만드므로 36세 戊寅年에 이별

을 하고 혼자 지내다가 2015년 乙未年에 官星인 未土가 와서 日支 卯木과 卯未合木을 하므로 남자를 만났으나 2017년에 日支 卯木을 歲運의 酉金과 卯酉沖하므로 헤어졌다고 한다.

＊ 午火 財星이 돈인데, 이 財星이 부모궁에 위치해 있으므로 아버지가 부자이나 자신은 財星이 흉신이므로 돈 복이 없다.

＊ 日支에 있는 食神인 卯木과 時支에 있는 劫財인 子水가 子卯刑을 하고 있는데, 이 刑殺의 작용은 우선 부부궁이 刑이므로 부부관계가 나쁘다는 것을 말하고 있고, 食傷은 자식이므로 자식과의 관계가 좋지 않다거나 그렇지 않으면 食傷은 자궁이므로 자궁이 약하여 제왕절개수술을 해서 아이를 낳을 수 있다고 본다.

＊ 돈을 나타내는 財星이 흉신이고, 2013 癸巳年 歲運에서 火운이 오므로 돈 문제가 생기게 되는데, 나이 많은 아버지가 소유하고 있는 100억이 넘는 재산을 이 命主와 모친이 짜고 아버지의 재산을 모친 명의로 돌려놓았었는데, 양심의 가책을 느껴 丙申年에 아버지에게 이 사실을 실토하고 모친 명의로 되어있는 재산을 아버지에게 되돌려 주기 위해서 모친과 재산소송을 하고 있다고 한다.

＊ 2016 丙申年은 卯申鬼門殺이 작용하므로 문서문제인 재판으로 신경을 쓰게 되고, 2017 丁酉年은 子酉鬼門殺이 작용하고, 卯酉沖을 하므로 역시 재판으로 인하여 신경을 쓰게 된다.

＊ 2017 丁酉年의 來情法으로 보면, 干上의 丁火는 돈 문제요, 地支의 酉金은 印星으로 문서문제인데, 火는 흉신이지만, 金이 길신이므로 결과적으로 승소할 것이라고 진단했다.

14 | 가종살격이고 대운이 나빠서 별 볼일 없는 가종살격 사주다.

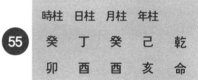

61	51	41	31	21	11	1		
丙	丁	戊	己	庚	辛	壬	大	55
寅	卯	辰	巳	午	未	申	運	

時柱	日柱	月柱	年柱	
癸	丁	癸	己	乾
卯	酉	酉	亥	命

＊ 丁酉年 辰月에 온 개포동 서민아파트 단지에 사는 여자로, 사주의 구조는 돼지띠 해의 한가을에 자신을 나타내는 글자를 인공 불에 비유해 해석하는 丁火로 태어나 月上의 癸水와 時上의 癸水한테 丁癸沖을 당해서 불(丁火)이 꺼졌고, 卯木이 도와줄 것으로 기대했으나 卯酉沖을 당하였고 습목이라서 木生火하지 못하므로 從殺格인데, 비록 상처 난 卯木이긴 하지만 있기 때문에 가종살격이 되었다.

＊ 이와 같은 가종살격은 무늬만 從殺格이지 사실은 가짜 從殺格이므로 질이 떨어진 從殺格이다.

＊ 만약, 이 사주가 卯木이 없고, 干上에 壬水하나만 나타나서 丁壬合을 하고, 地支에 金 三合국을 이룬다면 좋은 從殺格이 된다.
그러나, 이 사주는 가종살격인데다가 대운 마져 반대방향으로 흐르므로 그야말로 별 볼일 없는 사주가 되었다.

＊ 대게 從格사주는 원래의 日干의 특성으로도 성격이 나오고, 從한 日干으로의 성격도 같이 나오기 때문에 곁들어 설명을 해야 하므로 고객의 입장에서 보면 난해하다.

＊ 또한, 여자 從殺格의 경우 원래 日干인 丁火가 財星으로 변하는데, 이럴 경우 이 命主가 태어나면서부터 아버지가 실패하기 쉽고, 결혼하면 시어머니와 갈등을 빚으며, 경제적으로도 어렵게 된 경우를 많이 봐왔는데, 이 女命도 이 이론에 모두 맞았었다.

＊ 從한 癸水가 日干이 되므로 酉金이 印星이고, 丁火가 財星이며, 己土가 官星, 卯木이 食神인데, 모친인 酉金이 총칭 桃花殺이므로 미녀였으며, 아버지는 일찍 돌아가셨고, 食神인 卯木에 관해서 진단한 바, 卯木이 桃花살이므로 자식들이 잘생겼다고 하며, 막내아이 한 명을 유산시켰다고 했다.

＊ 대운을 보면, 유년기인 壬申대운이 좋으므로 행복한 유년기를 보냈으나, 辛卯대운인 사춘기가 오면서부터 가정환경이 나빠졌다고 하며, 己巳대운 까지가 매우 힘들었다고 했으며, 辰 대운이 가장 좋았었다고 회상했다. 丁卯 대운 들어 天沖地沖하므로 어려운데, 丁酉年에 개포1단지 재건축으로 인한 집 이사 문제로 고민이 되어 래방한 경우이다.

＊ 이 사주의 금년인 丁酉年 來情法은, 丁火가 재성이므로 돈 문제이고, 酉金이 印星이라서 문서문제나 집 문제이므로 來情法에 부합한다.

15 | 고달픈 인생.

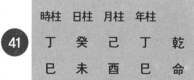

65	55	45	35	25	15	5	
壬	癸	甲	乙	丙	丁	戊	大
寅	卯	辰	巳	午	未	申	運

41

時柱	日柱	月柱	年柱	
丁	癸	己	丁	乾
巳	未	酉	巳	命

＊ 丁酉年 辰月에 성남에서 래원한 여자로, 사주의 구조는, 뱀띠 해의 한가을에 자신을 나타내는 글자를 가을비에 비유해 해석하는 癸水로 태어나 도와주는 세력이 酉金 하나밖에 없으므로 매우 신약한 사주다.

＊ 한가을에 태어난 癸水로 가을에는 곡식이 익는 계절이고 수확한 곡식을 말리는 계절이기 때문에 비(水)가 너무 많이 내려도 안좋지만, 그렇다고 해서 이 사주처럼 火가 너무 많은 구조라면 많은 비가 내려줘야 하는데, 매우 신약하므로 金이 용신이고 水가 길신이며, 火와 土가 病이고, 운에서 오는 濕土가 길신이며 운에서 오는 木이 흉신이다.

＊ 이 사주는 너무 나쁘기 때문에 굳이 殺을 논할 필요도 없이 五行 그대로 풀이하면 모두 맞는데, 火가 病神이니 돈도 없고, 土도 病神이니 남편 덕도 없으며, 木이 흉신이니 자식 덕을 보기도 틀렸다.

＊ 이 사주에 들어 있는 남자는 모두 4명으로, 年支와 時支의 巳중에 戊

土가 있고, 月上에 己土가 있으며, 日支에 未土가 있는데 이 남자 모도 하나 같이 쓸모없는 남자들이다.

＊ 이 女命은 22살 戊寅年에 戊癸合하므로 남자를 만나 연애를 하다가 그 이듬 해인 己卯年에 결혼을 해서 아이 하나를 낳고 8년은 살다가 丙戌年에 日支 未土와 戌未刑하므로 이혼한 후 아이를 키우면서 일당 5만 원짜리 식당 일을 하고 있다고 한다.

＊ 앞으로 오는 남자들도 별 볼일 없는 남자들만 올 것이니 그리 알고 만나라고 진단해줬다.

16 | 여자 사주에 官星이 病神이고, 官星鬼門이므로 재혼팔자이고, 남자 문제로 고민한다.

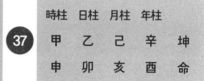

61	51	41	31	21	11	1	大		時柱	日柱	月柱	年柱	
丙	乙	甲	癸	壬	辛	庚	大	37	甲	乙	己	辛	坤
午	巳	辰	卯	寅	丑	子	運		申	卯	亥	酉	命

＊ 丁酉年 辰月에 강서구에서 래원한 여자로, 사주의 구조는, 닭띠 해의 초겨울에 자신을 나타내는 글자를 겨울 꽃나무에 비유해 해석하는 乙木 으로 태어나 印綬 月인 亥月에 태어난데다가 比劫이 많고, 亥未合木까 지 하고있어 신강한 사주다.

＊ 나무(木)는 火를 봐서 꽃을 피우는 것을 좋아 하는데, 태어난 계절이 초겨울이고, 냉기를 품은 글자들이 많아서 춥고 습하므로 火가 正用神 이나 없어서 쓰지 못하고, 亥水 위에 떠 있어서 힘이 없는 己土도 용신 으로 쓰지 못하기 때문에 어쩔 수 없이 木을 쓰는 수 밖에 없으며, 金이 病神이므로 운에서 火가 오면 用神 겸 藥神이며, 운에서 오는 濕土는 흉 신이나, 운에서 오는 乾土는 길신이고 水는 흉신이다.

＊ 이 사주의 殺은, 年支 酉金과 日支 卯木이 桃花殺이고, 月支 亥水가 天門星이면서 驛馬殺 겸 地殺이며, 月支 亥水와 日支 卯木이 亥卯合木 이고, 日支 卯木과 時支 申金이 卯申鬼門殺이며, 年支 酉金과 日支 卯木

이 卯酉沖을 하고 있다.

* 이 사주에서 특징적으로 나타난 神殺과 가족관계를 살펴보면, 官星인 金이 病神이고, 年柱와 時支에 각각 위치해 있으며, 일찍 만난 남편인 年支酉金과 日支 남편 궁에 있는 卯木이 卯酉沖하므로 이혼할 남자이고, 時支申金은 日支 卯木과 卯申暗合을 하지만, 鬼門殺이면서 亡身살이므로 이남자를 만나도 이혼하기 쉬운 구조를 가지고 있다.
따라서 이런 사주를 가지고 태어나면, 남자가 결혼에 실패를 했고, 나이가 많은 남자를 만나야만 그나마도 결혼생활을 유지할 수가 있을 것이며,

* 卯申鬼門殺을 가지고 있어서 우울증이나 비관적인 성향을 가지고 있으며, 성을 나타내는 火가 없으므로 성생활에 관심이 적을 뿐만 아니라

* 남자인 官星이 病神이므로 性에 대한 관심이 적다고 한다.

* 이 사주는 남자문제가 가장 중요하기 때문에 우선 남자문제부터 문답으로 풀어가기로 하겠습니다.

필자 | 고객님의 사주를 보니까 어떻게 설명을 해야 할지 막막해서 입이 떨어지지 않습니다.

고객 | 선생님, 나온 그대로 말씀해주세요. 저는 정확한 사실 그대로를 듣고 싶어 왔습니다.

필자 | 그렇게 하실까요?

고객 | 그럼요.

사실은 친정 어머니께서 역학을 공부하셨던 분이신데, 저한테는 정확한 말씀을 해주지 않으셨습니다.

필자 | 그러면, 사실대로 설명해드리겠습니다.

고객 | 감사합니다.

필자 | 고객께선 남자는 많으나 남편은 없는 격인데, 첫 번째 남자가 조상 궁인 년주에 위치해 있어서 비교적 이른 나이에 남자를 만날 것이고, 또 그 남자는 고객님보다 나이가 많은 남자를 만날 인연이나 日支 남편 궁에 있는 卯木과 卯酉沖을 하므로 긴 인연이 안 되므로 이혼할 남자이고, 두 번째 남자와도 日支 卯木과 卯申暗合을 하지만, 鬼門殺이면서 亡身살이므로 백년해로하기가 매우 어렵습니다.

실제 남자관계는 어떠하십니까?

고객 | 저는 사실 27세인 2007 丁亥年에 이혼을 했습니다.

필자 | 그렇군요.

그렇다면 팔자대로 일찍 결혼을 하신거네요?

고객 | 맞습니다.

요즘 세태로 보면 일찍 한편이지요.

필자 | 2007년에 운이 나쁘긴했지만, 이혼을 할 정도로 나쁘지는 않았는데, 혹시

2004 甲申年부터 2005년 乙酉年에 남자가 나타났는데, 그 때 결혼을 하셨을 것으로 보이는데, 만약 그 때 결혼을 하셨다면 2005 乙酉年에 실제적인 이혼을 했을 것으로 보입니다.

고객 | 네. 2005년에 결혼을 했는데, 아이도 낳지 않은 상태에서 곧 헤어졌습니다.

필자 | 그렇다면 2010 庚寅年에 임자있는 남자를 만날 운이었는데, 어떠했습니까?

고객 | 네.

그 해에 애인이 있었던 남자를 만나서 그 애인과 헤어지게 하고 저와 지금까지 사귀고 있습니다.

필자 | 그런데, 올해 그 남자와 헤어지든지, 그렇지 않으면, 직업 변동이 있든지 할 것인데, 그 문제가 가장 궁금합니까?

고객 | 사실은, 올해 그 남자와 헤어질까 생각중이고, 또 지금 다니고 있는 직장을 그만두고 다른 일을 해야 하나 궁금해서 아는 언니의 소개를 받고 선생님을 찾아오게 되었습니다.

필자 | 그러셨군요.

올해 가을까지 그 남자와 헤어질 것입니다.

직장문제는 나중에 정확하게 말씀드리기로 하고 우선 남자문제부터 이야기하시지요?

고객 | 네.

필자 | 고객님의 사주에는 성을 나타내는 화가 없고, 사주가 추워서 얼어 있는 현실과 같기 때문에 제가 보기에 성적으로 불감증 정도는 아니지만, 성 생활에 관심이 없을 것인데 어떠세요?

고객 | 저는 성 생활에 별로 관심이 없습니다.

필자 | 혹시 불감증이라고 생각하세요?

고객 | 그렇지는 않습니다.

내가 좋아하는 남자와 성관계를 하면 저도 즐겁습니다.

필자 | 그렇다면 불감증은 아니라서 다행입니다.

고객 | 그러면 저는 언제 결혼을 하겠습니까?

필자 | 내년이 戊戌年인데, 戊土가 日支 배우자궁과 슴을 하므로 내년에 결혼을 할 수가 있겠고, 그렇지 않으면 2020 庚子年에 결혼할 남자 운이 들어옵니다.

고객 | 그 남자와는 잘 살 수 있겠습니까?

필자 | 장담은 할 수 없지만, 많은 인내를 하면 해로 할 수 있을 것으로 보이고, 그 대상은 나이가 아주 많거나 아니면 아주 어린 남자와 인연이고, 그리고 그 남자도 한번 이혼을 해서 액땜을 한 남자였으면 좋겠습니다.

고객 | 알겠습니다.

그러면 직업을 봐주세요?

필자 | 고객님의 직업 인연은 우선 의료분야와 인연이 있으나, 초년 운이 약해서 의

사나 약사는 어렵겠고, 공부를 나타내는 인수 월에 태어났고, 말을 의미하는 火가 필요하므로 교육자나 광고, 미디어, 디자인 계통의 직업이 가장 좋고, 그 다음으로는 나무(木)는 흙(土)에 뿌리를 내려야하므로 금융업이 좋은데, 직업을 나타내는 官星이 病神이라서 조직성 직장생활에는 적응하기가 어렵기 때문에 자유업성향의 직업을 갖는 것이 좋습니다.

고객 | 제가 시각디자인을 공부하고 처음에 은행을 다녔는데 조직생활에 맞지않아서 그만두고, 학원을 운영해서 2013년부터 2015년까지는 돈을 벌었었으며, 작년 인 2016(丙申)년부터는 학교에서 교직원으로 근무하고 있습니다.

그런데, 지금 직장이 마음에 안들어서 바꿀려고 하는데, 어떤 직업이 좋겠습 니까?

필자 | 보통의 경우 나이가 어려서 직업 선택하는 것과 나이가 들어서 직업 선택하는 것은 차이가 많이 납니다.

그래서, 나이를 먹은 후에는 직업 선택권이 훨씬 좁아질 수 밖에 없는데, 고객 님의 사주와 나이를 감안한 직업을 보면, 火가 필요하기 때문에 교육자나 의 류(衣)에 인연이 있긴하지만, 실제로는 미적 감각이 탁월하지 않기 때문에 맞 지 않겠고, 돈을 나타내는 土(흙)를 살려먹기 위해서 부동산 중개업이 타당하 고, 사주에 경쟁자로 해석하는 글자(비겁)가 많으므로 경쟁심리에 강하기 때문 에 일반 중개사 보다는 경매업무에 잘 맞을 것으로 보입니다.

그쪽으로 방향전환을 해보세요?

고객 | 정말 감사합니다.

저도 싫지는 않습니다.

17 | 月支를 沖하므로 사업장을 옮기려 한다.

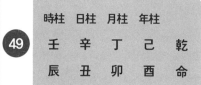

67	57	47	37	27	17	7			時柱	日柱	月柱	年柱	
庚	辛	壬	癸	甲	乙	丙	大	49	壬	辛	丁	己	乾
申	酉	戌	亥	子	丑	寅	運		辰	丑	卯	酉	命

＊ 丁酉年 辰月에 송파구에서 래원한 남자로, 사주의 구조는, 닭띠 해의 중 봄에 자신을 나타내는 글자를 보석 金에 비유해 해석하는 辛金으로 태어나 도와주는 세력이약하므로 신약한 사주다.

＊ 중 봄에 태어난 신金이 신왕하고, 중 봄이라서 아직 기온이 낮으며, 사주가 습하므로 火가 용신이고, 木이 길신이며, 水가 病神, 金이 흉신이고 濕土도 흉신이며, 운에서 오는 乾土는 길신이다.

＊ 이 사주의 殺은 懸針殺이 辛金이 있고, 鐵鎖開金殺인 卯木과 酉金이 있으며, 丑土가 自庫이고, 辰土가 食傷庫이며, 卯木과 酉金이 卯酉沖을 하고있다.

＊ 日干인 辛金을 丁火가 剋을 하고 있어서 성격이 예민하고, 아이큐가 높으며, 懸針殺과 개금살을 가지고 있어서 의사와 인연이라서 현직 의사인데, 진료과목은 命主가 밝히지 않았다.

✽ 食傷庫와 自庫에 대한 변화는 확인할 수 없었으며,

✽ 卯酉沖에 관한 것은 우선 比肩과 財星이 충돌하므로 부부간에 불화를 빚거나 돈을 잃을 수도 있는데, 부부가 같이 와서 자신들은 부부관계가 원만하고 화기애애하므로 불화를 확인할 수 없었고, 단지 대운이 나쁘므로 돈은 많지 않아 보인다.

✽ 來情法으로 丁酉年은 歲運의 丁火가 日干을 기준으로 官星이라서 직업 또는 일과 관련된 일이 생기고, 歲運에서 온 酉金이 月支 卯木을 沖하므로 이동수가 생기거나 돈 손실이 나게 되는데, 현실은 현재 운영하고 있는 건물주와 갈등이 생겨 병원을 이전하려고 운을 보러 온 것이므로 변동 수가 왔다는 것이 증명되었고, 만약, 이사를 한다면 이사 비용 등 돈 손실이 날 것이므로 來情法으로도 적중했다.

18 | 여자 사주에 官星이 病이면 남자 기피증이다.

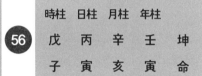

65	55	45	35	25	15	5			時柱	日柱	月柱	年柱	
甲	乙	丙	丁	戊	己	庚	大	56	戊	丙	辛	壬	坤
辰	巳	午	未	申	酉	戌	運		子	寅	亥	寅	命

＊ 丁酉年 辰月에 성동구에서 래원한 여자로, 사주의 구조는, 범띠 해의 초겨울에 자신을 나타내는 글자를 태양 불에 비유해 해석하는 丙火로 태어나 도와주는 세력이 약하므로 신약한 사주다.

＊ 겨울에 태어난 丙火가 水가 많아서 신약하므로 木이 용신이고, 火가 길신이며, 水가 病神이므로 土가 藥神이고, 운에서 오는 濕土가 흉신이며, 金도 흉신이다.

＊ 이 사주에서 土가 약신이긴 하나, 戊土가 子水 위에 앉아있어서 제대로 약신 역할을 하지 못하고 있다.

＊ 이 사주의 殺은 寅木이 총칭 驛馬殺이고, 亥水가 天門星이며 空亡이고, 子水가 총칭 桃花殺이다.
따라서, 이 女命은 앞으로 時支의 子水 남자를 만나게 될 것인데, 이 남자는 바람둥이다.

＊ 여자 사주에서 官星이 남편인데, 官星이 病인 사람들은 남자 복이 없을뿐만 아니라 성생활도 재미가 없어서 하기 싫다고 하는데 이는 곧 불감증과도 같은데, 이 女命은 불감증 정도는 아니지만 재미가 없어서 성생활에 관심이 없다고 한다.

＊ 여자사주에서 남편 福 유무를 볼 때, 첫째는 官星이 좋아야 하고, 두 번째로는 日支가 좋아야 하며, 세 번째로는 大運이 좋아야 하고, 또 중요한 것은 부부생활은 상대적이므로 남편의 사주가 좋아야 만이 백년해로 할 수가 있는데, 이 사주는 官星이 病神이지만, 日支가 좋고 대운도 좋지만 상대 남자의 사주가 이별 수를 안고 있으므로 대운이 좋음에도 불구하고 丙午 대운 약 20 여년전부터 남편이 집을 나간 후 연락이 끊겼다고 한다.

19 | 丁壬合化木格은 合에서 이루어진다.

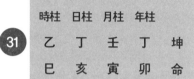

69	59	49	39	29	19	9		31	時柱	日柱	月柱	年柱	
己	戊	丁	丙	乙	甲	癸	大		乙	丁	壬	丁	坤
酉	申	未	午	巳	辰	卯	運		巳	亥	寅	卯	命

＊ 丁酉年 辰月에 송파구에서 래원한 여자로, 사주의 구조는, 토끼띠 해의 초봄에 자신을 나타내는 글자를 인공 불에 비유해 해석하는 丁火로 태어나 月上의 壬水를 가운데 두고 서로 合을 하려고 하는 상이고, 乙木이 나타나 있으며, 地支에 卯木과 寅木과 亥水가 있어서 亥卯合, 寅亥合을 하려 하는데, 巳火와 亥水가 巳亥沖을 해서 合을 방해하고 있으나 전체적인 구성요소가 木과 火가 많아서 결국은 天干의 丁壬合과 地支의 亥卯合과 寅亥合도 형성되므로 일반 內格사주가 아닌 外格인 丁壬合化木格이다.

＊ 따라서, 용신은 木이고, 火가 길신이며, 水가 病神이고, 운에서 金과 濕土는 흉신, 乾土 운이 오면 길신인데, 火운에 더 좋다.

＊ 이 사주는 언뜻 보면 신왕한 사주로 보기 쉬운데, 그 이유는 간상에 있는 두 개의 丁火가 壬水를 가운데 두고 妬合을 하고 있기 때문에 合이 안 될 것이라고 판단하기 쉽고, 地支에 巳亥沖을 하므로 寅亥合과 亥卯

合이 안될 것이라고 착각하기가 쉬우나, 자세히 보면 세력 자체가 木과 火가 많아서 결국 合으로 갈 수 밖에 없으므로 化格이 되는 것이다.

＊ 이 命主의 고등학교 歲運이 고등학생 때가 2003 癸未年, 2004 甲申年, 2005 乙酉年이었는데, 고등하교 2학년 때와 3학년 때에 공부를 하지 않아서 재수를 했다고 하므로 金운과 水운이 흉신 운이라는 것이 증명되었다.

＊ 이런 사주처럼 化格은 日干이 正官과 合을 해서 만들어지는데, 이와 같은 外格들은 통변 시 기존의 日干의 특성대로도 풀어야 하고, 化格인 상태에서도 풀어야 하기 때문에 다소 설명이 복잡하다.

＊ 이 사주의 殺은, 卯木이 印綬 桃花殺이고, 寅木과 亥水가 총칭 驛馬殺이며, 巳火가 驛馬殺이며, 合化의 주체인 木의 특성과 숫자를 보면, 丁壬合 木, 乙木, 卯木, 寅木, 亥卯合木, 寅亥合木을 해서 모두 6개다.

＊ 이런 이유 때문에 필자가 말하기를 고객님의 형제가 많고, 어머니가 두분일텐데 실제 가족관계가 어떻습니까?"라고 묻자 고객의 대답이 "사실은 아버님의 전 부인과 헤어지시고 엄마와 재혼을 하셨기 때문에 어떻게 보면 엄마가 두 분인 것이 맞고요, 아버지의 전 부인한테서 낳은 자식이 4명이고, 친 어머니한테서 낳은 형제가 두 명이라서 도합 6명입니다"라고 대답함으로써 이를 증명해주었다.

＊ 남자관계를 보면, 合化하기 전의 日干인 丁火의 입장에서 보면 水가 病神이므로 남자 복이 없고, 日支가 巳亥沖으로 깨졌으므로 이별 수가 있으며, 合化로 변한 木의 입장에서 보면 金이 남자가 되므로 역시 남자 복이 없다.

＊ 남자관계에 대해서 필자가 말하기를 "고객님은 2012(壬辰)년에 남자를 만났다가 2013(癸巳)년에 헤어졌을 것인데 맞지요?"라고 묻자, "네. 맞습니다. 그 때 그렇게 되었습니다."라고 대답했다.

＊ 이 女命의 직업은 火가 실제적인 용신이고, 驛馬殺이 많아서 항공사 승무원으로 종사하고 있다.

20 | 日干이 신약하고 官星의 剋을 받으면 정신불안자다.

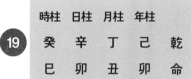

69	59	49	39	29	19	9	
庚	辛	壬	癸	甲	乙	丙	大
午	未	申	酉	戌	亥	子	運

19

時柱	日柱	月柱	年柱	
癸	辛	丁	己	乾
巳	卯	丑	卯	命

＊ 丁酉年 巳月에 경기도에서 모친이 가지고 래원한 아들사주로, 사주의 구조는, 토끼띠 해의 늦겨울에 자신을 나타내는 글자를 보석 金에 비유해 해석하는 辛金으로 태어나 도와주는 세력이 약하므로 신약한 사주다.

＊ 겨울에 태어난 辛金이 신약하나 기온이 낮기 때문에 火가 용신이고, 토가 길신이며, 水가 흉신이고, 습목인 卯木이 한신이다.

＊ 이 사주의 殺은, 卯木이 총칭 桃花殺이고, 丑土가 自 庫이며, 巳火가 驛馬殺인데, 현재까지 나타난 殺의 작용은 확인할 수가 없었으나, 신약한 日干이 剋을 받고 있는 점에 주목한다.

비록 剋을 가하는 火가 용신이라고 할지라도 日干이 심하게 극을 받으면, 정신이 불안하게 되는데, 이 命主는 현재 고등학교 3학년생으로 한창 공부에 열중해야 함에도 공부를 하지 않는다며 학운을 살피려고 래방했는데,

필자 | 이 아이를 키우느라고 얼마나 고생하십니까? 이 아이는 공부가 중요한 게 아니고, 정신과 진료를 받아야겠습니다.

고객 | 엄마가 체념한 듯 말하기를 "선생님, 우리 아이가 왜 그렇습니까?"

필자 | 사주가 이렇게 오행의 조화와 균형이 맞지않고, 자신을 나타내는 글자가 공격을 받으면, 정신불안이 오게 됩니다.
2016년부터 학교에 적응을 하지 못하고, 친구들과도 어울리지 못해 학교에 가기 싫어할텐데 어떻습니까?

고객 | 어쩐지 작년(2016년)부터 학교에 가기 싫어하고 공부도 안하면서 속을 썩이고 있는데 어떻게 하면 좋겠습니다.

필자 | 이 아이는 공부보다도 정신과 치료를 받아야하는데요?

고객 | 그렇지 않아도 작년에 정신과에 가서 몇 번 치료를 받은 적이 있습니다.

필자 | 그러면, 지금도 치료를 받습니까?

고객 | 지금은 받지 않고 있습니다.

필자 | 그렇게 하시면 안됩니다.
빨리 치료를 시작하세요.
더 심해지면 학교에도 가지 않을 것입니다.

고객 | 제발 고등학교 졸업이나 했으면 좋겠습니다.

필자 | 꼭 치료를 받도록 하세요.

그리고, 이 아이의 아이큐는 140정도 될 것으로 보입니다만 아이큐만 높다고 해서 공부를 잘하는 것은 아닙니다.

고객 | 네. 우리 아이의 아이큐가 140이 넘는다고 합니다.

21 | 鐵鎖開金殺은 法을 다루는 직업에 인연이다.

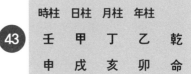

65	55	45	35	25	15	5	
庚	辛	壬	癸	甲	乙	丙	大
辰	巳	午	未	申	酉	戌	運

43

時柱	日柱	月柱	年柱	
壬	甲	丁	乙	乾
申	戌	亥	卯	命

＊ 丁酉年 巳月에 하남시에서 래원한 남자로, 사주의 구조는, 토끼띠 해의 초겨울에 자신을 나타내는 글자를 큰 나무에 비유해 해석하는 甲木으로 태어나 도와주는 세력이많으므로 신강한 사주다.

＊ 생명체인 나무는 甲木이든 乙木이든 자라야하고 꽃을 피워야하는데, 이 甲木은 겨울에 태어나 수기가 많아서 신강하므로 신강하면 신강할수록 추워지기 때문에 우선 火가 가장 필요하므로 용신이고, 운에서 오는 건목인 寅木은 좋으나 습목인 乙卯 木은 한신이고, 水가 病神이며, 金이 흉신이고 건토인 戌土는 길신 겸 약신이나 운에서 오는 濕土는 흉신이다.

＊ 이 사주의 殺은, 우선 卯木, 酉金, 戌土가 모두 鐵鎖開金殺인데, 이 사주에는 卯木와 戌土가 있고, 木이 총칭 桃花殺이며, 戌亥가 天門星이고, 申金이 총칭 桃花殺이며, 亥水가 총칭 驛馬殺이고, 卯木과 申金이 鬼門殺이다.

＊ 이 사주에서 주로 작용하는 하는 살은 鐵鎖開金殺과 귀문살로, 鐵鎖開金殺은 法과 인연으로, 이런 구조에서 官星이고 대운이 좋다면 고위직 법관이 될 것이나 이 사주에는 官星인 申金이 흉신이고, 34세까지의 대운이 흉신운인 金운으로 흘렀으므로 사법고시를 패스했으나 검사나 판사로 임관하지 못하고, 변호사로 활동하고 있다.

＊ 이 사주에서 두 번째로 작용하는 것은 卯申鬼門殺인데, 이 殺이 있으므로써 머리가 좋고, 어떤 일에 대한 집착성을 나타내게 되는데, 이 사주는 鐵鎖開金殺을 살리기 위해 작용되었으므로 변호사가 되었다고 판단한다.

＊ 殺은 논할 때마다 강조하고 싶은 것은 사주마다 모든 殺이 작용하는 것이 아니고, 또 歲運의 변화에 따라서 작용할 수도 있고, 안하는 殺도 있기 때문에 통변시 주의해야 하고, 특히 좋은 사주는 殺이 좋은 쪽으로 작용을 하고, 나쁜 사주는 나쁜 쪽으로 작용을 한다는 사실을 명심해야 하는데, 구체적인 殺의 작용을 일괄적으로 설명할 수는 없고 그 사주마다 다르다는 것이다.

🌸 22 | 친자확인 소송중입니다.

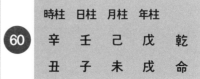

62	52	42	32	22	12	2			時柱	日柱	月柱	年柱	
丙	乙	甲	癸	壬	辛	庚	大	60	辛	壬	己	戊	乾
寅	丑	子	亥	戌	酉	申	運		丑	子	未	戌	命

＊ 丁酉年 巳月에 성남시에서 래원한 남자로, 사주의 구조는, 개띠 해의 늦여름에 자신을 나타내는 글자를 강물에 비유해 해석하는 壬水로 태어나 도와주는 세력이 약하므로 신약한 사주다.

＊ 늦여름이라서 더운 계절이기 때문에 壬水가 신강해야 좋은데, 土가 지나치게 많아서 신약하므로 金이 용신이고 水가 길신이며, 土가 病神이고, 운에서 오는 木과 火는 흉신이다.

＊ 이 사주는 子未가 怨嗔殺이고, 丑戌未三刑殺이며, 戌土가 財 庫이면서 鐵鎖開金殺이고, 未土가 食傷 庫이며, 丑土가 印綬 庫이며, 子水가 총칭 桃花殺이다.

＊ 이 사주에서 두르러지게 나타난 殺의 작용은 丑戌未三刑殺로, 이 殺이 官星이므로 직업과 자식에 해당하기 때문에 이 부분에 官災가 발생하게 되는데, 이 命主는 鐵鎖開金殺이 있어서 교도관으로 근무하다 퇴

직하였으며, 官星이 病神이므로 하위직이었고, 日支에 있는 子水가 桃花殺이므로 자신이 바람을 피우거나 마누라가 바람을 피우게 되는데, 이 집안에는 부인이 바람을 피워서 말썽 일으켰고, 52대운 2015 乙未年에 丑戌未 三刑殺이 작동하므로 직장에서 퇴직을 했고, 이혼을 하면서 막내 딸을 놓고 부인과 혼외 자식 여부를 가려달라고 소송을 진행하고 있다.

＊ 남자 사주에서 官星이 病神이 되면 官星은 자식과 혈통을 의미 하는데, 아들을 두지 못하거나 딸 만 두는 경우가 많고, 혹자는 자식을 두지 못하는 경우도 있는데, 이 부부사이에는 딸만 3명을 두었으며, 첫째 딸은 31살, 둘째 딸은 26세, 막내 딸은 18세다.

부인 사주

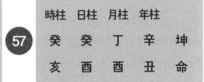

61	51	41	31	21	11	1		57		時柱	日柱	月柱	年柱	
甲	癸	壬	辛	庚	己	戊	大			癸	癸	丁	辛	坤
辰	卯	寅	丑	子	亥	戌	運			亥	酉	酉	丑	命

＊ 丁酉年 巳月에 성남시에서 래원한 남자의 부인으로, 사주의 구조는, 소띠 해의 한가을에 자신을 나타내는 글자를 빗물에 비유해 해석하는 癸水로 태어났는데, 水가 3개이고, 金이 3개이며, 地支에 丑土가 1개 있으나 酉金과 丑土가 酉丑合을 하여 金이 되므로 丑土는 없는 것과 같고, 干上에 丁火가 1개 있으나, 뿌리가 없고, 木도 없으므로 죽은 丁火다.

＊ 따라서, 이 사주는 언뜻 보면 火용신으로 볼 수 있으나, 火가 죽어있어서 용신으로 쓸 수 없으므로 온통 水로 구성된 從格사주인데 比劫보다 印綬가 많으므로 從强格이 아닌 從旺格사주인데, 비록 丁火가 죽어 있지만 대운이나 歲運에서 木운이나 火운이 오면 丁火가 살아날 수 있기 때문에 격(가치)이 떨어진 假 從旺格 사주이므로 水가 용신이고, 金이 길신이며, 火가 흉신이고, 丑土는 길신이나 운에서 오는 木과 乾土는 흉신이다.

＊ 이와 같이 사주가 假 從格이 되면 格의 가치가 떨어지고, 大運이나 歲運에서 木운이나 火운이 오면, 큰 혼란이 오게 되므로 좋은 사주가 아니다. 그 예로, 이 女命은 40세까지 水운으로 흘렀으므로 가정에 아무 문제없이 생활을 했으나, 41세 壬寅대운에 木운이 와서 木生火를 해서 從格에 역행을 하여 從格이 파괴되므로 경제적으로 큰 어려움이 시작되었고, 51 癸卯 대운에는 대운에서 온 卯木이 卯酉沖을 하여 酉丑金局을 깨고, 2015 乙未年에 사주 원국에 있는 官星인 丑土를 歲運에서 온 未土가 丑未沖하므로 이혼을 했고, 막내 딸을 놓고 혼외자식여부를 가리려는 소송이 시작되었다.

23 | 懸針殺을 직업으로 삼고, 急脚殺 작용도 강하다.

62	52	42	32	22	12	2			時柱	日柱	月柱	年柱	
壬	辛	庚	己	戊	丁	丙	大		辛	丁	乙	甲	乾
午	巳	辰	卯	寅	丑	子	運		亥	丑	亥	寅	命

＊ 丁酉年 巳月에 경기도 광주에서 래원한 남자로, 사주의 구조는, 범띠 해의 초겨울에 자신을 나타내는 글자를 인공 불에 비유해 해석하는 丁 火로 태어나 도와주는 세력이강하므로 신약한 사주다.

＊ 초겨울은 날씨가 추워지기 시작하면서 신약한 丁火가 자신의 역량을 발휘 하기 어려운데, 이 사주에는 甲寅 木과 乙木이 있어서 신약하지만, 내면을 들여다보면, 寅亥合을 두 번에 걸쳐서 하고 있어서 실제적으로 는 신강과 같다.

그러나, 겨울생이고, 도와주는 木이 냉하고 습하므로 火가 용신이고, 건 목인 甲寅木은 길신이나, 습목인 卯木은 한신이고, 水가 病神, 金과 丑 土가 흉신, 운에서 오는 열토는 길신이다.

＊ 이 사주의 殺은, 寅木과 亥水가 총칭 驛馬殺이고, 丑土가 急脚殺이 며, 甲木과 辛金이 懸針殺이고, 寅木이 湯火殺이며, 寅亥合이 두 번있 다.

＊ 이중에서 직업으로 懸針殺과 湯火殺을 직업으로 사용하고 있어서 동물약품을 취급하면서 애견센타도 운영하고 있다고 하며, 현재는 닭 농장 운영을 겸하고있다.

＊ 驛馬殺인 年支 寅木을 2016(丙申)年 歲運에서 온 申金이 年支 寅木과 寅申沖을 하는데, 이는 驛馬殺이라서 교통사고 이므로 대형 인사사고가 발생하여 허리뼈가 골절이 되어 핀을 박는 수술을 받았다고 하므로 急脚殺 작용이 나타났는데, 急脚殺은 겨울 生일 경우 丑土와 辰土가 急脚殺이다.

＊ 이 사주에서 印星인 木이 많고, 두 번에 걸쳐서 寅亥合을 하므로 母親한테 배다른 형제가 있거나 아니면, 母親이 두 분일 수가 있는데, 현재까지는 母親이 한 분 뿐이라고 하므로 확인이 되지 않았다.

24 │ 鬼門殺이 病神이나 凶神이면 그 작용력이 큰데, 이 命主는 죽고 싶다는 말을 자주한다고 한다.

66	56	46	36	26	16	6	大
己	戊	丁	丙	乙	甲	癸	
亥	戌	酉	申	未	午	巳	運

時柱	日柱	月柱	年柱	
癸	乙	壬	丙	乾
未	酉	辰	子	命

＊ 丁酉年 巳月에 판교에서 모친이 가지고 래원한 아들 사주로, 사주의 구조는, 쥐띠 해의 초여름에 자신을 나타내는 글자를 꽃나무에 비유해 해석하는 乙木으로 태어나 도와주는 세력이많으므로 신강한 사주다.

＊ 늦봄에 태어난 乙木은 지천에 널린 꽃나무와 같아서 생존력이 강한데, 이 사주는 水가 3개나 있고, 辰土가 子水와 合하여 子辰水局을 하고 있어서 水도 강하며, 酉金이 辰土와 辰酉合金을 하므로 강한 金인 金生水를 하므로 결국 물바다와 같은데, 늦봄이므로 火를 용신으로 쓰고, 水가 病神이므로 건토인 未土가 藥神이며, 金과 습토인 辰土는 흉신이고, 운에서 木이 오면 길신이다.

＊ 이렇게 水가 많은 것을 자연현상으로 설명하자면 봄에 장마가 든 것과 같은 현상이라서 乙木이 건강치 못함을 나타내고 있다.

＊ 이 사주에서 火가 정신인데, 정신인 丙火가 나타나있긴 하지만, 그

뿌리가 없고, 옆에 있는 壬水의 극을 받고 있어서 정신이 파괴된 것과 같아서 올바른 행동을 하지 않고 비뚤게 나가게 된다.

＊ 이 사주의 殺은 子水와 酉金이 총칭 桃花殺이면서 子酉鬼門殺인데, 子水는 病神이고, 酉金은 흉신으로, 이렇게 鬼門殺이 病神이나 흉신이면 그 작용력이 훨씬 크게 작용하며, 鬼門殺의 작용은 현실비관이나 우울증, 변태증 등으로 나타난다.

＊ 이 命主의 엄마의 말에 따르면 사춘기인 중학교 때부터 친구들로부터 따 돌림을 받았고, 고등학교 때도 공부를 열심히 하지 않아서 지방대학에 다니고 있다고 하는데, 수시로 죽고 싶다는 말을 자주해서 고민이라고 했다.

25 | 비슷한 배우자 福을 가진 부부.

남편 사주

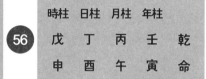

63	53	43	33	23	13	3		56	時柱	日柱	月柱	年柱	
癸	壬	辛	庚	己	戊	丁	大		戊	丁	丙	壬	乾
丑	子	亥	戌	酉	申	未	運		申	酉	午	寅	命

* 丁酉年 巳月에 수원에서 부인이 가지고 래원한 남편의 사주로, 사주의 구조는, 범띠 해의 한여름에 자신을 나타내는 글자를 인공 불에 비유해 해석하는 丁火로 태어나 도와주는 세력이강하므로 신강한 사주다.

* 한 여름이라서 그렇지 않아도 더운데, 火가 강해서 매우 신강하므로 水를 용신으로 써야 하나, 壬水가 약하기 때문에 金을 우선 용신으로 쓰고, 火가 病神이므로 水를 藥神 겸 길신으로 쓰며, 木이 흉신이고, 戊土도 흉신이며, 운에서 오는 濕土가 길신이다.

* 이 사주의 殺은, 寅木과 申金이 驛馬殺이고, 寅木과 午火가 湯火殺이며, 日干인 丁火가 年上의 壬水와 丁壬合을 하고, 時支 申中 壬水와도 丁壬合을 하며, 여자를 나타내는 財星인 金이 두 개이므로 바람둥이면서 두 번 결혼할 팔자다.

* 이 중에서 湯火殺의 작용은 확인이 안 되고, 驛馬殺 작용은 직업인

토목설계 업무와 관련하여 많이 돌아다닌다고 하므로 일부 관련성이 있다고 보며,

* 특히, 이 사주에서 두드러지게 나타난 현상으로 지금 부인과 재혼했을 것이라는 필자의 물음에 부인되는 분이 "그렇습니다."라고 대답함으로써 재혼사실이 확인되었다.

부인 사주

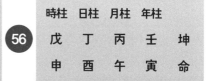

63	53	43	33	23	13	3		時柱	日柱	月柱	年柱	
己	庚	辛	壬	癸	甲	乙	大	戊	丁	丙	壬	坤
丑	寅	卯	辰	巳	午	未	運	申	酉	午	寅	命

(56)

* 丁酉年 巳月에 래원한 여자로, 사주의 구조는, 말띠 해의 초가을에 자신을 나타내는 글자를 인공 불에 비유해 해석하는 丁火로 태어나 도와주는 세력이 약하므로 신약한 사주다.

* 태어난 초가을이라고 해도 열기가 높은데다가 火가 많고 열토인 未土까지 있어서 덥기 때문에 신약한 사주가 아니고, 반대로 신강한 사주이므로 水를 용신으로 써야 하나 없기 때문에 金이 용신이고, 火가 病神이므로 水를 약신 겸 길신으로 쓰며, 열토는 흉신이고 운에서 오는 濕土가 길신이며, 운에서 오는 木이 흉신이다.

* 이 사주의 殺은 午火가 총칭 驛馬殺이면서 桃花殺이고, 湯火殺이며,

申金이 총칭 驛馬殺이면서 懸針殺이다.

＊ 이 사주에서 특징적인 것은 日干인 丁火의 남자가 壬水인데, 月支 申 중 壬水와 丁壬合을 하고, 時支의 申중 壬水와도 丁壬合을 해서 두 번 合을 하므로 두 남자와 인연을 맺을 운명인데, 月支 申金은 干上에 劫財 인 丙火가 자리 잡고 있고, 日干보다 먼저 年支 午중의 丁火와 丁壬暗合 을 하므로 인연이 아니기 때문에 결혼 직전에 헤어졌고, 時支 申중 壬水 와 결혼했으므로 부부의 배우자 인연이 비슷하다.

＊ 필자가 이 女命에게 묻기를 "고객님께서는 젊어서 간호사가 될 꿈을 가졌을 것입니다"라고 말하자, 고객의 대답이 "그렇지 않아도 처녀 때 간호사로 근무했는데, 지금은 음식점을 운영하고 있습니다"라고 대답함 으로써 懸針殺 작용이 확인되었다.

26 | 여자 從兒格은 남편 덕이 약하고, 比劫 운이나 印綬 운에 눈물 흘린다.

62	52	42	32	22	12	2	
壬	辛	庚	己	戊	丁	丙	大
午	巳	辰	卯	寅	丑	子	運

時柱	日柱	月柱	年柱	
辛	丁	乙	甲	乾
亥	丑	亥	寅	命

＊ 丁酉年 巳月에 성남에서 래원한 여자로, 사주의 구조는, 토끼띠 해의 초겨울에 자신을 나타내는 글자를 빗물에 비유해 해석하는 癸水로 태어나 도와주는 세력이 약하므로 신약한 사주다.

＊ 초겨울에 태어난 癸水가 月上의 丁火로부터 丁癸沖을 당했고, 地支에 亥水가 있으나 亥卯未三合木局을 이루었으며, 年上과 時上에 乙木이 나타나있어 온통 木으로 이루어져 있는 從兒格 사주이므로 木이 용신이고 겨울생이라 火가 길신이며, 金과 水가 흉신이고, 운에서 오는 濕土도 흉신이다.

＊ 이 사주의 殺은, 卯木이 桃花殺이고, 亥水가 驛馬殺이며, 未土가 食傷庫인데, 고객이 자신의 입으로 桃花殺에 대하여 말한 바가 없기 때문에 확인할 수가 없었다.

＊ 驛馬殺의 작용에 대하여는 食傷 桃花이므로 섹스에 강할 것이고, 자

식 복이 있다고 해석하는데, 지금 동거 중인 남자가 있음에도 또 다른 남자를 만날 수 있겠느냐고 묻는 것으로 봐서 桃花殺이 작용하고 있다고 확신할 수 있겠고,

＊ 食傷 庫인 未土를 갖고 있어서 자식의 한이나 자식에 대한 고민을 안고 살아가게 되는데, 이 女命은 현재까지 자식이 없으므로 자시의 한을 안고 살아가는 것이 증명되었다.

＊ 이 사주에서 중요한 것은 여자 從兒格은 남편 덕이 없다는 사실이고, 從兒格에 역행하는 水운과 金운이 오면 운이 나빠지므로 어려움을 겪게 되는데, 이 女命은 2008 戊子年에 13살 위인 이혼 남자를 만나 동거를 하고 있었는데, 이 남자가 바람기가 있고, 유방이 큰 여자한테만 지나차게 관심을 보이기 때문에 자신의 유방을 키우는 성형수술을 고려하고 있다고 했다.

＊ 또, 이 女命은 사주에 卯木이 두 개가 있는 상태에서 2016 丙申年에 歲運의 申金이 從兒格을 파괴하는 金이면서 사주 원국의 두 개의 卯木이 만나면 卯申鬼門殺이 이루어지는데 그것도 쌍으로 이루어지므로 외도를 의심해서 남편에 대한 반감 때문에 우울증으로 발전되었으며, 2017 丁酉年에 歲運에서 온 酉金이 從兒格을 깨는 卯酉沖이 발생하므로 유방 성형수술을 생각하게 되었고, 남자와 이별도 생각하고 있었다.

27 | 지인의 회사에 신규채용 여직원 운세 판단.

67	57	47	37	27	17	7	
戊	己	庚	辛	壬	癸	甲	大
子	丑	寅	卯	辰	巳	午	運

時柱	日柱	月柱	年柱	
庚	壬	乙	丙	坤
子	午	未	辰	命

■ 사주 구조

＊ 이 사주의 구조는, 용띠 해의 늦여름에 자신을 나타내는 글자를 강물에 비유해 해석하는 壬水로 태어나 火와 土가 많아서 상대적으로 도와주는 세력이 작으므로 신약한 사주입니다.

＊ 여름에 태어난 壬水는 세상을 시원하게 식혀주면서 생명체인 나무(木)에 물(水)을 주기 위해서 태어났는데, 더위는 극심하고 물의 양이 적어서 더위를 식히기에는 역부족이기 때문에 水(물)가 많이 필요하기 때문에 金이 용신이고, 火가 病이므로 水가 약신 겸 길신이며, 未土와 木은 흉신이고, 辰土는 습토이므로 길신이다.

■ 학교관계

이 사주는 아버지의 능력이 없어 가정이 가난했을 것이고, 학운기의 대운이 病운으로 전개되었으므로 운이 따라주지 않았으며, 고등학교 2학년 때인 92년은 壬申年이었고, 3학년 때인 93년은 癸酉年으로 운이 따라주었으나, 3학년 때인 甲戌年에 운이 따라주지 않아서 원하는 대 학을 못들어 갔을 것으로 보이며, 만약 재수를 했다면 들어갔을 것이다.

■ 부모관계

돈과 부친과 시모를 나타내는 財星인 火가 病神이므로 부모덕이 없어서 가정이 가난했으며, 모친 한 분에 두 아버지가 있을 수 있으며, 시어머니가 여러 명인 격이므로 배다른 시어머니가 있거나, 그렇지 않으면 여러 번 결혼을 해서 시어머니가 많은 것과 같다.

■ 남자(남편)관계

이 사주에 官星은 辰중 戊土, 未중에 己土, 午중 己土로 3개인데, 진 중 戊土는 일찍 만난 나이 많은 남자이고 偏官(편관)이므로 인연이 아니고, 未중 己土는 正官(정관)이긴 하지만 흉신 속에 들어있으므로 이 역시 인연이 아니며, 午중 己土도 正官이긴 하지만 病神 속에 들어있어 인연이 아닐 뿐만 아니라 時支의 子水와 子午沖을 해서 깨졌으므로 이 역시 인연이 아니므로 혹시 결혼을 한다면 주말부부로 살 수는 있다.

그래서, 사주가 이런 구조가 되면, 대부분 결혼을 안하거나 결혼을 한다고 해도 곧 이별하게 된다.

그런데, 이 女命은 27세 壬辰 대운에 남자인 辰土 官星이 나타났으므로 이 때 결혼을 했을 것이나, 인연이 아니므로 곧 이별했을 것으로 추정한다.

또한, 가까운 歲運(세운)에서 보면, 2012년 壬辰年이나 2015년 乙未年

에 남자 운이 왔었는데, 워낙 남자 보는 눈이 까다로와서 교제여부는 장담할 수 없다.

■ 자식관계

이 사주에 자식이 乙木이고, 남자는 辰土와 未土인데, 官星인 辰土 속에 乙木 자식을 품고 있고, 자식인 乙木과 남자인 未土가 기둥을 이루고 있는데, 이렇게 자식과 남자가 한 글자 속에 들어있거나 기둥을 이루면 남자를 만나자 마자 임신이 잘되는 구조를 갖고 있기 때문에 이 女命은 숨겨둔 자식이 있을 수 있다.

■ 성격

* 이 사주는 신약해서 소심하기 때문에 매사 조심성이 많아서 함부로 행동하지 않을 것으로 보이며, 경제적으로 궁핍하기 때문에 돈에 대한 집착이 있을 수 있습니다.

■ 歲運(세운)설명

* 2013 癸巳年부터 2014 甲午年, 2015 乙未年까지 火운이 왔었으므로 되는 일이 없었을 것이고,

* 2016 丙申年부터 금년인 丁酉年은 地支에 길신이면서 문서운인 金운이 왔으므로 다소 호전되었으며,

* 내년인 2018 戊戌年이 오면 戊戌 土는 직업과 남자를 나타내는 官星

이고, 이 官星이 흉신이므로 피해를 줄 뿐만 아니라 사주에 있는 官星인 辰土와 辰戌沖을 하고 또 다른 官星이 未土와도 戌未刑을 하므로 직장 변동으로 작용할 것이고,

* 만약 그동안 사귀는 남자가 있다면 이별 할 것이다.

* 2019년 己亥年부터는 水운이 오므로 좋아진다.

■ 금년(丁酉年) 세운 작용 – 래정법
* 日干 壬水가 歲運에서 온 天干의 丁火 財星인 돈과 丁壬合을 이루므로 연애로도 보고, 歲運의 地支에 길신인 酉金 문서를 달고 오므로 이는 취업으로 인하여 돈이 들어온다라고 해석함이 타당하다고 본다.

28 | 雙鬼門殺이 있어서 심한 우울증이 있다.

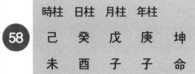

61	51	41	31	21	11	1	大
辛	壬	癸	甲	乙	丙	丁	運
巳	午	未	申	酉	戌	亥	

時柱	日柱	月柱	年柱	
己	癸	戊	庚	坤
未	酉	子	子	命

58

＊丁酉年 巳月에 성동구에서 래원한 여자로, 사주의 구조는, 쥐띠 해의 한겨울에 자신을 나타내는 글자를 겨울비에 비유해 해석하는 癸水로 태어나 도와주는 세력이많으므로 신강한 사주다.

＊겨울에 태어난 癸水가 신왕하면 신왕할수록 차갑기 때문에 많은 火가 있거나 乾土가 있어야 좋은 법인데, 이 사주는 겨울 水가 왕하므로 가히 폭설이라고 할 수 있는 힘을 갖고 있기 때문에 많은 火가 필요하나 나타나 않았고, 月上에 戊土가 있으나, 이 戊土는 地支에 子水를 깔고 앉아있어 곧 떠내려갈 土이고, 時柱에 있는 己未 土가 이 많은 물을 막아 주므로 土가 藥神 겸 용신이고 火가 길신이며, 水가 병신이고 金이 흉신이며, 운에서 木과 濕土는 흉신이다.

＊이 사주의 殺은 子酉가 두 번 이루어지므로 雙鬼門殺이고, 子水와 酉金이 총칭 桃花殺이며, 未土가 食傷 庫이다.

＊ 특히, 강조하고 싶은 것은 일반적으로 辰辰, 午午, 酉酉, 亥亥가 있으면 이를 自刑이라고 알려져 왔으나, 필자가 검증한 결과 이 自刑은 전혀 그 작용력을 확인 할 수가 없었기 때문에 앞으로 증명이 될 때까지는 自刑을 일절 다루지 않기로 한다.

＊ 이 사주에서 주로 작용하는 殺은 子酉 雙鬼門殺인데, 鬼門殺의 주된 작용은 집착성과 우울증으로, 이 命主는 심한 우울증에 시달리고 있다. 우울증이 심하게 된 핑계에 대하여 이 命主는 지난 2013년도에 강남에 있는 아파트를 팔았었는데, 그 이후 5억이나 올라 속이 상해서 그렇다는 핑계이나 사실은 자신의 운명에 우울증이 있어 더욱 심하다.

29 | 혼전 임신한 여자 사주.

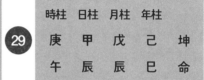

67	57	47	37	27	17	7			時柱	日柱	月柱	年柱	
乙	甲	癸	壬	辛	庚	己	大	29	庚	甲	戊	己	坤
亥	戌	酉	申	未	午	巳	運		午	辰	辰	巳	命

＊ 丁酉年 巳月에 화성시에서 모친과 같이 래원한 여자로, 사주의 구조
는, 뱀띠 해의 늦봄에 자신을 나타내는 글자를 큰 나무에 비유해 해석하
는 甲木으로 태어나 도와주는 세력이약하므로 신약한 사주다.

＊ 늦봄에 태어난 甲木이지만 그 뿌리가 나타나지 않았고, 印星인 水도
나타나지 않았고, 火와 土가 旺하므로 전형적인 財多身弱 사주인데, 사
주가 이럴 경우 旺한 세력을 형성하고 있는 土로 從을 해야 하나 말아야
하나로 고민하게 된다.

＊ 그러나, 태어난 계절이 辰月이라서 木이 왕성한 계절이고, 辰土 속에
乙木과 癸水가 暗藏해 있고, 日支에 辰土 속에도 마찬가지로 乙木과 癸
水가 암장해있으므로 從을 하지 않고, 신약사주다.

＊ 따라서, 木이 용신이고, 水가 길신이며, 土가 흉신이고, 신약한 甲木
을 庚金이 극하므로 흉신이며, 여기서 火는 日干을 신약하게 만든다는

의미에서는 흉신이지만, 庚金으로부터 木을 보호해주므로 길신역할도 한다.

* 대운을 살펴보면, 이 女命은 26세까지의 대운이 火운이었음으로 유복한 환경에서 대학을 졸업하고, 性을 나타내면서 자식을 의미하기도 하고 桃花殺 운이기도 한 2014년에 군 장교를 만나 연애를 하던 중 임신을 하는 바람에 급하게 결혼을 했으나, 2017년에 이혼을 하였는데, 그 이유에 대하여 殺과 暗藏 등을 대입해서 설명하겠다.

* 이 사주의 殺은, 巳火가 총칭 驛馬殺이고, 辰土가 印綬 庫이며, 午火가 총칭 桃花殺이면서 湯火殺인데, 驛馬殺의 특징은 발견하지 못했고, 엄마의 건강이 나쁘다거나, 엄마가 여럿 등 印綬 庫의 특징도 나타나지 않았으며, 桃花殺은 헤어진 남편과 연애로 나타났으며, 湯火殺은 화재로 데인등의 흔적이 있거나, 마약과 관련하거나 우울증인데, 이 女命은 이혼 등의 요원으로 약간의 우울증이 있다고 하므로 湯火殺은 증명이 되었다.

* 이 女命인 혼전임신을 해서 결혼에 이르고, 결혼 3년 만에 헤어지게 되었는데, 남자를 나타내는 庚金이 正官이 아닌 偏官이고, 이 偏官인 庚金이 年支에 있는 食傷인 巳火 속에 들어있고, 時上에도 나타나있으므로 모두 2명의 남자가 있다.

* 巳火 속에 암장해 있는 庚金 남자는 자식인 巳火 속에 암장해 있으므

로 자식과 남편이 한 글자 속에 들어있으므로 이와 같은 현상은 여자 사주에서 남자를 만나 성생활을 하자마자 아이가 생긴다는 것을 의미하기 때문에 연애를 하자마자 아이가 잉태하게 되고, 또 時上에 있는 庚金 偏官은 食傷인 午火 위에 위치해 있어서 官星과 食傷이 한 기둥을 이루고 있는데, 이와 같은 형상도 마찬가지로 남자와 연하자마자 아이를 임신하기 쉬우며, 여기에다가 또 한 가지를 첨언하면, 地支에서 食傷과 官星이 슴을 이루면 마찬가지 현상이 나타나고, 남자의 경우도 이를 준용하면 된다.

＊ 이 女命이 2017년에 이혼한 사유는, 庚金 官星이 흉신인데다가 2016년으로 거슬러 올라가 살펴봐야 하는데, 2016 丙申年에 干上의 丙火가 時上 庚金을 火克金하고, 歲運 地支의 申金이 庚金 官星을 暗藏하고 있는 年支 巳火를 巳申合刑으로 손상을 입히게 되므로 남편과 갈등을 일으키고, 2017 丁酉年에는 歲運에서 온 丁火가 역시 庚金을 火克金을 하고, 歲運 地支의 酉金이 庚金 官星을 암장하고 있는 巳火를 巳酉合金으로 변질시키므로 결국 2017년에 이혼을 했다.

＊ 이혼 사유에 대하여 더 성명을 하자면, 이 女命의 사주에서 이혼사유가 발생하였다 해도 반드시 고려해야 할 것이 있는데, 이는 상대 남편의 사주가 어떻게 구성되어 있고, 세운이 어떻게 작용하고 있는 가를 반드시 살핀 후 최종적인 결론을 내려야만 오진을 줄일 수 있다.

＊ 이 女命의 육친관계를 살펴보면, 土가 결혼 전에는 친정 부친이고,

결혼 후에는 시모가 되는데, 이 사주에 陽인 戊土와 陰인 己土가 나타나 있고, 辰土도 두 개가 있기 있으며, 巳火 속에 戊土, 午火 속에 己土가 암장했음으로 너무 많은 土가 있는데, 이는 친정 아버지가 두 분이거나 또는 아버지의 배다른 형제가 있을 수 있는데, 아버지 한 분 뿐이라고 하므로 아버지한테는 해당이 안 되고, 결혼을 한 후에는 시어머니한테 적용되는데, 이 女命은 한번 이혼을 했으므로 앞으로 재혼을 한다면 시모가 두분이 되는 것과 같으므로 결국 재혼할 것으로 본다.

* 한편, 媤父(시부)는 劫財인데, 劫財는 두 개의 辰土 속에 암장되었는 乙 木이므로 이를 해석하면 시부도 결국 2명과 같기 때문에 더욱 재혼의 확률을 높인다.

30 | 왜 불감증이 오는가?

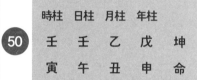

61	51	41	31	21	11	1
戊	己	庚	辛	壬	癸	甲	大
午	未	申	酉	戌	亥	子	運

50

時柱	日柱	月柱	年柱	
壬	壬	乙	戊	坤
寅	午	丑	申	命

＊ 丁酉年 午月에 송파구에서 래원한 여자로, 사주의 구조는, 원숭이띠 해의 늦겨울에 자신을 나타내는 글자를 강물에 비유해 해석하는 壬水로 태어나 도와주는 세력이약하므로 신약한 사주다.

＊ 늦겨울에 태어난 壬水는 기본적으로 날이 춥기 때문에 찬물이라서 용도가 많지 않으므로 불(火)로 물(水)을 끓여서 써야 한다.

그런데, 이 사주는 양적으로는 신약하지만, 양보다도 질을 따져 봐야 하는데, 질적으로 보면, 태어난 계절이 丑月로 丑土는 성분이 土이지만 실제적으로는 水와 같기 때문에 결국 이 사주는 신왕사주와 같다.

따라서, 火가 용신이고, 木이 길신이며, 水가 병신이고, 金이 흉신이며, 戊土는 약신으로 쓸 수 있으나, 濕土인 丑土는 흉신이며, 木이 길신이다.

＊ 이 사주의 殺은, 申金과 寅木이 驛馬殺이고, 丑土와 寅木, 午火는 湯火殺이며, 丑午鬼門殺이 있는데, 이 女命은 주부라서 외부 경제활동을

하지 않고 있을 뿐만 아니라 주로 집에서만 생활한다고 하므로 驛馬殺의 작용은 지금까지 나타나지 않고 있으며, 향후 己未 대운부터는 좋은 운이 오기 때문에 驛馬殺의 작용이 나올 것으로 예상한다.

＊ 이 사주에서 현재 주로 작용하고 있는 殺은, 丑午鬼門殺과 湯火殺 작용으로, 심한 우울증과 비관성향으로 고생하고 있는데, 여자 사주에서 鬼門殺의 주된 작용은 우울증과 비관성이고, 湯火살 역시 비관성이므로 이 女命은 이 殺들의 작용 때문에 심한 어려움을 겪고 있다.

＊ 이 女命이 무슨 이유로 우울증과 현실 비관성이 강하게 작용하고 있는가를 살펴보면, 丑土가 午火와 丑午鬼門殺을 만들고 있기 때문인데, 年上의 戊土는 일찍 만난 남자인데 뿌리가 없고, 乙木으로터 木剋土를 당하고 있어서 오래가지 못할 남자이고, 月支의 丑土가 正官일 뿐만 아니라 干上에 乙木 자식을 두고 있으므로 자식을 낳은 본 남편인데, 이 丑土 남편이 자신에게 흉신으로 작용하는데다가 日支 午火와 鬼門殺을 만들고 있기 때문에 남편으로 인하여 우울증이 심해져서 각방을 쓰고 있으므로 자신은 성생활에 아무런 관심이 없는데, 남편은 성생활을 요구하므로 갈등이 커졌다고 한다.

＊ 왜 불감증이 오는가를 살펴보면, 답이 나와 있다.
여자 사주에서 남편인 官星이 길신작용을 하거나 남편이 능력이 있다면 불감증이 생기지 않을 것이나, 남편인 官星이 흉신작용을 심하게 하면 남편과 사이가 멀어지면서 불감증으로 변한다.

필자는 이 불감증에 대하여 어떤 스승한테도 배운 바가 없어서 그동안 많은 연구를 한 결과 위에서 설명한 것처럼 불감증에 대하여 알게 되었다.

＊ 사주에서 이혼할 확률을 따져보면 우선 배우자가 길신으로 작용하느냐 흉신으로 작용하느냐를 보고, 배우자 궁에 있는 글자가 길신인가 흉신인가 보며, 大運과 歲運의 흐름이 어떤가를 봐야 한다.

＊ 이 사주에서 官星이 흉신이나 배우자궁에 용신이 있으므로 이혼할 확률이 높지 않으나, 사주에 官星인 戊土, 丑土가 나타나 있고, 특히 日支 배우자 궁인 午火 속에 正官인 己土가 들어있으며, 午火 속에 들어있는 丁火와 丁壬合으로 不情之合을 하고 있고, 時支 寅木 속에 偏官이 戊土가 들어 있어서 남자가 많은 팔자이므로 상대적으로 이혼을 하거나, 연애를 할 가능성이 매우 높다.

＊ 이 女命이 "이혼을 하고 싶은데, 어떻게 하면 좋겠습니까?"라고 묻는다면 독자여러분들께서는 어떤 대답을 할 수 있겠습니까?
이에 대하여 필자의 이론은 이렇습니다.
위에서 설명 드린 것처럼 남편 복은 없으나 日支에 있는 午火 용신 때문에 이혼할 확률이 크게 높지 않다면, "고객께서는 이혼할 확률이 50% 정도인데, 남편 사주에 따라서 달라질 수 있습니다."라고 대답해야 한다.
왜냐하면, 부부관계는 상대적이기 때문에 상대에 따라서 그 향방이 바뀔 수 있기 때문이다.

31 | 財多身弱 사주는 財星으로 인한 고통이 따른다.

63	53	43	33	23	13	3			時柱	日柱	月柱	年柱	
辛	壬	癸	甲	乙	丙	丁	大	48	丁	乙	戊	庚	坤
未	申	酉	戌	亥	子	丑	運		亥	丑	寅	戌	命

＊ 丁酉年 午月에 과천에서 래원한 손님으로, 사주의 구조는, 개띠 해의 초봄에 자신을 나타내는 글자를 꽃나무에 비유해 해석하는 乙木으로 태어나 도와주는 세력이 약하므로 신약한 사주다.

＊ 초봄에 태어난 乙木은 신약한데, 태어난 계절이 이른 초봄이므로 신강하냐 신약하느냐 보다 앞서는 논리가 온도인데, 기온이 낮으므로 火가 용신이고, 木이 길신이며, 金과 水가 흉신이고, 건토인 戊土는 길신이나 濕土인 丑土는 흉신이다.

＊ 이 命主는 火를 용신으로 쓰므로 교육에 인연이라서 교육자이고, 殺은, 戊土가 財庫이고, 寅戌火局이며 湯火殺이고, 丑土가 官庫이며, 亥水가 驛馬殺이고, 가장 크게 작용하는 殺이 財殺이다.

따라서 다른 殺에 대한 특성은 나타나지 않거나 미약하기 때문에 財星과 官庫가 있어서 남편문제를 논하기로 한다.

＊ 어느 사주든지 財多身弱이 되면, 財星 때문에 고통을 받게 되는데, 이 命主는 여자이므로 우선 돈 문제가 따를 수 있고, 財生殺을 하므로 남편 문제가 수반되며, 財星은 시어머니이므로 시어머니와 갈등을 일으킬 수 있는데, 이 女命은 남편과도 사이가 나빠서 수차례 이혼을 요구했으나, 이혼을 하지는 않았으며, 시어머니와도 갈등이 심해서 결혼생활을 하기 힘들다고 하소연 하였다.

＊ 또한, 財星이 이렇게 많으면, 친정 부친이 두 분이거나, 시어머니가 두분일 수 있는데, 친정 부친은 한 분뿐이나 시 어머니에 대해서는 나타난 모습은 한 분이라 어딘가 미심쩍은 데가 있지만 확신 할 수 없다는 진술로 봐서 숨겨둔 시어머니가 있을 수도 있겠다.

＊ 丁酉年 來情法으로 볼 때 남편하고의 관계와 진급에 궁금증이 있어서 래방한 것으로 승진확률은 60% 정도라고 답했고, 남편하고는 이별수가 왔다고 진단해줬다.

32 | 잘 맞는 직업 선택했다.

67	57	47	37	27	17	7		**38**	時柱	日柱	月柱	年柱	
辛	壬	癸	甲	乙	丙	丁	大		庚	甲	戊	庚	坤
巳	午	未	申	酉	戌	亥	運		午	戌	子	申	命

＊ 丁酉年 午月에 광주에서 래원한 여자로, 사주의 구조는, 원숭이띠 해의 한겨울에 자신을 나타내는 글자를 큰 나무에 비유해 해석하는 甲木으로 태어나 도와주는 세력이약하므로 신약한 사주다.

＊ 한겨울에 태어난 갑목은 추위에 떨어야 하기 때문에 신약한가 신강한가 보다는 火가 충분히 있느냐 없느냐가 매우 중요하므로 火가 약신 겸 용신이고, 木이 길신이며, 金이 病神이고 水가 흉신이며, 戊土는 한신이고, 戌土는 길신이며, 운에서 오는 濕土가 흉신이다.

＊ 이 사주의 殺은, 申金이 총칭 驛馬殺이고, 子水가 桃花殺이며, 戌土가 食傷과 財星의 庫이며, 午火가 桃花殺이다.
남편으로 해석하는 官星이 病神이고, 地支 申金이 子水와 申子水局을 이루고, 午火와 戌土가 午戌火局을 이루어 水火相戰을 이루기도 하고 火金 相戰을 하기도 한다.

＊ 이 女命의 사주는 현재 두 아이를 기르고 있어서 직장을 다니지 않고 있는데, 이 女命이 상담을 온 이유가 바로 나온다.

＊ 올해가 丁酉年으로 干上의 丁火는 傷官이라서 官星인 金을 극하고 있으면서 다른 면으로 해석하면 진로문제이고, 地支의 酉金은 직업과 남편으로 해석하므로 직업문제와 남편에 대한 고민임을 동시에 알 수 있다.

여기서 이해하고 넘어갈 것은 직업을 꼭 官星으로만 해석하려하면 안되고, 食傷이 진로이기 때문에 때에 따라서는 食傷을 직업으로 보면 된다.

＊ 이 女命은 火를 용신으로 쓰므로 火와 관련된 직업을 갖게 되는데, 만약 이런 사주가 학운기에 운이 따라주면 가장 좋은 직업은 의사이나 고등학교 때의 운을 보니까 96 丙子年, 97 丁丑年, 98 戊寅年으로 고등학교 1, 2학년 때 운이 따라주지 않아서 재수를 해서 대학에 갔다고 하므로 의사로는 갈 수가 없고, 보석디자인을 전공했다고 하므로 그야말로 잘 맞는 직업을 선택했다.

왜냐하면, 이 사주에 金이 病神이라서 불로 녹여야 하는데, 불로 보석을 녹이기도 하고 디자인도 하는 일로서 잘 맞다.

＊ 또한 이 女命은 부부관계가 나빠서 각방을 쓰고 있다고 하며, 남편에 대해서 아무런 감정이 일어나지 않는다고 하는데 아이가 있어서 필자가 묻기를 "그럼 어떻게 아이는 낳았습니까?"라고 묻자 어쩌다 한번 성관계를 가졌는데 임신이 되었다고 대답했다.

그러나, 사주를 자세히 들여다보면, 자식으로 食傷인 午火와 官星으로 남편인 庚金이 한 기둥을 이루고 있는데 이런 구조를 가지면 임신이 잘 되는 질이다.

＊ 그러면, 남편이 사주를 대입해서 이혼할 것인지 말 것인지를 살펴보자.

남편 사주

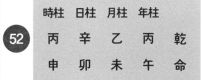

63	53	43	33	23	13	3			時柱	日柱	月柱	年柱	
壬	辛	庚	己	戊	丁	丙	大	52	丙	辛	乙	丙	乾
寅	丑	子	亥	戌	酉	申	運		申	卯	未	午	命

＊ 丁酉年 午月에 부인이 가지고 래원한 남편의 사주로, 사주의 구조는, 말띠 해의 늦여름에 자신을 나타내는 글자를 보석 金에 비유해 해석하는 辛金으로 태어나 도와주는 세력이매우 약하므로 신약한 사주다.

＊ 辛金은 불(火)에 잘 제련되어 정교하고 아름답게 만들어진 치장용 물건에 비유하므로 추운 계절을 제외하고는 거의 강한 불을 좋아하지 않는데, 이 사주에는 火가 너무 많아서 신약하므로 金이 용신이고 水가 길신이며, 火가 병신이고, 木이 흉신이며, 운에서 오는 濕土가 길신이나 열토는 흉신이다.

＊ 이 사주의 殺은, 火가 너무 많아서 官殺로 작용하고, 木도 많아서 財

殺로 작용하므로 아이큐가 140 이상으로 머리가 좋으며, 午火와 卯木이 桃花殺이고, 卯申鬼門殺을 가지고 있다.

＊ 이 사주의 특징은 官星이 病神이므로 자식 복과 직장 복이 없으며, 財星도 흉신이므로 처복과 돈 복이 없으며, 日干인 辛金이 태약한데다가 日干과 乙木이 乙辛沖을 하고 있고, 火의 극이 심한데다가 鬼門殺도 있어서 한마다로 정신불안자라고 본다.

＊ 따라서, 스스로가 스트레스가 심하고 정신이 불안정하므로 卯申鬼門殺로 인하여 財星인 부인한테 집착을 하게 되므로 부인과 이혼에 이를 만큼 사 이가 나쁜데도 불구하고 성관계를 하려고 하나, 위 부인의 사주에서 설명 드린 것처럼 부인이 불감증일 정도로 성관계에 거부반응을 나타내므로 싸울 수 밖에 없다.

＊ 또한, 지난해 丙申年 歲運에서 온 申金이 사주에 있는 卯木과 卯申鬼門殺을 형성하므로 부부관계가 극도로 나빠져서 각방을 쓰고 있고, 2017 丁酉年 歲運에서 온 酉金이 日支에 있는 卯木을 卯酉沖을 하므로 이별 할 것이나, 그 실행 년도는 2020년 庚子年이라고 진단했다.

33 │ 여자사주에 남편인 官星이 病神으로 작용하면 불감증이 된다.

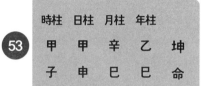

62	52	42	32	22	12	2			時柱	日柱	月柱	年柱	
戊	丁	丙	乙	甲	癸	壬	大	53	甲	甲	辛	乙	坤
子	亥	戌	酉	申	未	午	運		子	申	巳	巳	命

＊ 丁酉年 午月에 김포에서 래원한 여자로, 사주의 구조는, 뱀띠 해의 초여름에 자신을 나타내는 글자를 큰 나무에 비유해 해석하는 甲木으로 태어나 도와주는 세력이약하므로 신약한 사주다.

＊ 여름에 태어난 甲木이 火가 많아서 신약하므로 가뭄에 시달리고 있는 것과 같으므로 水가 용신이고, 干上의 辛金은 病神이나 地支의 申金은 申子水局을 만드므로 흉신 작용과 길신작용을 동시에 하고 있으며, 火는 흉신 이지만, 金을 막아주므로 火 역시 길 작용과 흉 작용을 동시에 하고 있으며, 木은 신약하므로 길신이 되고, 운에서 오는 濕土가 길신이나 건토는 흉신이다.

＊ 이 사주의 殺은, 巳火와 申金이 총칭 驛馬殺이고, 子水는 총칭 桃花殺이며, 巳申合刑을 하고 있고, 申子合을 하고 있으며, 干上에서는 乙辛沖을 하고 있는데, 현재 중요하게 작용하고 있는 것은 巳申刑과 官星이 病神작용을 하고 있어서 남편과의 문제가 크다.

＊ 그러면, 필자가 써놓은 來情法과 사주에서 크게 작용하고 있는 巳申刑 등 남편과의 문제에 대하여 문답식으로 풀어보겠다.

고객 | 선생님, 제 사주 좀 봐주세요.

필자 | 고객님 사주는 초여름에 큰 나무로 태어났는데, 물이 부족해서 가뭄을 겪고 있는 형상이고, 결혼하자마자 남편과 불화를 겪으며 살아왔을 것이며, 작년(2016)부터 이별수가 왔는데 어떻게 사세요?

고객 | 그렇게 나옵니까?

선생님 말씀대로 남편 때문에 고민이 되어 왔는데 어떻게 했으면 좋을지 봐주세요?.

필자 | 여자 사주가 이렇게 남편을 나타내는 글자가 흉신작용을 하면 부부관계가 원만하지 못하다는 것은 당연하고, 각 방을 쓰고 있을 것인데, 동의하세요?

고객 | 예. 현재 각 방을 쓰고 있습니다.

필자 | 사주가 이정도로 부부관계가 나쁘면 여자들은 性(성)이 닫히게 되어 불감증이 될텐데 고객님은 어떻습니까?

외설적인 말이라고 생각하지 마시고 사실대로 말씀해보세요.

고객 | 제가 원래부터 불감증이 온 것이 아니고, 남편과 갈등이 깊어지면서 언제부터인가 그렇게 되었습니다.

이혼을 하고 싶은데, 이혼할 수 있겠습니까?

필자 | 이혼여부는 굉장히 중요한 문제이기 때문에 고객님 사주만 봐가지고 결론을 내릴 수가 없고 반드시 남편의 사주를 보고 결론을 내려야 합니다.

이런 상황에서 만약, 남자가 바뀐다면 불감증이 해소될 수도 있을 것입니다만 현재의 결혼관계를 유지한다면 회복되기 어렵습니다.

그리고, 본인 사주에서 이렇게 부부관계가 나쁘면, 거의 남편사주도 비슷할 것인데, 남편 사주를 보시겠습니까?

고객 | 그러면 남편 사주도 봐주세요?

남편 사주

67	57	47	37	27	17	7		時柱	日柱	月柱	年柱
甲	癸	壬	辛	庚	己	戊	大	戊	癸	丁	甲	乾
戌	酉	申	未	午	巳	辰	運	午	亥	卯	辰	命

＊ 사주의 구조는, 용띠 해의 중 봄에 자신을 나타내는 글자를 봄비에 비유 해서 해석하는 癸水로 태어나 도와주는 세력이약하므로 신약한 사주다.

＊ 중 봄에는 기온이 낮기 때문에 많은 비는 필요하지 않지만, 적당량의 비가 내려야 하는데, 이 사주는 너무 신약하므로 水가 용신이고, 운에서 오는 金이 길신이며, 財星인 火와 官星이 土가 病神이며, 木도 흉신이고, 운에서 오는 濕土가 길신이다.

＊ 이 사주의 殺은, 辰土가 水의 庫이고, 卯木이 총칭 桃花殺이며, 亥水가 天門星이면서 총칭 驛馬殺이고, 午火가 총칭 桃花殺이다.

＊ 이 사주의 특징은 日干 癸水를 중심으로 月上의 丁火와 丁癸沖을 하고 있고, 時上의 戊土와 戊癸合을 하고 있으며, 地支에서는 卯木과 亥水가 亥卯合木을 하고 있어서 日干 癸水가 극도로 불안하다.

＊ 따라서, 日干이 극 신약 상태에서 너무 심하게 官星이나 財星의 剋을 받으면 정신병이 오는데, 의학적인 병명은 모르지만, 사주학적으로는 정신 불안자로, 신경정신과 치료를 받아야만 한다.

문답을 이어가겠다.

필자 | 남편의 사주를 보니까 마누라 복도 자식 복도 없는 정신불안자인데, 혹시 정신과 치료를 받지는 않았습니까?

고객 | 그렇지 않아도 남편한테 제발 정신과에 갔다 오라고 졸라도 말을 듣지도 않고, 짜증만 부려서 살 수가 없습니다.

필자 | 본인사주에서 남편을 거부하고 있고, 남편사주에서는 부인과 싸우고 있는 형상이며, 미래 또는 대문 밖에 桃花殺을 가진 午火 여자가 있는 것으로 봐서 이혼을 할 것 같습니다.
그 시기는 금년(丁酉年)이나 내년(戊戌年)일 것 같습니다.

34 | 여자사주에 남편인 官星이 病神으로 작용하면 불감증이 된다.

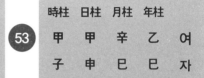

72 62 52 42 32 22 12 2		53	時柱 日柱 月柱 年柱	
己 戊 丁 丙 乙 甲 癸 壬　大			甲 甲 辛 乙	여
丑 子 亥 戌 酉 申 未 午　運			子 申 巳 巳	자

＊ 丁酉年 午月에 성동구에서 래원한 여자로, 이 사주는, 절기상 날씨가
무더워져가는 초여름에 자신을 나타내는 글자를 큰 나무에 비유해서 해
석하는 甲木(갑목)으로 태어났습니다.

사주학은 자연의 이치에 맞게 만들어진 학문으로, 자연이 조화와 균형
이 잘 맞아 돌아가는 것처럼 사주도 조화와 균형이 잘 맞아야 좋기 때문
에 기본적 으로 木, 火, 土, 金, 水의 오행이 골고루 들어있어서 조화와
균형을 이룬 가운데 본인한테 필요한 성분이 많아야 좋은데, 이 사주에
는 木이 3개, 火 가 2개, 土가 없고, 金 이 2개, 水가 1개인 구조로 이루
어졌으며,

자신을 나타내는 글자가 큰 나무로 해석하는 甲木(갑목)인데, 여름생이고
더운 기운인 火(불)가 많아서 덥고 건조하기 때문에 열기를 식혀주는 水
(물)가 우선 필요하고, 水의 기운을 키워주는 찬 기운을 가진 金도 필요
하 므로 흘러가는 운에서 水운과 金운을 만나야 더욱 발전을 하기 때문

에 이름 에 이런 성분에 해당하는 글자를 선택하여 이름을 지어서 사주에 필요한 오 행을 채워주었으며,

자신을 나타내는 글자가 큰 나무라서 리더의 기질을 가져 듬직하고 착하나 자기 바로 옆에 있는 金(쇠)과 상극을 이루므로 예민하며 정직하고 두뇌가 좋으며,

직업 인연은, 자기 사주에서 어떤 오행이 필요하느냐에 따라서 결정되기도 하고, 殺(살)을 기준으로 직업을 보는데, 오행으로 보는 직업으로는 고위 공무원이나 경영자적인 직업에 적합하고, 살로 보는 직업으로는 사람의 생명을 살리는 의료직종에도 인연이 매우 많고,

운의 흐름은, 태어나서부터 21세까지는 더운 기운을 가진 火운이 오므로 약했고, 22세부터 41세까지는 찬 기운을 가진 金운이 오므로 좋으며, 42세부터 51세까지는 건조한 土운이 오므로 약하고, 52세부터 81세까지는 이 사주에 가장 필요한 水운이 오므로 매우 좋아서 크게 발전할 것이며, 82세부터 말년은 따뜻한 木운이 오므로 평범합니다.
앞에서 설명한 운의 설명은 10년 단위로 본 것인데, 그 해 그 해 마다 운의 흐름이 바뀌기 때문에 자세하게는 그 해의 운에 따라 서 변화가 생깁니다.

* 위 내용은 작명을 신천한 분들한테 써주는 사주 풀이서다.

＊ 이 사주의 용신은 水이고, 金이 길신이며, 火가 병신, 木이 흉신, 운에서 오는 습토는 길신, 건토는 흉신이다.

＊ 이 사주의 殺은, 乙巳가 孤鸞殺이고, 巳申刑이 복합적으로 이루어졌으며, 巳火와 申金이 驛馬殺이고, 子水가 총칭 桃花殺이며, 甲, 辛, 申이 懸針殺이다.

＊ 이 女命은 래방해서 자신이 부동산 중개업을 한다고 하면서 사주를 봐 달 라고 하기에 "고객님의 직업은 부동산에 맞지 않고 의료직종에 맞는데요"라고 했더니 그때서야 자신이 약국을 경영하고 있다고 함으로써 懸針殺의 작용을 확인하였다.

＊ 이 殺 중에서 驛馬殺과 桃花殺의 작용은 확인할 수 없었고, 두드러지게 나타난 것은 懸針殺을 쓰므로 약국을 경영하고 있으며, 水를 용신으로 쓰므로 金이 길신이긴 하나, 이 경우는 특이하다.
日干인 木과 金이 相剋을 하고 있으면서 日支에 있는 申金과 年支와 月支에 있는 巳火가 쌍으로 巳申合刑을 하므로 부부관계가 매우 나쁜 경우다.

＊ 또한, 乙巳가 孤鸞殺인데, 이는 형제가 이혼을 했거나 혼자 사는 경우인데, 이 고객한테 확인해본 바, 여동생이 결혼을 했다가 이혼을 했으며, 재혼을 한 후에도 별거를 하고 있다고 했다.

＊ 그리고, 月上의 辛金에 대하여 확인한 바, 이 辛金은 地支에 巳火를 달고 있어서 약한데다 乙辛沖을 하면서 甲木과도 剋을 하고, 地支가 巳申刑으로 손상되므로 보존할 수 없는 남자로, 결혼하기 전에 결혼을 약속하고 사귀었으나, 결혼에 이르지를 못하고, 현재의 남편인 日支의 申金을 만났는데, 이 申金도 巳申刑을 하므로 불화가 생긴 것이다.

＊ 사주에 子水가 있는 상태에서 丁酉年에 酉金이 오므로 子酉鬼門殺이 작용해서 심한 우울증을 겪고 있어서 이유 없이 눈물이 나고 슬프다고 했다.

35 │ 내 아버지는 바람둥이다.

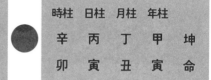

65	55	45	35	25	15	5	大
庚	辛	壬	癸	甲	乙	丙	運
午	未	申	酉	戌	亥	子	

時柱	日柱	月柱	年柱	
辛	丙	丁	甲	坤
卯	寅	丑	寅	命

＊ 丁酉년 申月에 과천에서 래원한 여자로, 사주의 구조는, 범띠 해의 늦겨울에 자신을 나타내는 글자를 태양 불에 비유해 해석하는 丙火로 태어나도와주는 세력이많으므로 신강한 사주다.

＊ 태어난 계절이 늦겨울이라서 춥지만 火가 두 개이고, 木이 4개로 木生火를 하므로 日干이 지나치게 신강해서 균형이 맞지 않기 때문에 水가 용신이고, 金이 길신이며, 丑土도 길신이고, 木이 病神이고, 운에서 오는 乾土는 흉신이며, 火도 흉신이다.

＊ 이 사주의 殺은 寅木이 역마살이면서 湯火살이고, 丑土가 급각살이며, 卯木이 桃花殺이다.
이 殺 중에서 현재까지 관찰된 殺의 작용은 桃花殺이었다.

필자 │ 고객님은 태양불로 태어나셔서 자존심이 매우 강하고 총명하시며 밀어붙이는 힘이 강한 분이십니다.

고객 | 맞는 것 같습니다.

필자 | 고객님은 어머니가 두 분일텐데 어떻습니까?

고객 | 한 분뿐인데요?

필자 | 아버지인 辛金이 桃花殺인 卯木을 달고 있어서, 아버지가 바람이 나서 유흥업소 여자 분과 살고 있지 않으세요?

고객 | 그것은 맞습니다.

필자 | 그러면 왜 어머니가 한 분뿐이라고 대답했습니까?

고객 | 제 입장에서는 아버지와 살고 있는 여자를 어머니로 생각하지 않고 있기 때문입니다.

필자 | 아! 그렇군요.

그럴 수도 있습니다.

그러나, 사주해석상은 아버지와 살고 있는 여자가 유흥업소 여자이든 아니든 엄마로 해석하게 됩니다.

고객 | 그렇습니까?

그렇다면 그 말씀이 맞습니다.

필자 | 고객님은 사주에 친어머니를 남편 자리에 앉혀노셨는데 이런 사주는 어머니를 모시고 살라는 팔자인데 그렇습니까?

고객 | 예, 어머니와 함께 살고 있습니다.

필자 | 이 사주에서 木이 病이므로, 고객님은 어머니에 대한 불만이 많으실 텐데 어떻세요?

고객 | 사실 굉장히 불편합니다.

필자 | 그러면 왜 어머니와 같이 살고 있습니까?

고객 | 아버지가 바람이 나서 이혼을 했기 때문에 어쩔 수 없이 모시고 살고 있습니다.

필자 | 寅木 湯火殺을 염두에 두고, 고객께서는 혹시 약물중독이나, 화상의 경험이 있나요?

고객 | 지금까지는 없습니다.

필자 | 그러면 평소 많이 움직이거나 변동이 많으신지요?

고객 | 직장을 여러 번 옮겼습니다.

필자 | 丑土 急脚殺을 보고, 고객님은 허리나 무릎에 관절염이나 디스크가 있습니까?

고객 | 지금까지는 건강합니다.

필자 | 고객님의 사주에 丑土 속에 들어있는 癸水라는 글자가 남편인데, 이 남편은 능력이 없기 때문에 고객님이 보기에는 눈에 차지 않는 남편일뿐만 아니라 남편자리에다가 어머니를 앉혀놓아서 남편 글자를 품고 있는 축토를 목 극토 하기 때문에 백년해로하기가 매우 어려운 사주입니다.

그리고, 올해인 정유년 래정법으로 보면, 고객님은 오늘 제 사무실에 오시겐

된 이유가 친구나 직장동료 문제, 남편문제, 또 직장문제로 오셨을 것인데, 구체적으로 무슨 궁금증이 있어서 오셨습니까?

고객 | 모두 다 해당합니다.

직장에서 동료가 찝찝거려서 직장을 그만둘까 생각하고 있고요, 남편과 헤어지려고 생각하고 있습니다.

남편이 지방의 건설공사 현장에 생활하고 있는데, 성실하지도 않고, 2주에 한 번씩 집에 오고 있습니다.

그래서, 헤어졌으면 합니다.

필자 | 고객님은 불만 속에 부부생활을 계속하다가 빠르면 2019년에 헤어지거나, 그렇지 않으면 2028년 55세에 헤어지기 쉽습니다.

인내하셔야 합니다.

고객 | 감사합니다.

36 | 대운만 보고 직업을 논하지 마라.

62	52	42	32	22	12	2		51	時柱	日柱	月柱	年柱	
辛	壬	癸	甲	乙	丙	丁	大		己	辛	戊	丁	乾
丑	寅	卯	辰	巳	午	未	運		亥	亥	申	未	命

* 丁酉년 申月에 분당에서 래원한 남자로, 사주의 구조는, 양띠 해의 초가을에 자신을 나타내는 글자를 보석 金에 비유해 해석하는 辛金으로 태어나 도와주는 세력이많으므로 신강한 사주다.

* 초가을에 태어난 辛金이 신강하기 때문에 이 보석을 어떻게 다루어야 하는지를 고민하야 하는데, 이 사주에는 金을 녹이는 丁火도 있고, 보석을 씻어주는 水도 있기 때문에 이 둘 중에서 어느 것을 이용할까가 문제로, 보석은 기본적으로 불 속에서 제련이 된 상태이기 때문에 丁火를 싫어할 뿐만 아니라 丁火가 未중에 뿌리를 갖고 있어서 강하지도 않기 때문에 辛金을 녹일 필요가 없으므로 火가 病神이고, 그 대신 보석이 좋아하는 水를 써서 설기시켜야 하므로 水가 약신 겸 용신이며, 金은 한신이고, 운에서 오는 木이 길신이고, 濕土가 한신이며, 건토는 흉신이다.

* 이 사주의 살성은 未土가 木의 庫이고, 天干의 辛金이 懸針殺이고,

地支의 申金이 驛馬殺과 懸針殺을 겸하며, 亥水가 驛馬殺 겸 天門星이다.

＊ 이 살들 중에서 두드러지게 나타난 것이 亥水 驛馬殺과 懸針殺로, 치과 의사이고, 2013 癸亥년에 病神인 巳火가 亥水를 巳亥沖을 하므로 운영하던 치과의원을 접고, 4개 병원과 계약을 해서 돌아다니면서 치료를 해주고 있다고 한다.

＊ 또한 이 사주에 木이 財星으로 돈인데, 財星이 나타나지 않았지만, 기술을 의미하는 亥水 속에 들어있는 甲木을 찾아 돌아다니면서 의술을 펼친다고 본다.
여기서, 亥水가 만약 흉신이라면 돈이 없을 텐데 다행히도 길신이고, 財星인 木도 흉신인 土를 극해줘야 하기 때문에 길신이라서 좋다.

＊ 이 사주에 財星이 未중 乙木, 亥중 甲木, 亥중 甲木이 있으므로 財가 많기 때문에 필자가 말하기를 손님은 꽃밭에서 사시네요 했더니 "예, 그렇습니다"라고 대답했다.
당시 필자가 "무슨 여자들이 그렇게 많습니까?"하고 물었더니 "여자 들이 많습니다"라고 대답했다.

＊ 이 사주를 대운만 보고서는 도저히 의사가 될 수 없다고 볼 것이나, 고등학교 운을 보니까 83 癸亥, 84 甲子, 85 乙丑년이었으므로 비록 대운이 나쁘지만 歲運이 따라주었기 때문에 의사가 되었다고 본다.

37 | 남편과는 이혼하고 애인을 두고 있는 두 여인 중 첫 번째 여인.

67	57	47	37	27	17	7	大		時柱	日柱	月柱	年柱	
丁	丙	乙	甲	癸	壬	辛			庚	乙	庚	乙	坤
亥	戌	酉	申	未	午	巳	運		辰	巳	辰	未	命

※ 丁酉년 申月에 수원에서 두 여인이 함께 왔는데, 그중 한 여자로, 사주의 구조는, 양띠 해의 늦봄에 자신을 나타내는 글자를 꽃나무에 비유해 해석하는 乙木으로 태어나 도와주는 세력이많지 않으므로 신약한 사주다.

※ 봄에 태어난 乙木은 꽃나무라서 꽃이 피어야 아름다운 법인데, 이 乙木은 巳火 꽃을 피웠으나 土와 金의 세력이 강해서 신약하므로 신강해져야 하기 때문에 木이 용신이고, 金이 病神이며, 火가 약신이고, 土가 흉신이며, 운에서 오는 水는 신약한 乙木을 돕는 것은 좋으나 地支 巳火를 巳亥沖하면 흉하다.

※ 함께 온 두 여자 중 다른 한 명은 마치 자신은 자기 사주에 관심이 없는 듯 구경만 하고 있었는데, 구경을 한 그 여자는 자신의 비밀에 대해서 친구가 아는 것을 꺼려하기 때문일 수 도 있다.

＊ 아무튼 내 놓은 사주를 살펴보기로 하자.

＊ 이 사주의 殺은 신약사주에 乙巳孤鸞殺 일주라서 밤이 외로운 과부 팔자이고, 病神으로 작용하는 官星인 庚金이 日干을 중심으로 해서 양쪽으로 乙庚合을 하고 있으므로 日支 巳火 속에 庚金 남자는 숨겨두고 마치 두 남자와 양팔 벼게를 하고 누어있는 모습을 연상케 하므로 바람둥이이다.

未土는 木의 庫이고, 辰土는 水의 庫이며, 巳火는 驛馬殺이면서 天門星인데, 이 사주에서 두드러지게 작용하는 것이 乙巳孤鸞殺이다.

＊ 乙木의 남편이 庚金인데 첫 남편인 月上의 庚金이 年上의 乙木과 먼저 合을 한 남자로, 이 남자는 또 다른 여자와 乙庚合을 하기 때문에 나만의 남자가 아닐 뿐만 아니라 남자가 이리저리 合을 한다는 것은 다른 면으로 보면 본연의 일은 안하고 合만 하는 사람이라서 무능다고 볼 수 있다.

＊ 필자의 진단은 37세 甲申대운부터 이별 수가 왔기 때문에 애정이 식은지 오래되어 언제 이혼했는가는 별 의미가 없고, 가장 가깝게는 丙申년에 病神이면서 官星인 申金이 와서 日支 巳火와 巳申合형을 이루었고, 丁酉年에 酉金이 日支 巳火를 巳酉合으로 묶어서 변질시켰으므로 작년부터 올해까지 사이에 이별수가 왔는데 어떻하냐고 물었더니 손님의 대답이 올해(정유년) 이혼했다고 대답했다.

이혼 사유는 결혼초기부터 노름에 빠져 헤어나지를 못해서 이혼했다고 말했다.

＊이런 팔자는 남편과는 이별을 했기 때문에 행복하다고 볼 수 없지만 여러 庚金 남자와 乙庚合을 하므로 그 때 그때 즐겁게 산다고 볼 수도 있는데, 스스로가 남자가 많다는 것을 스스로 인정했다.
또한, 대문 밖인 時上에 庚金이 있으므로 이 여자는 반드시 재혼을 할 것이라고 진단해줬다.

＊그 다음날, 어제 따라왔던 그 여자가 오늘은 혼자 왔는데 그 여자의 사주를 보자.

남편과는 이혼하고 11살 아래 애인을 두고 있다는 두 번째 여인.

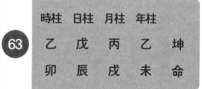

62	52	42	32	22	12	2			時柱	日柱	月柱	年柱	
癸	壬	辛	庚	己	戊	丁	大	63	乙	戊	丙	乙	坤
巳	辰	卯	寅	丑	子	亥	運		卯	辰	戌	未	命

＊丁酉년 申月에 두 여인이 함께 왔는데, 친구가 사주를 볼 때 시치미를 떼고 있었던 여자로, 사주의 구조는, 양띠 해의 늦가을에 자신을 나타내는 글자를 큰 산에 비유해 해석하는 戊土로 태어나 도와주는 세력이 많으므로 매우 신강한 사주다.

＊戊土 가을 산이 신강하므로 넓고 넓은데, 丙火 태양이 두 개나 떠있고, 乙木 꽃나무가 한그루 서있는데, 戌未刑과 辰戌沖으로 지진이 나서

나무가 뿌리 내릴 곳이 마땅치 않으므로 손상을 입은 나무이나 다른 방법이 없기 때문에 乙木이 약신 겸 용신이고, 水가 길신이며, 土가 病神, 火가 흉신, 운에서 오는 金은 閑神이다.

* 이 사주의 살성은 比劫인 土가 많으므로 형제가 많고, 印星인 丙火가 두개이므로 엄마가 두 명이며, 부친은 辰戌沖으로 깨졌기 때문에 50대에 돌아 가셨다고 하며, 未土는 木의 庫이고, 戌土는 火와 土의 庫이며, 辰土는 水의 庫이다.
자식인 辛金이 戌土 속에 들어있는데, 辰戌沖을 하므로 몇 차례 유산을 시켰었다고 말했다.

* 이 命主의 남자는 年上에 乙木이 나타나있고, 未土 속에 乙木이 있으며, 日支 辰土 속에도 乙木이 있고, 時支 乙卯木이 있으므로 남자가 여러 명이다.

* 여자 사주에서 이렇게 官星이 많을 경우 대부분 잘생겼는데 위 命主도 그렇고 이 命主도 모두 잘생겼지만 남자 복은 없는 팔자들이다.

* 이 사주의 경우, 年上 乙木이 뿌리를 내리고 서 있는 未土가 月支 戌土와 戌未刑으로 깨졌고, 日支 辰土 속의 乙木은 月支 戌土와 辰戌沖을 하므로 깨졌고, 時支에 乙卯木 남자가 있어서 끊임없이 남자를 찾아다니는 바람둥이 여자로 일요일 마다 춤을 추러 다닌다고 했다.

＊ 이 命主는 2006년 丙戌년에 이혼하고, 2015 乙未년부터 11살 아래 이혼한 남자와 동거중이라고 했다.

＊ 사주가 이런 구조를 이루면 남자가 필요하기 때문에 본인 스스로 남자를 찾게 되는데, 지금까지는 만나는 남자마다 시원찮은 남자를 만나게 되는데, 그 이유는 과거의 乙木 남자들은 뿌리가 약하거나 庫 속에 들어있어서 약한데다가 땅이 흔들려 손상을 입었기 때문이나 향후 시지의 乙卯 木은 자기기능을 할 남자이다

38 | 여자 財多身弱은 아버지가 많으므로
엄마가 재혼했다.

 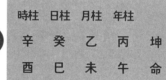

69	59	49	39	29	19	9		時柱	日柱	月柱	年柱	
戊	己	庚	辛	壬	癸	甲	大	辛	癸	乙	丙	坤
子	丑	寅	卯	辰	巳	午	運	酉	巳	未	午	命

52

＊ 丁酉년 酉月에 종로에서 래원한 여자로, 사주의 구조는, 말띠 해의
늦여름에 자신을 나타내는 글자를 여름 비에 비유해 해석하는 癸水로
태어나 도와주는 세력이약하므로 신약한 사주다.

＊ 태어난 계절이 절기상 늦여름이라도 매우 덥기 때문에 충분한 양의
비가 내려줘야 하지만 비의 양이 적고, 열기를 가중시키는 火가 너무 많
아서 더위에 시달리고 있는 것과 같으므로 이를 해결하기 위해선 金이
용신이고, 水가 약신 겸 길신이며, 火가 病神이고, 土가 흉신이며, 木도
흉신이고, 운에서 오는 습토는 길신이다.

＊ 이 사주의 殺星은 午火와 酉金이 桃花이고, 未土가 食傷인 木의 庫이
며, 巳火가 驛馬殺이면서 天門星이며, 午火와 未土가 空亡이다.

＊ 필자는 空亡에 대해서 크게 보지 않지만, 흉신과 중복이 될 때는 살
펴볼 필요가 있고, 다른 살들은 나타나지 않았기 때문에 오행의 생극제

화로만 본다.

＊財星인 부친이 病神인데, 丙火는 病神과 空亡을 동시에 갖고 있어 아버지와 인연이 없어서 命主가 중학교를 다닐 때 사망했다고 하며, 日支에 있는 巳火는 엄마인 酉金과 巳酉金局을 하므로 어느 정도 인연이 있는 財星이다.

＊이 사주를 상대적 관법인 엄마의 입장에서 보면 아버지가 많은데, 멀리있는 午火 남편은 너무 더워서 金인 엄마를 녹이려 한데다가 멀리 떨어져 있기 때문에 인연이 아니고, 가까이 있는 酉金 남편은 酉金인 자신과 巳酉合을 하기 늙어서 새 남편을 만났다고 한다.

＊자식인 乙木이 木生火를 하므로 흉신이고, 남편인 未土도 흉신인데 가가 자식과 남편이 한 기둥을 이루고 있는데, 이럴 경우 대부분 결혼 전에 임신부터 하게 되므로 이 命主도 32세에 자기보다 6살 적은 남자를 사귀어 임신을 한 체로 결혼을 했다가 불과 몇 년 만에 이혼하고 혼자 살고 있다.

＊이 命主의 직업을 살펴보면, 懸針殺과 印星이 있고 食傷도 있어서 초년운 특히 고등학교 시기의 운이 좋았다면 교사나 의료계로 진출할 수 있었으나 초년 운이 나쁘므로 食傷인 기술을 써 먹고 있는데, 미용사다.

＊이 命主의 丁酉年 운을 보면 돈 문제와 문서문제가 생기는데, 자신이

운영하고 있는 업소에서 같이 일하는 종업원과 돈 때문에 다투게 되어 가게를 내놓았는데, 언제 팔릴까 해서 왔다고 하므로 來情法에 맞으며, 그에 대한 필자의 답은 水운이 오는 양력 11월 이후에 거래가 될 것이라고 진단했다.

39 | 부부 궁이 깨진 것만 보고 부부갈등이 있다고 속단하지 마라.

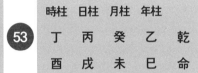

68	58	48	38	28	18	8		時柱	日柱	月柱	年柱	
丙	丁	戊	己	庚	辛	壬	大	丁	丙	癸	乙	乾
子	丑	寅	卯	辰	巳	午	運	酉	戌	未	巳	命

(53)

＊ 丁酉년 酉月에 성동구에서 부인이 가지고 래원한 남편의 사주로, 사주의 구조는, 뱀띠 해의 늦여름에 자신을 나타내는 글자를 태양 불에 비유해 해석하는 丙火로 태어나 도와주는 세력이약한 것 같으나 매우 건조하므로 결국 신왕한 사주다.

＊ 늦여름에 태어난 丙火라서 火氣가 강한데다가 상대적으로 金과 水가 너무 약해서 신강하므로 水를 용신으로 우선, 써야하나 水가 뿌리가 없어서 약하기 때문에 金이 용신이고 火가 病神이므로 水가 藥神이고, 木과 未土, 戌土는 흉신이며, 운에서 오는 濕土가 길신이다.

＊ 이 사주의 殺星은 巳火가 驛馬殺이고, 未土는 木의 庫이며, 戌土는 火와 土의 庫이고, 日支 부부 궁에 있는 戌土와 月支 未土가 戌未刑이며, 未土가 空亡이다.

＊ 자식과 직업 운을 나타내는 官星인 水가 약하므로 자신이 원하는 직

장이 아니라 작은 직장인 중소기업에 근무하고 있다고 하며, 딸을 하나 두었는데 총명하긴 하나 몸이 약하다고 했고, 부인인 日干에 비해서 상대적으로 金이 약하고 용신이긴 하나 日支 배우자 궁이 戌未刑으로 깨졌으므로 배우자의 사주에 따라서 부부관계가 나쁠 수도 있고 괜찮을 수도 있기 때문에 이럴 때는 부인의 사주를 봐야 정확히 알 수 있기 때문에 부인의 사주를 보지 않고, 부부사이가 나쁠 것이라고 단정짓게 되면 실력 없는 역학자가 된다.

＊ 초년 대운이 火운에서 시작해서 木운으로 흘러왔으므로 자신의 능력을 발휘하지 못했으나, 58대운부터는 水운이 오므로 경영자가 될 것이라고 진단했다.

＊ 그러면 부부관계를 보기 위해서 부인의 사주를 보자.

부인 사주

70	60	50	40	30	20	10			時柱	日柱	月柱	年柱	
戊	丁	丙	乙	甲	癸	壬	大	49	癸	甲	辛	己	坤
寅	丑	子	亥	戌	酉	申	運		酉	申	未	酉	命

＊ 丁酉년 酉月에 래원한 위 사주의 부인 사주로, 사주의 구조는, 닭띠 해의 늦 여름에 자신을 나타내는 글자를 큰 나무에 비유해 해석하는 甲木으로 태어나 도와주는 세력이 약하므로 신약한 사주다.

＊ 늦여름에 태어난 甲木은 날씨가 덥기 때문에 水가 많아야 좋으나 뿌리없는 癸水가 하나 있어서 약하고, 木의 뿌리가 없는 대신 金이 많고, 土가 있으나 土生金으로 가며, 未中에 乙木이 들어있으나, 제 역할을 못하기 때문에 결국 從殺格이라서 金이 용신이고 土가 길신이며, 여기서 水는 水生木을 하므로 흉신의 역할과 金生水를 하므로 길신의 역할을 동시에 하고 있고, 운에서 오는 火는 흉신이여, 木도 흉신이다.

＊ 이 사주의 殺星은, 酉金이 桃花殺이고, 未土가 日干인 木의 庫이며, 申金이 驛馬殺이고, 未土가 空亡이다.

＊ 지금까지의 운을 살펴본 바, 이 살성의 작용력은 알 수 없었으나, 단지 食傷인 丁火가 空亡 속에 들어있어서 딸이 하나뿐이고, 몸이 약한 것을 제외하고는 나타나지 않았으며, 남편의 사주에서 日支가 戌未刑으로 손상을 입었더라도 부인사주가 남편인 官星으로 따라간 從殺格 사주라서 부부관계가 좋았다.

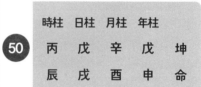

40 | 50살 노처녀.

66	56	46	36	26	16	6		時柱	日柱	月柱	年柱	
甲	乙	丙	丁	戊	己	庚	大	丙	戊	辛	戊	坤
寅	卯	辰	巳	午	未	申	運	辰	戌	酉	申	命

（50）

＊ 丁酉년 酉月에 영등포에서 래원한 여자로, 사주의 구조는, 원숭이띠 해의 한가을에 자신을 나타내는 글자를 큰 산에 비유해 해석하는 戊土로 태어나 도와주는 세력이많은 것 같으나 地支의 戊土가 변질되어 金으로 변하여 작용하므로 오히려 신약한 사주다.

＊ 한가을에 태어난 戊土로, 이를 자연 현상대로 설명한다면 가을 산인데, 比劫인 土가 4개나 있고, 丙火가 1개 있으므로 5:3으로 신강하게 보이나자세히 들여다보면 태어난 계절이 酉月이고 辛酉戌金局을 이루어 戊土가 金으로 변했으므로 오히려 신약한 사주라서, 火가 용신이고, 土가 길신이며, 金이 病神이고, 운에서 오는 水와 木, 濕土는 모두 흉신이다.

＊ 이 사주의 殺은 辛酉戌 傷官星이 강하고, 진술충을 하고 있으며, 戊土가 天門星과 湯火殺인데다가 火와 土의 庫이고, 辰土가 水의 庫이다.

＊ 여자 사주에 官星이 木이 없으므로 남자와 인연이 박하고, 辰土 속에
乙木이 들어있으나 辰戌沖을 하면서 깨졌으므로 노처녀이고, 傷官星인
金이지나치게 강하기 때문에 자식과도 인연이 없어서 자식이 없으며,
운에서 남자인 木이 들어온다고 해도 金克木을 하기 때문에 결혼생활하
기가 힘드므로 나이가 50이 되도록 결혼을 하지 않았다고 한다.

＊ 이 사주는 火와 土를 용신으로 쓰므로 넓게 보면 직장인이나 부동산
과 인연인데 이 命主는 부동산 분양사무실에서 일한다고 하므로 직업이
맞다.

＊ 이 命主는 2012 壬辰年에 남자를 만나서 사귀고 있다고 하며,

＊ 올해 歲運이 이 사주를 기준해서 印星과 傷官이 함께 왔으므로 필자
가 진단하기를 계약문제나 진로문제로 상담을 왔느냐고 물었더니 손님
대답이 "아는 사람이 같이 투자를 해서 동업을 하자고 하는데, 운이 궁
금해서 왔다"고 하므로 필자가 쓴 래정법과 일치했다.

＊ 이에 대해 필자의 진단은 丁酉년 올해 운이 불리하나 내년은 좋지만
2019년부터 당분간 운이 나빠져서 힘들 것이니 투자하지 말라고 조언해
줬고, 또한 본인의 사주에도 比劫끼리 辰戌沖을 하므로 동업이 맞지 않
다고 진단해줬다.

41 │ 여름 산이 너무 메말라 나무를 키우기 어려운 여인.

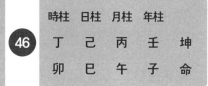

61	51	41	31	21	11	1	
己	庚	辛	壬	癸	甲	乙	大
亥	子	丑	寅	卯	辰	巳	運

46

時柱	日柱	月柱	年柱	
丁	己	丙	壬	坤
卯	巳	午	子	命

＊丁酉年 酉月에 성내동에서 래원한 여자로, 사주의 구조는, 쥐띠 해의 한여름에 자신을 나타내는 글자를 야산의 흙에 비유해 해석하는 己土로 태어나 도와주는 세력이많으므로 매우 신강한 사주다.

＊한여름에 태어난 야산 土에 火가 너무 많아서 깡마른 산인데, 水가 있으나 상대적으로 매우 적고, 水를 돕는 金이 없기 때문에 그야말로 가뭄에 시달리는 산과 같기 때문에 卯木이 잘 자라지를 못하고 시들시들한 것과 같으므로 火가 병신이고, 水가 약신 겸 용신이며, 金이 길신일 것 같으나 金은 연약하디 연약한 卯木을 극하는 기운으로 작용하기 때문에 金을 쓸수 없고, 미흡하지만 木을 길신으로 쓰며, 운에서 오는 습토는 좋지만, 건토가 오면 불리하다.

＊이 사주에 있는 殺은 子水, 午火, 卯木이 桃花殺이고, 午火가 湯火殺이며, 巳火가 天門星과 驛馬殺을 겸하고 있고, 卯木이 空亡이며, 子水와 午火가 子午沖을 하고 있다.

＊ 이 殺들 중에서 주로 작용하는 空亡인 卯木인데, 사주에서는 殺보다도 앞서는 것이 오행의 생과 극이라는 것을 잊어서는 안된다.

역시 이 사주에서도 생과 극이 우선적으로 작용했거나 작용하고 있다는 것이 증명되었다.

＊ 이 사주의 모습 즉 주변 환경을 살펴보면, 여름 산에 卯木 나무를 기르고 있는데, 火가 너무 많아서 극심한 한해를 겪고 있는 현상이므로 시급히 水가 필요하나, 많은 火에 대비해서 水가 약한데다가 子午沖을 받아서 水가 깨졌는데, 이를 육친으로 바꿔서 해석하면, 子水는 아버지요, 火는 엄마인데, 火剋水를 하므로 火 때문에 水가 견딜 수 없는 상태라서 엄마와 아버지가 이 命主가 중학교 2학년 때 이혼을 했다고 하며,

＊ 남편인 卯木이 자라려면 水가 충분해야 함에도 水가 말라서 작기 때문에 건강한 나무가 아니므로 金운이나 불리한 운이 오면 卯木은 말라죽거나 살기 위해서 도망가야 한다.

＊ 따라서, 31세 戊寅 대운부터 운에서 온 戊土가 토극수를 하고, 寅木이 日支 배우자 궁에 있는 巳火와 寅巳刑을 하면서 寅午火局을 조성하므로 부부가 정이 없이 지내다가 2014년 日干 己土의 正官인 甲木이 午火 桃花殺을 달고 오자 연애를 하게 되었고, 2015 乙未年부터 이혼소송을 제기하여 2017 丁酉年에 卯酉沖을 하므로 이혼하였다.

42 | 鐵鎖開金殺도 의사가 많다.

63	53	43	33	23	13	3	大
乙	甲	癸	壬	辛	庚	己	
巳	辰	卯	寅	丑	子	亥	運

時柱	日柱	月柱	年柱	
癸	乙	戊	丙	乾
未	卯	戌	辰	命

＊ 丁酉년 酉月에 천호동에서 모친이 가지고 래원한 아들사주로, 사주의 구조는 용띠 해의 늦가을에 자신을 나타내는 글자를 꽃나무에 비유해 해석 하는 乙木으로 태어나 도와주는 세력이 매우 약하므로 신약한 사주다.

＊ 늦가을에 태어난 乙木으로, 土가 너무 많아서 신약하므로 土가 病神이므로 木이 약신 겸 용신이고, 水가 길신이며, 火가 흉신이고, 운에서 金이 오면 흉신이다.

＊ 이 사주의 殺星은 辰土가 水의 庫이고, 戌土가 火와 土의 庫이며, 辰戌沖을 하였고, 卯木이 桃花殺이고, 未土가 木의 庫이면서 卯未木局을 하고 있으며, 財多身弱 사주다.

＊ 이 사주에서 庫의 작용은 확인하지 못하였고, 자신이 桃花殺 위에서 태어났고, 財多身弱사주이므로 결혼하기 전 많은 여성을 거쳤다고 하므

로 도화살의 유무를 떠나서 바람을 피우며, 財星인 辰土와 戊土가 辰戌沖을 하고 있고, 時支에 未土가 日主와 亥未木局을 하고 있어 첫 부인과는 인연이 박해서 헤어질 것이고, 時支의 未土와 재혼을 할 사주로, 丙申年에 결혼을 해서 丁酉年에 딸을 하나 낳았는데, 日支 妻宮의 卯木과 歲運의 酉金이 卯酉沖을 하므로 이혼하려고 하는데, 필자의 진단으로는 戊戌年까지는 辰戌沖으로 이혼할 것이라고 진단했다.

＊ 또한, 時上의 癸水가 모친의 나타난 모습이고, 辰土가 父親이며, 辰 중 癸水와 戊癸合으로 엄마인데, 옆에 있는 또 다른 財星인 戊土와 辰戌沖을 하므로 엄마와 아버지가 이혼했다고 한다.
그런데 재미있는 것은 癸水 모친의 입장에서 보면, 官星인 土가 많으므로 엄마의 남자가 많다는 결론인데, 모친의 설명으로는 남자 친구가 많다고 함으로써 사주대로 산다는 것이 증명되었다.

＊ 의사 직업에 있어서는 懸針殺인 甲木, 申金, 辛金이 있어야 주로 의사가 되지만, 가끔은 鐵鎖開金殺인 卯木, 酉金, 戊土가 있어도 의사인 경우가 많은데, 이 사주는 卯木과 戊土가 있고, 대운이 좋았으나, 고등학교 때의 歲運이 별로라서 재수를 해서 의대를 갔을 것으로 보이는데 확실하게 고객한테 확인을 했어야 좋았는데 확인을 못한 것이 아쉽다.

43 | 역마살 식상과 관성을 가져
항공사 승무원이다.

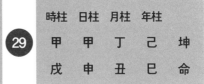

65	55	45	35	25	15	5	
甲	癸	壬	辛	庚	己	戊	大
申	未	午	巳	辰	卯	寅	運

時柱	日柱	月柱	年柱	
甲	甲	丁	己	坤
戌	申	丑	巳	命

29

＊ 丁酉년 戊月에 암사동에서 래원한 여자로, 사주의 구조는, 뱀띠 해의 늦겨울에 자신을 나타내는 글자를 큰 나무에 비유해 해석하는 甲木으로 태어나 도와주는 세력이많지 않아 매우 약하므로 신약한 사주다.

＊ 늦겨울에 태어난 甲木은 추위에 떨고 있는 나무라서 신약하냐 신강 하냐가 중요한 것이 아니고, 추위를 막아줄 火가 가장 필요하므로 火가 용신이고, 木이 길신이며, 金과 濕土인 丑土가 흉신이고, 건토인 戊土는 길신에 속하며, 己土는 평소에는 흉신에 가까우나 운에서 水가 올 때 水 를 막아주는 역할을 한다.

＊ 이 사주의 殺星은 巳火가 驛馬殺이고, 天門星이며, 丑土와 巳丑合金 이 되었고, 丑土는 官庫이며, 申金이 驛馬殺이면서 空亡이기도 하고, 丑 土를 건너뛰어 용신의 뿌리인 巳火와 巳申合을 하고 있으며, 戊土는 天 門星이면서 食傷과 財星의 庫다.

✽ 운에서 丙申年과 丁酉年의 地支에 흉신이면서 官星으로 남자인 申金과 酉金이 등장하여 용신의 뿌리인 巳火를 巳申合刑으로 변질시키고, 丁酉年에는 巳酉丑金局을 이루어 病神으로 작용하므로 사귀던 남자와 헤어질 운이 왔기 때문에 상담을 하러 온 것으로 여타의 殺은 작용여부를 확인할 수 없었다.

✽ 여자 사주에서 食傷을 용신으로 쓰므로 결혼을 하면 자식한테 올인을 할 운명이고, 남편은 등한시할 것이며, 더군다나 官星인 申金이 흉신이면서 空亡을 맞았으므로 결혼생활이 순탄치 않음을 예고하고 있는데, 그 시기는 辛巳대운이다.

✽ 이 命主는 용신인 巳火 驛馬殺을 직업으로 삼는 항공사 승무원이다.

✿ 44 | 鬼門殺이 있어서 자살충동을 많이 느낀다.

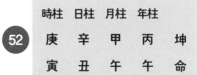

62	52	42	32	22	12	2	
甲	癸	壬	辛	庚	己	戊	大
申	未	午	巳	辰	卯	寅	運

52

時柱	日柱	月柱	年柱	
庚	辛	甲	丙	坤
寅	丑	午	午	命

＊ 丁酉년 戊月에 성남에서 래원한 여자로, 사주의 구조는, 말띠 해의 한여름에 자신을 나타내는 글자를 보석에 비유해 해석하는 申金으로 태어나 도와주는 세력이 약하므로 신약한 사주다.

＊ 보석은 기본적으로 무쇠를 용광로에 제련을 해서 아름답고 정교하게 만들어 놓은 장식용 물건과 같아서 기온이 낮지 않는 이상 또 다시 제련되는 것을 싫어하기 때문에 불을 가장 싫어하고, 불을 지피는 성질을 가지고 있는 木도 싫어하는데, 신약한 이 사주는 火가 너무 많아서 病神이고, 木이 흉신이며, 습토인 丑土가 용신이고, 金이 길신이며, 水가 약신이며, 운에서 건토가 오면 흉신이다.

＊ 이 사주의 殺은, 두 개의 午火가 桃花살이면서 湯火殺이고, 丑午鬼門殺이 있으며, 寅木이 驛馬殺이면서 湯火살이고 空亡이다.

＊ 이 사주에서 官殺인 火가 病神이라서 남편 복이 박복하므로, 29살인

甲戌年에 첫 남자인 年柱의 丙午 일주와 결혼을 했으나, 4년만인 97 丁丑年부터 남남처럼 살다가 38살인 癸未年에 日支의 丑土와 운에서 온 未土가 丑未沖을 하므로 이별을 하였고, 40살인 2005 乙酉年에 日支의 丑土와 운에서 온 酉金이 巳酉合을 하므로 두 번째 남자를 만나 결혼도 안했고, 동거도 안한 상태로 만나고 있고, 그 때부터 식당을 운영하고 있는데, 2010 庚寅年부터 정이 떨어지기 시작하여 가끔 만나 식사나 하는 정도로 생활해 오다가 丁酉年이 오자 운에서 온 丁火가 자신인 申金을 火克金하므로 지금의 남자와 헤어지려고 한다.

* 또한, 丑午鬼門殺이 쌍으로 작용하고, 湯火殺인 寅木과 午火가 나쁘게 작용을 하므로 자살 충동을 많이 느끼고 있다고 한다.

* 이 女命은 寅木 속에 丙火 남자가 들어있고, 寅木이 財星으로 돈이고 장사이므로 또 다른 식당을 운영하면서 丙辛合으로 또 다른 남자를 만날 것이나 寅木이 흉신이면서 空亡이라서 그 남자와도 편치 않을 것이다.

* 이 女命은 水를 용신으로 쓰므로 식당을 운영하고 있다.

45 | 사주에 남자가 둘이니 재혼할 팔자다.

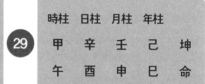

63	53	43	33	23	13	3	大
己	戊	丁	丙	乙	甲	癸	
卯	寅	丑	子	亥	戌	酉	運

29

時柱	日柱	月柱	年柱	
甲	辛	壬	己	坤
午	酉	申	巳	命

＊ 丁酉년 戌月에 인천에서 래원한 여자로, 사주의 구조는, 뱀띠 해의 초가을에 자신을 나타내는 글자를 보석에 비유해 해석하는 辛金으로 태어나 도와주는 세력이 많으므로 신강한 사주다.

＊ 초가을에 태어난 辛金이 신강하므로 火로 다스려야 하느냐, 水로 설기해야 좋으냐를 놓고 고민할 수도 있는 사주인데, 가만히 들여다보면 태어난 계절이 초가을이고, 火가 두 개, 木이 하나 있으므로 화기가 충분하기 때문에 水로 설기할 겸 씻어줘야 하므로 水가 약신 겸 용신이고 金이 吉神이며, 木이 흉신, 火와 土가 병신이고, 운에서 오는 습토는 무방하나 건토는 흉신이다.

＊ 이 사주의 殺星은 巳火가 天門星이고, 驛馬殺인 申金과 巳申刑을 하고 있으며, 酉金이 총칭도화이고, 午火가 도화살이다.

＊ 이들 殺 중에서 현재 나타난 殺은 巳申刑인데, 하필이면 첫 번째 남

자와 巳申刑을 하고 있으므로 더욱 더 초혼에 실패할 것이라는 것을 나타내고 있는데, 실제로 이 命主는 이혼문제를 상담하기 위해서 온 고객이다.

＊ 이 사주를 더 재미있게 풀어나가기 위해서 문답식으로 엮어 가겠다.

고객 | 선생님 제 사주를 봐주세요?

필자 | 그렇게 하시지요.

필자 | 고객님은 사주에 남자가 두 명인데 첫 번째 남자와는 헤어지겠고, 두 번째 남자는 잘생겨서 바람기가 있거나 홀어머니를 모시고 사는 남자와 인연을 맺겠습니다.

고객 | 묵묵부답.

필자 | 고객님은 작년에 남자를 만났을 것이고, 올해 남자와 헤어질 운이 왔는데, 남자 문제로 오셨지요?

고객 | 예. 사실은 작년(丙申年)에 만난 남자와 올해(丁酉年) 초에 결혼을 했는데, 남편과 도저히 결혼생활을 할 수가 없어서 선생님께서 사주를 잘 보신다고 지인의 소개를 받고 상담을 받기 위해 왔습니다.

필자 | 그러면 저의 진단이 틀림없네요?

고객 | 예. 맞습니다.

필자 | 그러면 그 사연을 들어봅시다.

고객 | 앞에서 말씀드린 것처럼 작년에 우연한 기회에 남자를 만나자 결혼을 했는데, 도저히 결혼생활을 할 수가 없습니다.

필자 | 더 자세한 것은 남편의 사주를 봐야 더 자세히 알 수 있습니다만 고객님의 사주를 봐서는 분명히 첫 번째 결혼은 실패하고 재혼을 할 것인데, 재혼을 한다 해도 불편하긴 마찬가지입니다.

고객 | 정말 그렇습니까?

필자 | 고객님은 올해 또 따른 남자를 만날 수 있는데, 사실은 어떻습니까?

（여기서, 부연설명을 하자면, 丁酉年에 歲運에서 온 丁火 남자와 고객의 性을 상징하는 壬水가 丁壬合으로 부정지합을 하기 때문으로 또 다른 남자가 들어왔다고 진단한 것이다.）

고객 | 선생님! 정말 잘 보십니다.

（박수로） 짝! 짝! 짝!

필자 | 아니, 남편과 이혼한다고도 했는데, 박수를 치신 분은 처음 봅니다.

하! 하! 하!

고객 | 하도 잘 보셔서 박수를 친 것입니다.

사실은 올해 다른 남자와 사귀고 있습니다.

필자 | 그러면, 남편의 사주와 애인의 사주를 내 놓으시겠어요?

고객 | 그렇게 하겠습니다.

필자 | 남편의 사주부터 봅시다.

남편 사주

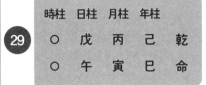

68	58	48	38	28	18	8		時柱	日柱	月柱	年柱	
己	庚	辛	壬	癸	甲	乙	大	○	戊	丙	己	乾
未	申	酉	戌	亥	子	丑	運	○	午	寅	巳	命

29

필자 | 태어난 시간은 모르세요?

고객 | 시댁이 기독교 집안이라서 안 가르쳐 줍니다.

필자 | 이 사주는 출생시간에 따라서 전혀 다른 해석을 할 수 있는 사주라서 운의 흐름을 진단해보고 풀겠습니다.

고객 | 아는 대로 대답해드리겠습니다.

필자 | (초년 대운이 水운으로 흘렀으므로 종격인가? 일반 내격인가?를 판단하기 위해서 질문을 한 것이다.)

남편이 어렸을 때 고생을 많이 했다고 하던가요, 행복했다고 하던가요?

고객 | 고생스럽게 성장했다고 들었습니다.

필자 | (남편의 사주에 財星인 水가 용신이거나, 길신이 될 것이므로)

그렇다면 남편과 당사자 문제보다는 다른 문제가 클 것으로 보이는데, 남편 사주를 보니까 남편은 엄마 때문에 고통이고, 며느리인 고객님의 입장에서 보면 시어머니 때문에 고통입니다.

고객 | 딱 맞습니다.

남편보다도 시어머니의 간섭이 너무 심해서 결혼생활을 이어갈 수가 없습니다.

필자 | 그러시네요.

고객님의 사주에도 시어머니를 나타내는 글자가 나쁜 작용을 하고 있으므로 설명이 되지만, 남편 사주를 보니까 더욱 확실하게 알수 있습니다.

고객 | 그러면, 저는 어떻게 해야 합니까?

필자 | 저는 이혼여부에 대한 결정은 내리지 않고, 오직 고객님의 판단에 맡기겠습니다.

고객 | ？？？？？

필자 | 한 가지 더 확인할 게 있습니다.

고객님은 지금 性 문이 닫혔을 것으로 보이기 때문에 남편과 성생활을 하지 않을 것으로 보이는데, 사실은 어떤가요?

고객 | 예. 몇 달 전부터 성생활을 하지 않습니다.

필자 | 안타깝네요.

정상적인 부부가 아닙니다.

고객 | 그러니까 이혼할 생각을 한 게 아니예요?

＊ 그러면 애인의 사주를 보도록 하겠습니다.

애인 사주

61	51	41	31	21	11	1			時柱	日柱	月柱	年柱	
庚	辛	壬	癸	甲	乙	丙	大	29	○	壬	丁	丁	乾
子	丑	寅	卯	辰	巳	午	運		○	戌	未	卯	命

필자 ｜ 이 사주도 출생시간을 모르시네요?

고객 ｜ 물어보지 않았습니다.

필자 ｜ (이 사주도 종격인가, 일반격인가를 확인할 필요가 있는 사주라서)

초년에 어렵게 성장을 했다고 하던가요, 아니면 부유하게 성장을 했다고 하던

가요?

고객 ｜ 가난했었다고 합니다.

필자 ｜ 이 사주는 바람둥이이고, 부부자리도 깨졌으며, 특히 양다리 걸치고 있는 사

람일텐데요?

고객 ｜ 이 남자 분은 저를 만나기 이전부터 사귀던 여자가 있다고 들었습니다.

그런데 아직 정리를 안한 것 같습니다.

그러니까 양다리를 걸치는 경우가 맞습니다.

필자 ｜ 이 사주는 운도 약하고, 바람만 피울텐데 이해할 수 있겠어요?

고객 ｜ 남편이라면 이해를 할 수 없습니다.

필자 ｜ 사주로만 보면 지금 남편 사주보다 더 좋지 않는 사주입니다.

정리하시는 게 좋을 것 같습니다.

고객 | 알겠습니다.

많은 조언을 듣게 되어 감사합니다.

46 | 재성인 금이 약하므로 부친이 일찍 돌아가셨단다.

67	57	47	37	27	17	7		時柱	日柱	月柱	年柱	
丙	乙	甲	癸	壬	辛	庚	大	庚	丙	己	己	坤
子	亥	戌	酉	申	未	午	運	寅	子	巳	巳	命

29

＊ 丁酉년 戊月에 부천에서 래원한 여자로, 사주의 구조는, 뱀띠 해의 초여름에 자신을 나타내는 글자를 태양 불에 비유해 해석하는 丙火로 태어나 도와주는 세력이많으므로 신강한 사주다.

＊ 초여름에 태어난 丙火인데다가 地支에 巳火가 2개, 寅木이 1개 있어서 신강해서 덥고 건조하므로 기온을 맞춰주면서 균형을 맞춰주는 水와 金이 많이 필요한데, 子水가 1개 있고, 庚金이 1개 있으나, 子水가 약하고, 庚金은 寅木 위에 앉아있으면서 火의 剋을 받고 있으므로 火가 病神이고, 水가 약신 겸 용신이며, 金이 길신이고, 木이 흉신이며, 운에서 오는 습토는 좋으나, 건토는 나쁘다.

＊ 이 사주의 殺은 巳火가 驛馬殺이고, 天門星이며, 子水가 桃花살이고, 寅木이 驛馬殺이면서 湯火살이다.

＊ 29세 현재 殺의 작용은 확인할 수 없었으며, 단지 財星인 庚金의 작

용이 확실하게 나타났는데, 이 사주에서 두 개의 巳火 속에 각각 庚金이 長生 한다고는 하나 火가 강해서 녹았다고 보며, 時上의 庚金이 있으나 丙火로부터 火克金을 당하고 있는데다가 寅木 위에 앉자있으면서 멀지만 年支와 月支의 巳火와 寅巳刑을 하고 있어서 의지할데 없어 아무 힘이 없으므로 위태로운 庚金이라서 필자가 말하기를 차마 아버지가 일찍 죽을 것이라고 까지는 말하지 못하고, "고객님이 태어나신 전부터 혹은 그후에 부친이 능력이 없는 분이었겠오"라고 말했더니 고객이 대답하기를 "경제적으로 어렵게 사시다가 제 나이 18세에 돌아가셨습니다"라고 하면서 흐느꼈다.

* 초년 대운이 火운이었기 때문에 어려서 운이 없었다는 것이 증명되었다.

* 丙申年에 申子辰해서 子水가 다소 힘을 쓰므로 남자친구를 만나 결혼을 하기로 약속했다고 한다.

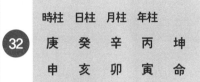

47 | 傷이 沖을 받아 진로가 차단되므로 퇴사했다.

65	55	45	35	25	15	5		時柱	日柱	月柱	年柱	
甲	乙	丙	丁	戊	己	庚	大	庚	癸	辛	丙	坤
申	酉	戌	亥	子	丑	寅	運	申	亥	卯	寅	命

（32）

＊ 丁酉년 戌月에 모래내에서 래원한 여자로, 사주의 구조는, 범띠 해의 중 봄에 자신을 나타내는 글자를 봄비에 비유해 해석하는 癸水로 태어나 도와주는 세력이많으므로 신강한 사주다.

＊ 중 봄에 태어난 癸水는 새봄을 맞아 생명체인 木(나무)에 물을 주는 것이 본분인데, 이 사주에는 寅木과 卯木이 있어서 이 나무 저 나무에 물을 주느라 바쁜 사람이다.

바쁘다는 의미는 성실하다는 의미인데, 아무리 성실하게 일을 열심히 한다해도 주변 환경이 좋아야 일한 보람이 있을 것인데, 이 사주의 구조를 보면 중 봄이라서 아직 기온이 낮은데다가 찬 기운을 가지고 있으면서 木(나무)의 생장을 방해하는 金이 많아서 기온이 낮고, 결과적으로 봄비가 많이 내린 것과 같기 때문에 좋은 환경이 만들어지려면 따뜻해져야 하므로 火가 용신이고, 木이 길신이며, 水가 병신이고, 金이 흉신이며, 운에서 오는 濕土가 흉신이나 건토는 약신이다.

＊ 이 사주의 殺은 寅木이 驛馬殺이면서 湯火殺이고, 卯木이 桃花殺이며, 亥水가 역마살이면서 천문성이고, 空亡이며, 申金이 역마살이다.

＊ 이 殺들 중에서 현재 알 수 있는 殺은 역마살로 외국에서 공부를 했고, 평소 여기 저기 많이 움직이는 스타일이라고 확인을 해줬고, 戊土가 正官으로 남자인데 이 戊土가 寅木 속에 들어있으므로 역마성 남자이고, 자식인 寅木이 남자인 戊土를 몸속에 품고 있으면서 年支에 있으므로 결혼전에 임신을 할 수 있는 인연을 가졌다.

＊ 직업으로는 食傷을 쓰고 있었는데, 유아용품을 종합적으로 취급하는 회사에서 일을 했었고, 앞으로도 자기는 그 사업을 하고 싶다고 했다.

＊ 래정법으로는 丙申年과 丁酉年에 직장도 나올 것이고, 남자와도 이별 수가 왔다고 했더니, 실제로 丙申年에 용신인 丙火와 남자인 戊土를 품고있는 寅木을 운에서 온 申金이 寅申沖을 하므로 진로가 차단되어 직장에서 퇴사했고, 사귀던 남자와도 이별했으며, 丁酉年에 사주에 있는 卯木 食傷을 운에서 온 酉金이 卯酉沖하므로 또 다른 회사에 취업도 하고 새로운 남자도 사귀었으나 금년 10월에 퇴사했고, 사귀던 남자와도 사랑이 식어간다고 했다.

＊ 戊戌年이 오면 日干인 癸水와 남자인 戊土가 戊癸合을 하므로 직장과 남자가 생길 것이다.

48 | 여자 사주에 편관속에 일간이 장생하고, 관살이 혼잡하므로 애인을 두었다가 큰 피해를 봤다.

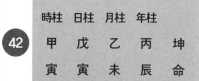

66	56	46	36	26	16	6		時柱	日柱	月柱	年柱	
戊	己	庚	辛	壬	癸	甲	大	甲	戊	乙	丙	坤
子	丑	寅	卯	辰	巳	午	運	寅	寅	未	辰	命

(42)

＊ 丁酉년 戊月에 은평구에서 래원한 여자로, 사주의 구조는, 용띠 해의 늦여름에 자신을 나타내는 글자를 큰 산의 흙에 비유해 해석하는 戊土로 태어나 도와주는 세력이 약하므로 신약한 사주다.

＊ 늦여름에 태어난 戊土가 신약하지만 金도 없고, 辰土 속에 癸水만이 존재해 있어 조열하므로 水가 용신이고, 木이 너무 많아서 病神이라 金이 약신이고, 건토는 나쁘며 습토는 좋다.

＊ 이 사주의 殺星은, 辰土가 水의 庫이고, 未土가 木의 庫이며, 寅木이 湯火殺 겸 驛馬殺이고, 甲木이 懸針殺이다.

＊ 여자 사주에 官星이 너무 많아서 病神이므로 인물은 잘생겼으나, 성격이 예민하고 남편 복이 없으며, 水가 나타나있지 않으므로 돈이 없는데다가 대운도 좋지 않으므로 돈이 없다고 했고, 일반적인 殺은 그 작용력을 확인하지 못했다.

＊ 이해를 돕기 위해서 문답으로 풀어 나가겠다.

필자 | 손님께서는 남자나 직업으로 인한 고통이 심하시겠소?

고객 | 남편하고 잘 살고 있는데요?

필자 | 남편하고 잘 살고 있다고요?

그러면, 이 사주를 못보겠는데요?

고객 | 남편하고 자주 싸우긴합니다만 그렇다고 사이가 많이 나쁜 것은 아닙니다.

필자 | 그렇군요.

그렇다면 직업으로 풀어보겠습니다.

손님사주는 어려서 학운이 좋았다면 의사와 같은 의료직종에 종사하거나 그렇지 않으면 금융업종에 종사를 해야만 맞습니다만 고등학교 때 운이 따라주지 않아서 제대로 대학을 가지 못하였기 때문에 의사나 금융인이 되기는 어려웠겠습니다.

고객 | 네. 대학을 못갔고, 직업도 그런 쪽이 아닙니다.

필자 | 그러면 사주에 돈을 의미하는 水를 필요로 하기 때문에 식품류나 해외 관련 업종에 종사를 해야만 맞는데 무슨 업종에 종사하세요?

고객 | 인테리어업을 하다가 지금은 다른 인테리어 업체 직원으로 일하고 있습니다.

필자 | 인테리어 업을 하셨다고요?

인테리어가 火라서 맞지 않는데요.

그렇다면 2013년부터 2015년까지 매우 어려웠을 것인데요?

고객 | 그래서 손해를 보고 작년에 정리를 하고 지금은 다른 업체 직원으로 근무하고 있습니다.

필자 | 사주에 金이 필요하긴 합니다만 운에서 金이 오면 남자이고 직업을 나타내는 木과 싸우게 되므로 매우 나쁩니다.

그래서, 사업을 시작하자마자 2013년부터 2015년까지 고전을 하다가 작년에 金과 木이 寅申沖으로 충돌하는 운이 오므로 정리를 한 것입니다.

고객 | 실제로 작년에 정리를 했습니다.

필자 | 이 사주가 비밀이 있고, 그 비밀을 풀어드릴 수 있는데, 확인해줄 수 있겠어요?

고객 | 말씀해 보세요?

필자 | 손님 사주는 여러 남자를 만나야 할 사주라서 애인을 둘 팔자인데, 본 남편은 月上의 乙木이 남편인데, 未土를 깔고 앉아있으므로 다른 여자를 만날 수 있으며, 본인 눈에는 남편이 작아보일테고, 애인으로 해석하는 寅木이 두 개가 있는데 日干인 戊土가 그 寅木 속에 뿌리를 박고 있고, 甲木이 나타나있으므로 커 보이기 때문에 일(직업)과 관련해서 애인을 사귈 것이고, 남자 쪽보다도 자신이 먼저 유혹을 했을 것인데, 맞습니까?

고객 | (한참 동안 침묵이 흐르고)

예. 그렇게 됐습니다.

필자 | 분명하네요?

고객 ㅣ 예. 맞습니다.

필자 ㅣ 작년부터 사주에 있는 寅木과 운에서 온 申金과 酉金이 寅申沖과 寅酉怨嗔殺
을 이루므로 작년부터 이별 수가 왔네요?

고객 ㅣ 맞습니다.

사실은 그것 때문에 고민이 되어 친구의 소개를 받고 찾아왔습니다.

필자 ㅣ 그 애인이 도움을 줄 것인가 말 것인가에 대하여 물론 당사자의 사주를 봐야
만 더 정확하게 알 수 있습니만 손님의 사주만으로 볼 때는 전혀 도움이 되지
못합니다.

자세하게 어떤 관계인지를 말해줄 수 있습니까?

고객 ㅣ 2013년부터 돈을 벌기 위해서 일거리를 찾던 중에 인테리어 기술을
가지고 있다는 남자를 만나 제 명의로 사업을 시작했는데, 결국 돈을 전혀 벌
지 못하고 거래처에 빚만졌습니다.

그래서, 사업을 정리하고 빚은 그 남자가 해결하기로 하고, 다른 여자 사업자
를 만나 그 남자와 동업을 하고 저는 직원으로 일을 하고 있는데, 이제 그 남
자와 헤어지고 싶어서 고민을 하고 있습니다.

어떻게 했으면 좋겠습니까?

필자 ㅣ 그러면 그 직장을 그만 두시고 다른 직장을 알아보세요.

고객 ㅣ 그렇게 하겠습니다.

* 사주 구조상 재혼하기가 쉽고, 남편의 사주를 보니 남편 사주로 재혼

하기가 쉬우며, 애인의 사주를 본 바 빈털털이였다.

＊ 이 命主의 이름과 남편, 애인에 대한 사주는 그 분들의 명예를 지켜
주기 위해서 필자만 볼뿐 이 책에 싣지 않기로 한다.

❀ 49 | 졸혼을 하고 싶다는 부모.

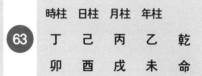

68	58	48	38	28	18	8		時柱	日柱	月柱	年柱	
癸	壬	辛	庚	己	戊	丁	大	丁	己	丙	乙	乾
巳	辰	卯	寅	丑	子	亥	運	卯	酉	戌	未	命

(63)

＊ 丁酉년 亥月에 위 命主의 딸이 가지고 래원한 엄마의 사주로, 사주의
구조는, 양띠 해의 늦가을에 자신을 나타내는 글자를 야산에 비유해 해
석하는 己土로 태어나 도와주는 세력이많으므로 신강한 사주다.

＊ 늦가을에 태어난 己土가 그 뿌리가 건조한 기운을 가지고 있는 戌土
와 未土가 있고, 일간을 중심으로 양쪽에 병화와 정화가 있어서 건조하
고 신강한데, 水가 한 점도 없고, 金이 하나 있으며, 木이 두 개라서 나
무를 키워야 하므로 木이 용신이고, 운에서 오는 水가 길신이며, 火, 土,
金은 모두 흉신이고, 운에서 오는 습토는 길신이다.

＊ 이런 구조에서 만약에 용신을 木을 쓰지 않고, 조후용신을 썼다면 金
이 길신이 될 것이나 木을 용신으로 쓰는데 酉金이 卯酉沖을 하므로 흉
신이 되었다.

＊ 이 사주의 殺은 未土가 木의 庫이고, 戌土가 火와 土의 庫이며, 戌未

刑을 했고, 酉金과 卯木이 桃花殺이고, 日支를 酉金과 卯酉沖을 하므로
이별 수를 갖고 있다.

＊ 戌未刑은 比劫이므로 형제인데 戌未刑을 가지고 있어서 형제가 한
분 일찍 돌아가셨다고 하며, 日支가 卯酉沖을 하므로 결혼하자마자 부
부가 싸우면서 살아왔다고 이 사주를 가지고 온 딸의 설명이다.

＊ 여기서 주목해야 할 것은 이 命主의 남자가 두 명이라는 것인데, 年
上의 乙木이 현재의 남편이고, 時支의 卯木이 두 번째 남편이 될 것인
데, 丁酉年에 이 命主가 딸한테 아버지와 졸혼을 하고 싶다고 한단다.

위 命主의 남편 사주

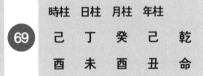

＊ 丁酉년 亥月에 위 命主의 딸이 가지고 래원한 아버지의 사주로, 사주
의 구조는, 소띠 해의 한가을에 자신을 나타내는 글자를 인공 불에 비유
해 해석하는 丁火로 태어나 도와주는 세력이 약하므로 극 신약 사주다.

＊ 기온이 낮아진 늦가을에 태어난 丁火가 신강해서 화력을 발산해야
좋으나 火의 뿌리라고는 未중에 丁火가 하나 있고, 木이 없으며, 火의 힘
을 설기 시키는 土가 4개이고, 癸水가 丁癸沖을 하고 있으며, 찬기운을

가진 酉金이 두 개 있어서 극 신약하다.

＊ 이런 구조에서 과연 이 사주가 신약사주냐, 아니면, 종격 사주냐를 놓고 고민을 하게 되는데, 결국 이 사주는 未중에 丁火가 있어서 신약 사주로 본 것이 맞았다.

＊ 이 사주의 殺은 丑土가 財星의 庫이고, 두 개의 酉金이 桃花 財星이 며, 未土가 印星의 庫인데, 현재까지는 殺의 작용을 확인할 수 없었다.

＊ 이 사주에서 특징적인 것은 신약한 日干을 癸水가 丁癸沖을 하고 있 는데 이렇게 극 신약한 상태에서 日干이 沖을 당하면 정신적인 불안 증 세가 있어서 매우 예민하다.
따라서 이 사주를 가지고 온 딸의 설명에 의하면 아버지의 마음을 종잡 을 수가 없다고 했다.

＊ 위 부부의 사주로 봐서 부인도 時支에 두 번째 官星이 있고, 남편 사 주에도 時支에 두 번째 財星이 있어서 이혼 가능성이 높으나 다만 나이 가 서로 많아서 이혼을 단정할 수는 없다.

50 | **急脚殺이 깨져 허리를 다쳤다고 한다.**

68	58	48	38	28	18	8		時柱	日柱	月柱	年柱	
己	庚	辛	壬	癸	甲	乙	大	庚	丁	丙	庚	坤
卯	辰	巳	午	未	申	酉	運	戌	丑	戌	申	命

 38

＊ 丁酉년 亥月에 수원에서 래원한 여자로, 사주의 구조는, 원숭이띠 해의 늦가을에 자신을 나타내는 글자를 인공 불에 비유해 해석하는 丁火로 태어나 도와주는 세력이매우 약하므로 신약한 사주다.

＊ 초겨울에 태어난 丁火가 신약하므로 화력이 약한데다가 火를 도와주는 木이 없고, 찬 기운을 가지고 있는 金이 너무 많아서 더욱 기온을 낮게 하고 자신의 힘을 감소시키므로 火가 용신, 운에서 오는 木이 길신, 金이 病神, 운에서 水가 오면 病神 역할을 하고, 乾土는 길신이며, 濕土가 흉신이며, 운에서 오는 木이 吉神이다.

＊ 이 사주의 殺은, 申金이 驛馬殺, 戌土가 湯火殺이면서 急脚殺이고 火와 土의 庫이며, 日支의 出土가 金의 庫이고, 丑土를 가운데 두고 月支의 戌土와 時支의 戌土가 양쪽에서 丑戌刑을 하고 있어서 부부궁이 매우 불안하다.

＊ 현재 작용하고 있는 殺은 急脚殺로서 작용이 나타나 허리를 많이 다쳐서 한방 치료를 받고 있는데, 그 이유는 올해(丁酉年) 교통사고를 당해서라고 하는데 인체에서 金이 뼈에 해당하고, 土가 중추인데 丑戌刑하였으므로 허리를 다쳤다고 하며,

＊ 여타 건강 관련사항은 신약한 사주라서 체력이 약하고, 이 사주에서 水가 나타났다면 病神일 뿐만 아니라 申金과 丑土 속에 水가 들어있고, 丑戌刑을 하면서 丑土 속에 들어있는 水가 깨졌는데, 水는 인체에서 귀와 신장과 방광을 의미하므로 38세 젊은 나이임에도 귀가 잘 안 들린다고 하며,

＊ 28세 未 대운에 丑戌未三刑殺이 작용하므로 사귀던 남자와 헤어진 후 미혼이라고 하는데, 사주가 이런 주고를 이루고 있으면, 남자와 사귀기도 매우 힘들고, 혹시 결혼을 한다고 해고 이별을 하게 된다.

＊ 이 命主는 火 용신에 맞게 컴퓨터 관련 일을 해 오다가 丁酉年에 그만두었고, 내년부터 공부를 더 하겠다고 한다.

51 | 比劫이 刑을 하므로 죽은 형제가 있다.

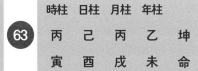

68	58	48	38	28	18	8		時柱	日柱	月柱	年柱	
癸	壬	辛	庚	己	戊	丁	大	丙	己	丙	乙	坤
巳	辰	卯	寅	丑	子	亥	運	寅	酉	戌	未	命

(63)

＊ 丁酉년 亥月에 판에서 래원한 여자로, 사주의 구조는, 양띠 해의 늦가을에 자신을 나타내는 글자를 야산의 흙에 비유해 해석하는 己土로 태어나 도와주는 세력이많으므로 신강한 사주다.

＊ 늦가을에 태어난 己土가 日干을 중심으로 月上과 時上에 丙火가 떠 있고, 건토인 未土와 戌土가 있으며, 寅木이 있어서 신왕하고 건조한데 木이 두개이고, 金이 하나 있으며 水가 없기 때문에 더욱 건조하다.
따라서, 언뜻 보면 조후용신을 써야 맞을 것 같지만 水가 없는데다가 酉金은 메마른 金인데다가 생명체인 木이 살아있으므로 조후용신을 쓰지 않고, 억부용신인 木을 용신으로 쓰고, 운에서 오는 水가 길신이며, 火가 病神이고, 건토도 흉신이며, 酉金도 흉신이고, 운에서 습토가 오면 쓸 수 있다.

＊ 이 사주의 용신법에 있어서 앞에서도 설명한 바와 같이 조후를 용신으로 쓴다면 金을 쓸 수 있으나 이 사주에는 水가 없을 뿐만 아니라 木

을 살려야 하므로 酉金을 용신으로 쓰지 않는다.

＊ 이 사주의 殺은 未土가 木의 庫이고, 戌土가 火와 土의 庫이면서 戌未刑을 하고 있고, 戌土와 寅木은 湯火殺이며, 寅木은 驛馬殺이고 하고, 酉金은 桃花殺이며, 戌土는 急脚殺이고, 寅酉怨嗔殺이다.

＊ 이 殺들 중에서 지금까지 작용했거나 작용하고 있는 殺은 戌未刑殺로 이는 年과 月支에 있는 比劫이 刑을 했으므로 과거를 의미하는데, 이 命主가 21살 되던 해에 동생이 전염병인 열병으로 사망했다고 하며, 또 寅酉怨嗔殺로, 남편과 사이가 매우 나쁘다고 했다.

＊ 이 命主는 水가 필요하므로 돈과 인연이 있으며 농협에 근무하고 있다.

52 | 부부 궁이 깨져 남편과 별거하고 있고, 애인을 사귀적이 있다.

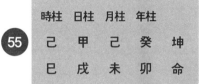

63	53	43	33	23	13	3		時柱	日柱	月柱	年柱	
丙	乙	甲	癸	壬	辛	庚	大	己	甲	己	癸	坤
寅	丑	子	亥	戌	酉	申	運	巳	戌	未	卯	命

(55)

＊ 丁酉년 亥月에 서초동에서 래원한 여자로, 사주의 구조는, 토끼띠 해의 늦여름에 자신을 나타내는 글자를 큰 나무에 비유해 해석하는 甲木으로 태어나 도와주는 세력이 약하므로 신약한 사주다.

＊ 늦여름이라 덥기 때문에 甲木이 물(水)을 많이 필요로 하나 이 사주에는 卯木이 하나 있고, 癸水가 하나 있는 반면 건토를 비롯한 土가 4개이고, 巳火가 하나 있어서 신약사주라서 水를 용신으로 서야 하나 癸水가 뿌리가 없고 土의 극을 받고 있으므로 木이 용신이고, 水가 길신이며, 土가 病神이고, 火가 흉신이며, 운에서 오는 습토인 辰土와 丑土는 일정 부문 길신의 작용도 하지만, 이 사주의 구조에서는 日支 남편 궁에 戌土가 月支에 未土와 戌未刑을 하고 있으므로 전혀 득이 되지 못한다.

＊ 이 사주의 殺은, 卯木이 桃花殺이고, 未土가 木의 庫이며, 卯未木局을 하고 있으면서 卯未 急脚殺이고, 戌土가 火와 土의 庫이면서 戌未刑을 하고 있으며, 巳火가 驛馬殺이면서 戌土와 巳戌鬼門殺을 구성하고

있다.

＊ 이 殺들 중에서 현재 작용하고 있는 殺은 戌未刑殺로 부부관계가 나쁜데다가 丁酉年에 官星이 酉金이 와서 甲木의 뿌리인 卯木을 卯酉沖하므로 남편과 불화가 극에 달해 남편이 시골로 내려갔기 때문에 이혼은 하지 않았고 별거를 하고 있다고 했다.
또한, 鬼門殺의 작용으로 우울증을 앓고 있다고 했으나, 急脚殺은 나타나지 않았다.

＊ 이 사주의 특징점은 財多身弱이라서 돈을 많이 만져도 쓸 곳이 많아서 돈을 모아놓지 못했다고 하며, 日支 남편 궁이 戌未刑으로 깨진데다가 남편을 나타내는 官星이 없고, 그 대신 日支 戌土 속에 辛金이 있는데 戌未刑으로 깨져서 별거를 하고, 巳火 속에 들어있는 庚金이 남자인데다가 미래 궁이면서 性을 나타내는 食傷 속에 들어 있으므로 바람을 피우게 되어 있는데, 이점에 착안한 필자가 묻기를 "손님은 애인을 만나 바람을 피웠을 것이고, 그 남자와 성관계를 가지셨겠네요"라고 물었더니 깜짝 놀라면서 대답을 하지 않다가 재차 강하게 묻자 그때서야 그런 일이 있었다고 대답했다.

＊ 이 命主의 부부관계를 살펴보면, 처녀 때 출판사에서 일을 하면서 직장상사와 사귀어 아이를 임신한체로 결혼을 했는데, 부부가 성격이 맞지 않아 갈등을 빚어왔다고 했고, 이에 대해 필자의 진단이 "지난 2012 壬辰年에 日支 남편 궁에 있는 戌土와 辰戌沖을 하므로 남편과 이별 수

가 왔었고, 2015 乙未年에도 丑戌未三刑殺이 작용하여 이별 수가 왔었으며, 2017 丁酉年에 쪽이 사주에 있는 卯木과 운에서 온 酉金이 묘유충을 하므로 이별 수가 왔다"고 진단했는데, 이에 대하여 이 命主는 "앞에서 말씀 드린 것처럼 올해 남편이 시골로 내려갔다"고 대답했으며, "남편과 전화는 합니까?"라고 묻자 "문자로만 소통하고 있습니다"라고 대답했다.

* 財多身弱에 대해서 필자가 묻기를 "친정 아버님이 배다른 형제가 있거나 그렇지 않으면 시어머니가 배다른 형제가 있습니까?"라고 묻자 "그것은 아닙니다"라고 대답했다.
그렇다면 財多身弱은 돈이 많지 않은 것으로 해석하고, 시어머니를 나타내는 財가 病神이므로 물론 시댁에는 4년전부터 가지 않는다고 대답했다.

53 | 日干이 桃花殺에 태어났고, 食傷이 용신이므로 바람둥이 여성이다.

61	51	41	31	21	11	1			時柱	日柱	月柱	年柱	
戊	己	庚	辛	壬	癸	甲	大	**61**	丙	乙	乙	戊	坤
申	酉	戌	亥	子	丑	寅	運		子	酉	卯	戌	命

＊ 丁酉년 子月에 분당에서 래원한 여자로, 사주의 구조는, 개띠 해의 중 봄에 자신을 나타내는 글자를 꽃나무에 비유해 해석하는 乙木으로 태어나 도와주는 세력이많으므로 신강한 사주다.

＊ 중 봄에 태어난 乙木이 신강한데다가 봄 꽃나무는 혈기가 왕성하므로 火가 용신이고, 土가 길신이며, 日干인 木이 한신이고, 金이 病神이며, 水가 흉신이고, 운에서 오는 濕土가 흉신이다.

＊ 이 사주의 殺은 戊土가 湯火殺이면서, 天門星이고, 火와 土의 庫이며, 卯木이 眞 桃花殺이고, 酉金과 子水가 桃花殺이다.
이렇게 桃花殺이 많고, 사주에 食傷이 性인데, 性을 용신으로 쓰므로 性생활을 즐기는 사주인데다가 官星인 酉金이 卯酉沖으로 깨져서 남편과 이별하거나 떨어져 살아야 하는데다가 대운에서 계속해서 官星이 등장하므로 바람둥이인데, 본인이 자신이 여러 남자와 연애를 했고, 현재도 하고 있다고 인정했다.

＊ 이 女命의 삶을 들여다보면 첫 남자와 결혼해서 아이 하나를 두고 각자 살고 있는 중에 36세 癸酉年에 다른 남자를 만나 연애를 하다가 헤어졌고, 그 후에도 여러 다른 남자와 연애를 했다고 하며, 지금도 사귀는 연하의 남자가 있다고 했다.

＊ 이런 유형의 사주를 가지면 연상의 남자보다 연하의 남자를 좋아하게 된다.
그 이유는 桃花殺이 많은데다가 食傷이 용신이므로 섹스를 좋아하기 때문이다.

＊ 이런 사주는 요즘 사회를 나타내는 말로는 걸 그룹에 해당하는 사주다.
日干이 乙木이면서 桃花殺에서 태어났고, 食傷을 용신으로 쓰므로 예능에 인연이고, 食傷은 향기라서 달콤하게 행동한다.
그런데 이 女命은 예능과는 전혀 다른 일을 하고 있다.

54 | 배우자를 나타내는 글자가 없는 부부로, 나이 90살에 남편과 이혼하고 싶단다.

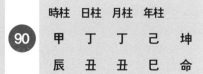

63	53	43	33	23	13	3		時柱	日柱	月柱	年柱	
甲	癸	壬	辛	庚	己	戊	大	甲	丁	丁	己	坤
申	未	午	巳	辰	卯	寅	運	辰	丑	丑	巳	命

(가운데 원 안: 90)

＊ 丁酉년 子月에 오륜동에서 래원한 할머니로, 사주의 구조는, 뱀띠 해의 늦 겨울에 자신을 나타내는 글자를 인공 불에 비유해 해석하는 丁火로 태어나 도와주는 세력이 약하므로 신약한 사주다.

＊ 겨울에 태어난 丁火는 자신의 몸을 불태워서 세상을 따뜻하게 해주기 위해서 태어났으므로 화력이 충분해야 하나 이 사주는 겨울에 태어난데다가 찬 기운을 갖고 있는 얼어있는 땅인 丑土가 두 개인데다가 습토가 있고, 火의 뿌리인 巳火가 巳丑合金이 되어 변했으므로 열량이 낮아서 더 많은 火가 필요하므로 火가 용신이고, 木이 길신이며, 습토는 흉신이고, 운에서 오는 金과 水는 흉신이다.

＊ 이 사주의 殺은, 巳火가 驛馬殺이면서 天門星이고, 丑土가 金의 庫이며, 辰土가 水鼓이며, 甲木이 懸針殺이다.

＊ 초년대운부터 癸未대운까지 木운에서 火운으로 흘렀으므로 62년 동

안 운의 흐름이 좋았으므로 그 때까지는 잘 살아 오다가 63 甲申대운부터 흉신운이 오므로 나빠졌다.

＊ 이 사주에 남편을 나타내는 官星인 金이 나타나지 않았고, 그 대신 巳火 속에 庚金이 있고, 두 개의 丑土 속에 辛金 官星이 들어있으며, 巳丑合金이 되므로 가상의 官星인 金이 만들어졌다.
따라서 官星이 여러 개이므로 인물이 잘생겼으나 육친이 나타나지 않는 데다가 흉신이므로 부부관계가 좋지 않다.

＊ 또한 2018 戊戌年에 배우자 궁에 있는 丑土와 운에서 온 戊土가 丑戌 刑을 하면서 巳戌鬼門殺이 작용하므로 92살인 남편과 헤어지고 싶어서 왔다고 했다.

＊ 이 命主는 甲木 懸針殺을 갖고 있고, 어려서부터 운이 좋아서 의사나 교육자와 인연이나 자신은 중학교만 졸업하고 의사인 남편을 만나서 살고 있다고 했다.

남편 사주

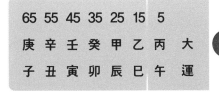
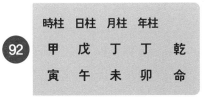

65	55	45	35	25	15	5	大			時柱	日柱	月柱	年柱	
庚	辛	壬	癸	甲	乙	丙	運	92		甲	戊	丁	丁	乾
子	丑	寅	卯	辰	巳	午				寅	午	未	卯	命

＊ 戊戌년 子月에 부인이 가지고 래원한 남편 사주로, 사주의 구조는,

토끼 띠 해의 늦여름에 자신을 나타내는 글자를 큰 산에 비유해 해석하는 戊土로 태어나 도와주는 세력이 많고 건조하므로 신강한 사주다.

＊ 늦여름에 태어난 戊土가 강하고 조후를 시켜주는 金과 水가 없으므로 바짝 말라있는 덥고 건조한 산에 나무인 甲寅 木과 乙卯 木이 자라고 있으므로 갈증과 더위를 해결해줄 水가 정용신이나 없기 때문에 木이 용신이고, 운에서 오는 水가 길신이며, 火와 土가 病神과 같고, 운에서 오는 濕土가 길신이다.

＊ 부친과 부인을 나타내는 水가 없으므로 부친과 부인과는 인연이 약하여, 부친과 갈등관계라고 하며, 부인과도 마찬가지였다고 했다.

＊ 懸針殺인 甲木이 있고, 鐵鎖開金殺인 卯木이 있어서 의사였다고 하며, 戊戌年에 月支 未土와 戌未刑을 하고 원국에 寅午火局이 있는 상태에서 2018년에 戊土가 등장하여 寅午戌火局을 이루므로 운이 약하다.

55 | 재다신약사주로 부모가 이혼을 했다.

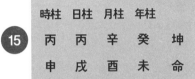

70	60	50	40	30	20	10	大
戊	丁	丙	乙	甲	癸	壬	
辰	卯	寅	丑	子	亥	戌	運

15

時柱	日柱	月柱	年柱	
丙	丙	辛	癸	坤
申	戌	酉	未	命

＊ 丁酉년 子月에 미국에서 전화로 상담한 여자 사주로, 사주의 구조는, 양띠 해의 한가을에 자신을 나타내는 글자를 태양 불에 비유해 해석하는 丙火로 태어나 도와주는 세력이 약하므로 신약한 사주다.

＊ 가을 태양은 세력이 약하기 때문에 한 낮에 햇볕을 쬐고 있어도 그다지 덥지 않는데, 찬 기운을 가진 金이 너무 많아서 신약한데다가 기온이 낮으므로 더 많은 火가 필요하기 때문에 火가 용신이고, 운에서 오는 木이 길신이며, 金이 病神이고, 水가 흉신이며, 건토는 길신이나, 운에서 오는 濕土는 흉신이다.

＊ 이 사주의 殺은 未土가 木의 庫이고, 酉金이 桃花殺이며, 戌土가 火와 土의 庫이며, 또한 戌土는 急脚殺이기도 하며, 申金이 驛馬殺인데 아직 어려서 殺의 작용을 확인할 수가 없다.

＊ 다만, 財星으로 아버지인 金이 申酉戌金局을 이루고 있고, 辛金이 干

上에 나타나 있는데, 이런 현상은 日干에서 보면 아버지가 여기에도 있고, 저기 에도 있으므로 이는 엄마가 재혼을 할 것이라는 것을 나타내고 있는데, 丙申年, 丁酉年이 오므로 실제로 부모가 이혼을 했고, 이 아이는 엄마와 미국으로 건너와 살고 있다고 했다.

56 │ 여자 사주에 있는 官星을 歲運에서
沖하므로 남편과 이별했다.

61	51	41	31	21	11	1		時柱	日柱	月柱	年柱	
己	庚	辛	壬	癸	甲	乙	大	丁	己	丙	壬	坤
亥	子	丑	寅	卯	辰	巳	運	卯	巳	午	子	命

 46

＊ 丁酉년 子月에 미국에서 전화로 상담한 여자로, 사주의 구조는, 쥐띠
해의 한여름에 자신을 나타내는 글자를 야산에 비유해 해석하는 己土로
태어나 도와주는 세력이많으므로 신강한 사주다.

＊ 한여름은 덥고 건조한 계절이기 때문에 충분한 양의 水가 필요하나
己土를 둘러싸고 火가 4개나 있고 木이 하나 있어서 더우므로 金이 없
는 壬水와 子水만으로는 조후를 맞추기 어려우므로 水가 용신이고, 운
에서 오는 金이 길신이며, 火가 病神이고, 木이 흉신이며, 운에서 오는
濕土가 길신이고, 건토는 凶神이다.

＊ 대게의 경우 여자 사주에서는 官星인 남편을 써야 맞으나 이 사주의
경우 는 印星인 火가 病神이므로 火를 돕는 木을 흉신으로 볼 수 밖에
없는데, 木이 남편이므로 남편 복이 없는 팔자다.

＊ 이 사주의 殺은, 子水와 午火, 卯木이 桃花殺이고, 巳火가 驛馬殺인

데, 財星으로 아버지인 子水와 印星으로 어머니인 午火가 子午沖을 하므로 부모가 이혼할 것이라는 인연을 담고 있고, 食傷으로 자식인 金이 없으므로 자식과도 인연이 멀다.

* 己土 山은 나무를 기르는 것이 본분이나, 이 사주 구조에서는 덥고 건조한 땅이라서 나무를 기르기가 어운데, 운에서 金운이 오면 金克木을 하므로 더욱 남편인 卯木을 기르기가 어려운데, 丙申年 歲運에서 歲運 地支의 申金과 사주의 卯木이 卯申鬼門殺을 형성하므로 남편 때문에 머리가 돌것 같고, 丁酉年에 歲運 地支의 酉金과 사주의 卯木이 卯酉沖을 하므로 올해 이혼을 했고, 이 命主가 미국으로 건너갔다.

57 | 양쪽에 남자를 두고 있는 여인.

66	56	46	36	26	16	6			時柱	日柱	月柱	年柱	
癸	壬	辛	庚	己	戊	丁	大	39	丙	庚	丙	己	坤
未	午	巳	辰	卯	寅	丑	運		戌	申	子	未	命

＊ 丁酉년 子月에 김포에서 래원한 여자로, 사주의 구조는, 양띠 해의 한겨울에 자신을 나타내는 글자를 무쇠에 비유해 해석하는 庚金으로 태어나 도와주는 세력이 많으므로 신강한 사주다.

＊ 한겨울에 태어난 庚金이 신강하므로 큰 쇠에 비유할 수 있고, 기본적으로 무쇠는 火로 제련을 해주는 것을 좋아할 뿐만 아니라 더군다나 한겨울이라서 기온이 낮으므로 火가 용신이고 운에서 오는 木이 길신이며, 金과 水가 凶神이고, 건토는 길신의 작용을 하나 운에서 오는 濕土가 흉신이다.

＊ 성품은 庚金이 신강하므로 와일드하고, 남성적인 기질을 가지고 있으며, 火를 양 옆에 두고 있어서 정직하고 총명하다.

＊ 이 사주의 殺星은 未土가 木의 庫이고, 子水가 桃花殺이며, 申金이 驛馬殺이고, 현침살이며, 戌土가 火와 土의 庫이면서 천문성이고, 탕화

살이다.

이 殺들 중에서 현재 작용하고 있는 殺은 발견되지 않았고, 단지 현침살인 申金이 직업으로 작용하고 있어서 간호사이며, 두 개의 丙火 중에서 月上의 丙火가 문제다.

＊ 여자 庚金 일주에 火가 남자이고, 남편인데, 年支 未중에 丁火가 들어있고, 月上에 偏官인 丙火가 나타나 있으며, 時上에도 偏官인 丙火가 나타나 있으면서 時支 戌土 속에도 丁火가 들어있다.

＊ 여자가 이런 구조를 이루면 우선 인물이 아름다워 남자들한테 인기가 있고, 또 일찍부터 여러 남자와 인연을 맺을 것이기 때문에 바람둥이 아닌 바람둥이가 된다.

＊ 특히 月上의 丙火는 子水 위에 앉아있어서 무능력한 남자라서 이 남자와 결혼을 한 후 헤어졌을 것이라고 했더니 맞다고 했으며, 헤어진 시기는 2012 壬辰年이나 2013 癸巳年이고, 자식은 인연이 없으므로 낳지 않았다고 했으며, 2017 丁酉年에 正官인 丁火가 등장하므로 두 번째 남자와 재혼을 했을 것이라고 했더니 올해 재혼을 했다고 했다.

＊ 사주에 木이 財星으로 부친인데, 나타나지 않았으므로 인연이 없는데, 未중에 乙木이 있으나 무덤 속에 있으므로 부친이 일찍 돌아가셨다고 한다.

＊ 丁酉年에 결혼한 남자는 地支에 酉金 흉신을 달고 있어서 이 남자도 능력이 떨어진 남자라고 했더니 실제로 그러하나 사귄지 15년이 된 남자라서 결혼을 했다고 했다.

68	58	48	38	28	18	8	大
庚	己	戊	丁	丙	乙	甲	
辰	卯	寅	丑	子	亥	戌	運

時柱	日柱	月柱	年柱	
壬	甲	癸	己	坤
申	申	酉	未	命

＊ 丁酉년 子月에 과천에서 래원한 여자로, 사주의 구조는, 양띠 해의 한가을에 자신을 나타내는 글자를 큰 나무에 비유해 해석하는 甲木으로 태어나 도와주는 세력이 많지 않으므로 신약한 사주다.

＊ 한가을에 태어난 甲木이 계절상 기온이 낮아졌는데, 木의 뿌리는 未 중에 乙木이 있고, 水가 두 개있으며, 土가 2개, 金이 3개 있어 신약하지만 이 구조에서는 찬 기운을 가진 金이 많기 때문에 火를 용신으로 써야하나 火가 나타나있지 않아서 日干 자신을 용신으로 쓰고, 火가 길신이며, 水는 한신이고, 金이 病神이며, 土는 길신이고, 운에서 오는 濕土가 흉신이다.

＊ 이 사주의 殺은 未土가 木의 庫이고, 酉金이 桃花殺이면서 鐵鎖開金 殺이며, 申金이 驛馬殺이고, 甲木, 申金, 申金이 懸針殺이다.

＊ 이 殺들 중에서 현실적으로 작용을 하고 있는 殺은 懸針殺로 이 殺은

의   료계와 인연인데, 이 命主는 고등학교 때 공부실력이 따라주지 않아 재수를 해서 대학을 갔다고 하며, 직업을 나타나는 官星이 病神이라 여러 직업을 전전하다 2012년부터 공무원으로 일하고 있는데, 보건복지부에서 복지담당을 하고 있다고 한다.

* 이 命主는 남편을 나태는 官星이 病神인데, 3개나 있는데, 이와 같은 현상은 이 命主가 여러 남자와 바람을 피우는 이유는 자기 마음에 드는 남자를 만나지 못하기 때문에 아직 결혼을 하지 못한 처녀로, 만약 48 戊寅 大運 이전에 결혼을 한다면 그 大運에 이별하게 된다.

59 | 刑殺은 갈등이나 소송문제다.

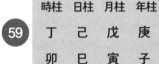

時柱	日柱	月柱	年柱	乾
丁	己	戊	庚	命
卯	巳	寅	子	

* 丁酉년 子月에 인천에서 래원한 남자로, 사주의 구조는, 쥐띠 해의 초봄에 자신을 나타내는 글자를 야산의 흙에 비유해 해석하는 己土로 태어나 도와주는 세력이약하므로 신약한 사주다.

* 초봄에 태어난 己土라서 생명체인 木을 기른 것이 목표로, 木이 나타나 있지만, 아직 기온이 낮고 木의 세력이 너무 강하므로 기온을 높여주는 火가 용신이고, 土가 길신이며, 金과 水는 흉신이고, 寅木은 支藏干에 火와 土가 들어있으므로 쓸 수 있지만 卯木은 습목이므로 흉신이며, 운에서 오는 濕土는 흉신, 건토는 길신이다.

* 이 사주의 殺은, 子水가 桃花殺이고, 寅木과 巳火는 驛馬殺이면서 刑殺이며, 卯木은 桃花殺이다.

* 이 殺들 중에서 현재 작용하고 있는 殺이 刑殺로, 刑殺은 갈등과 소송문제인데, 58 甲申대운에서 申金이 등장하므로 寅巳申三刑殺이 제대

로 작동함을 나타내고 있는데, 2016 甲申年에 歲運에서 또 다시 申金이 등장하여 寅巳申三刑殺을 작동시키므로 세들어 있는 가게 문제로 주인과 다툼이 시작되었고, 자신의 땅도 이웃과 다툼이 시작되었다고 한다.

* 이 命主는 火운에 火와 관련된 네비게이션 사업을 해서 돈을 많이 벌었으나, 58 대운부터는 흉신운인 金운이 오므로 어려움이 시작되었다. 이에 대해 필자의 진단은 한 달여 후면 2018 戊戌年이 오므로 戊戌年에 생계에 필요한 필수 사업은 놔두고 모두 정리하는 것이 좋다고 진단했고, 이제부터는 그동안 저축해놓은 돈으로 임대업을 하라고 조언했다.

60 | 懸針殺이 없는데도 약사출신이다.

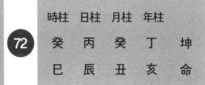

61	51	41	31	21	11	1	大		時柱	日柱	月柱	年柱	
庚	己	戊	丁	丙	乙	甲		72	癸	丙	癸	丁	坤
申	未	午	巳	辰	卯	寅	運		巳	辰	丑	亥	命

＊ 丁酉년 丑月에 소사에서 래원한 여자로, 사주의 구조는, 돼지띠 해의 늦겨울에 자신을 나타내는 글자를 태양에 비유해 해석하는 丙火로 태어나 도와주는 세력이 많지 않으므로 신약한 사주다.

＊ 겨울에 태어난 태양은 자신이 열을 발산해서 세상을 따뜻하게 해주는 기능을 하기 때문에 열량이 충분해야 하므로 火를 생해줄 木이 나타나 있어야 좋은데 사주에 없는 것이 흠이고, 水가 많은 것이 결정적으로 고난을 초래하게 되므로 火가 용신이고 운에서 오는 木이 길신이며, 水가 病神이고, 濕土가 흉신이다.

＊ 이 사주의 殺은, 亥水가 驛馬殺이면서 天門星이고, 丑土가 金의 庫이며, 辰土가 水의 庫이면서 亥水와 辰亥怨嗔殺과 鬼門殺을 형성하며, 丑土와 辰土가 急脚殺이고, 巳火가 驛馬殺이면서 天門星이다.

＊ 이 殺들 중에서 이 命主에 작용하고 있는 殺은, 天門星이 있어서 사

주보는 것을 좋아하기도 하고 신뢰를 하는 편이며, 急脚殺은 현재까지 작용하지 않고 있어서 디스크나 관절염은 없다고 하며, 鬼門殺은 작용해서 어떤 문제에 대한 집착성이 강하고, 우울증도 있다고 했다.

＊ 특히 이 사주에서 중요한 것은, 남편을 나타내는 水가 病神이면서 여러개라서 재혼을 할 수 있는 사주인데 재혼은 하지 않았다고 하며, 단지 이 命主는 여태까지 남편이 능력이 없으면서 재산을 탕진하는 바람에 큰 재산을 잃었고, 심지어는 재판도 많이 했었다고 한다.

＊ 日干인 丙火가 총명한데다가 양쪽에 있는 癸水가 剋을 하므로 예민한 성격이고, 아이큐가 높은데 이 命主는 아이큐가 140정도 될 것이라는 필자의 진단에 140이 맞다고 대답했다.

＊ 대운이 60세까지 길신운인 木운에서 용신운인 火운으로 흐르므로 공무원이나 교육자 같은 좋은 직업을 가질 것이고, 돈도 많이 벌었을 것이라는 필자의 진단에 이 命主의 대답은 자신이 약사라고 말하면서 60세까지는 많은 돈을 벌었다고 했다.
의료인의 경우 거의 懸針殺이 있는데 이 사주의 경우는 懸針殺이 없는데 도 약사라고 한다.

＊ 대운의 흐름이 좋아 60세까지 큰 돈을 벌었으나, 61세 庚申대운에서 화력이 감소할 뿐만 아니라 용신의 뿌리인 巳火와 巳申合刑을 이루어 돈 손실과 함께 소송시비수가 있었을 것이라는 필자의 진단에 이 고객

이 대답하기를 남편으로 인하여 소송이 붙어서 큰 돈을 잃었고, 운영하던 약국도 문을 닫았었다고 대답했다.

✿ 61 | 바람둥이 남자.

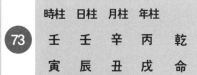

68	58	48	38	28	18	8		時柱	日柱	月柱	年柱	
戊	丁	丙	乙	甲	癸	壬	大	壬	壬	辛	丙	乾
申	未	午	巳	辰	卯	寅	運	寅	辰	丑	戌	命

(73)

＊ 丁酉년 丑月에 이천에서 부인이 가지고 래원한 남편 사주로, 사주의 구조는, 개띠 해의 늦겨울에 자신을 나타내는 글자를 강물에 비유해 해석하는 壬水로 태어나 도와주는 세력이약하므로 신약한 사주나 겨울 생인데다가 찬 기운이 강해서 신왕사주와 같다.

＊ 겨울에 태어난 강물인 壬水는 기본적으로 차기 때문에 용도가 많지 않으므로 신왕하느냐 신약하느냐 보다는 따뜻해져야 용도가 생기기 때문에 火가 용신이고, 木이 길신이며, 水가 병신이고 金이 흉신이며, 戊土는 길신 이지만 濕土인 丑土와 辰土는 흉신이다.

＊ 이 사주의 殺은, 戊土가 湯火殺이고, 天門星이며, 火와 土의 庫이고, 丑土는 金의 庫이며, 辰土는 水의 庫이고, 겨울생은 丑土와 辰土가 急脚殺이며, 寅木이 湯火殺이면서 驛馬殺이고, 日主가 魁罡殺로 일주 괴강 살은 아집이 강해서 자기주장이 매우 강하다.

＊ 이 殺들 중에서 丑戌刑을 했으므로 官星이 깨졌는데, 이는 자식과 인연이 박할 뿐만 아니라 자식이 죽었을 수도 있는데, 부인이 인공유산을 했다고 하며, 바람을 피우는 아버지에 대해 자식들이 반발을 하는 등의 이유로 자식들과 갈등이 심하다고 말했고, 日干인 壬水가 辰土에 入墓했는데, 이는 兄이 자살을 했다고 한다.

＊ 또한, 年上에 丙火가 나타나 있고, 戌土 속의 丁火와 丁壬合을 하고 있으면서 時支에 驛馬殺인 寅木 속에 丙火가 들어있어서 바람둥이인데, 이 命主는 고등학교 교사로 재직시에 동료 여교사와 장기간 바람을 피웠었다고 하며, 63세로 퇴직을 한 후에는 역마살 작용으로 꽃집에서 배달 일을 했는데 그때도 꽃집 주인과 바람이 났었다고 했다.

62 | 바람둥이 여자.

67	57	47	37	27	17	7			時柱	日柱	月柱	年柱	
丁	戊	己	庚	辛	壬	癸	大	31	乙	戊	甲	戊	坤
巳	午	未	申	酉	戌	亥	運		卯	午	子	辰	命

＊ 丁酉년 丑月에 수원에서 래원한 여자로, 사주의 구조는, 용띠 해의 한겨울에 자신을 나타내는 글자를 큰 산에 비유해 해석하는 戊土로 태어나 도와주는 세력이 약하므로 신약한 사주다.

＊ 겨울에 태어난 戊土로, 木(나무)이 빽빽이 들어선 산인데, 태어난 계절이 겨울이고 냉기가 강하므로 춥기 때문에 火가 많이 필요하지만 地支의 辰土는 옆에 있는 子水와 辰子水局을 이루어 水가 되었으므로 도움이 되지않고, 日支의 午火는 月支의 子水와 子午沖이 되어 깨져서 역시 도움이 되지 않지만 어쩔 수 없이 午火가 용신이고, 土가 길신이며, 木은 日干을 심하게 극하므로 病神에 해당하고, 子水는 용신인 午火를 극하므로 역시 水도 病神이며, 습토는 흉신이다.

＊ 이 사주의 殺星은, 辰土가 水의 庫이면서 辰子水局을 이루어 病神과 같고, 子水, 午火, 卯木은 桃花殺이며, 子水와 午火는 子午沖으로 깨졌는데, 子水가 病神이니 돈 복이 없고, 官星이 病神이니 남자 복이 없으

며, 午火 엄마와 子水 아빠가 子午沖으로 깨졌으므로 부모 복이 없을 뿐만 아니라 엄마와 아빠가 이혼을 했는데, 엄마가 가족을 버리고 도망을 가버렸다고 했다.

* 印星인 火가 용신이므로 자신은 공부해서 교육자가 되고 싶었으나, 고등학교 시기에 金운으로 흘러 공부를 하지 못했기 때문에 대학을 포기 했다고 하며, 대운이 좋지 않고, 직업을 의미하는 木이 病神이므로 좋지 않는 직업인데, 사주가 이렇게 구성되면 어쩔 수없이 남자를 상대하는 유흥업소 같은 데에 근무하기 쉬운데, 당사자는 밝히지 않아 확인하지 못했다.

* 이 사주의 남자관계는 辰土 속에 乙木이 暗藏해 있고, 月上에 甲木이 나타나 있으나 子水 위에 앉아있어서 얼어있는 나무라 능력이 없는 남자이고, 時柱에 乙卯木이 나타나있어 모두 4명으로, 이는 남자가 너무 많다는 의미로, 남자는 많으나 내 남자는 없는 것과 같다.
실제로 이 命主는 22살 때부터 여러 남자를 사귀었으나 여러 번 헤어졌었다고 했다.

* 이런 사주를 가진 여자는 바람둥이가 맞는데, 바람을 피우는 이유가 남자가 마음에 안 들기 때문에 고르느라고 어쩔 수 없이 여러 남자를 사귀므로 결국 바람둥이라 볼 수 있다.

63 | 태평양 물 위에 떠 있는
한조각 나뭇잎 배.

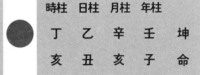

68	58	48	38	28	18	8	
甲	乙	丙	丁	戊	己	庚	大
辰	巳	午	未	申	酉	戌	運

時柱	日柱	月柱	年柱	
丁	乙	辛	壬	坤
亥	丑	亥	子	命

＊ 丁酉년 丑月에 인천에서 래원한 여자로, 사주의 구조는, 쥐띠 해의 초겨울에 자신을 나타내는 글자를 꽃나무에 비유해 해석하는 乙木으로 태어나 도와주는 세력이많으므로 신강한 사주다.

＊ 꽃나무는 기본적으로 火를 꽃으로 해석하기 때문에 火를 봐야 하고 또 마른 흙에 뿌리를 내려야 하지만, 이 꽃나무는 干上에 壬水가 나타나 있고, 地支는 온통 水局을 이루어 물바다인데, 時上에 한 점 뿌리도 없는 丁火에 의지하고 있고, 땅은 얼어있어서 뿌리 내릴 곳도 없는데다가 그 얼어있는 丑土마저도 水局으로 변했으므로 뿌리 내릴 곳도 없기 때문에 아주 드넓은 바다위에 떠 있는 나뭇잎 배와 같다.

＊ 地支가 水局을 이루었지만 초겨울이고, 丁火가 나타나있으므로 火를 용신으로 쓸 수 밖에 없고, 丑土가 길신이지만 水局으로 변했으므로 쓸 수 없는 土이며, 水가 병신, 木은 閑神, 金도 흉신이다.

＊ 이 사주의 殺은 子水가 桃花殺이고, 亥水가 驛馬殺 및 天門星이고, 丑土가 官庫이며, 가장 치명적인 殺星은 水局이다.

＊ 水는 모친인데 모친과 인연이 없을 것인데 어머니와 어떤 관계였느냐고 물었더니 "어머니가 집안 살림을 모두 없앴다"고만 이야기 했다. 또, 이렇게 水가 많으면 게으른데다가 할 일이 없기 때문에 더욱 더 나태 한 사람이라고 했더니 당사자의 대답이 "맞습니다"라고 대답했다.

＊ 月上 辛金이 남편인데, 水 위에 앉자있어서 아무 능력이 없을 뿐만 아니라 日干 乙木과 乙辛沖을 하므로 이 命主를 괴롭히기만 하기 때문에 결혼 생활을 할 수 없는 남자라고 했더니 "남매를 낳고 헤어졌습니다"라고 대답했다.

＊ 이런 사주의 남자관계는 月上의 辛金은 나타나있는 남자인데 무능력 해서 살 수 없기 때문에 日支 官庫 속에 들어있는 남자를 찾게 되므로 이 남자 저 남자와 관계를 하게 되기 때문에 사실상 바람둥이로, 당사자 자신도 인정했다.

＊ 이 命主의 직업에 대해서 아무 할 일이 없을 것이라고 했더니 "놀고 있다"는 대답이었고, 사귀고 있는 남자의 도움으로 살고 있다고 했다.

03

戊戌年 통변술

01 | 집을 팔아 주식으로 모두 날렸단다.

61	51	41	31	21	11	1
癸	壬	辛	庚	己	戊	丁	大
亥	戌	酉	申	未	午	巳	運

時柱	日柱	月柱	年柱	
甲	甲	丙	戊	乾
子	戌	辰	申	命

* 戊戌年 寅月에 부산에서 부인이 가지고 래원한 남편의 사주로, 사주의 구조는, 원숭이 띠 해의 늦봄에 자신을 나타내는 글자를 큰 나무에 비유해 해석하는 甲木으로 태어나 도와주는 세력이 약하므로 신약한 사주다.

* 늦봄에 태어난 甲木이 튼튼하고. 丙火를 보아 꽃이 피었으므로 겉보기에는 아름답고 쓸모 있는 나무같이 보이나, 나무가 자랄 환경을 보면 비록 신약사주이긴하나 地支가 습하고, 나무가 뿌리내릴 土가 깨져있어서 甲木 日干이 흔들리게 된다.
木이 용신이고, 火가 길신이며, 金과 水가 凶神이고, 운에서 오는 濕土가 더 흉신이고, 건토는 吉神을 작용을 할 때도 있지만 財多身弱이므로 기본적으로 土는 흉신이다.

* 이 사주의 殺은, 申金이 驛馬殺이고, 辰土가 水庫이며, 戌土가 火와 土의 庫이면서 天門星이고, 子水가 桃花殺이며, 辰戌沖이면서 日支가

辰戌沖으로 깨졌는데, 이 殺들 중에서 크게 문제를 일으키는 것이 辰戌沖이다.

＊ 이 사주에서 土는 부친이고, 부인이며, 돈인데, 日支가 깨졌으므로 부부 관계가 나빠 각방을 쓰면서 살고 있다고 하며, 초년 운이 좋아서 일찍 아파트를 사서 현재 싯가로 10억쯤 가는데, 2012 壬辰年에 辰戌沖이 오므로 돈 깨먹을 운이라 부인과 상의도 없이 그 집을 팔아 주식을 해서 모두 날렸고, 지금은 월세를 살고 있는데, 월세 인상해줄 돈이 없어 고민을 하고 있다고 했다.

＊ 이 사주의 대운을 보면, 火가 길신이므로 30세까지는 좋았으나, 31세부터 50세까지 20여년 간 흉신인 金운이 왔고, 財多身弱이라 돈을 깨먹게 되어 있으므로 올해 戊戌年에 돈 문제가 있어 고민일 것이고, 이사 운이 들었다고 했더니 위에서 말한대로 실토를 했다.

❀ 02 | 집을 팔아 주식으로 모두 날렸단다.

69 59 49 39 29 19 9		時柱	日柱	月柱	年柱	
丁 戊 己 庚 辛 壬 癸 大	69	癸	辛	甲	庚	坤
丑 寅 卯 辰 巳 午 未 運		巳	丑	申	寅	命

＊ 戊戌년 寅月에 평택에서 래원한 여자로, 사주의 구조는, 범띠 해의 초여름에 자신을 나타내는 글자를 보석에 비유해 해석하는 辛金으로 태어나 도와주는 세력이 많으므로 신강한 사주다.

＊ 보석은 火에 제련이 된 물건과 같기 때문에 사주가 추운 경우를 제외하고는 火를 싫어하고 水를 좋아하는 경우가 많은데, 이 사주의 경우는 초가을에 태어나 신강하기 때문에 火로 제련해주는 것을 필요하지 않고, 그대신 水로 씻어주는 것을 좋아하기 때문에 水가 용신이고, 金이 길신이며, 木과 火는 흉신이며, 습토는 길신이고, 운에서 건토가 오면 흉신이다.

＊ 이 사주의 殺은 寅木과 巳火가 驛馬殺이고, 寅申沖이며, 丑土가 金의 庫이고, 巳丑合을 하고 있으며, 天干에서는 甲木과 辛金이 극을 하므로 결국 日干과 財星이 天干과 地支에서 극을 하고 있다.

✳ 甲木과 寅木은 육친으로 아버지이고 돈인데 財星이 깨졌으므로 이 命主가 1살 때 아버지가 6.25전쟁 때 돌아가셔서 얼굴도 모른다고 하며, 남편을 나타내는 寅중의 丙火는 寅申沖으로 깨졌고, 時支의 巳火는 巳 丑으로 합을 해서 金으로 변질이 된데다가 火가 흉신이므로 남편이 도움이 되지 않고 갈등이 심해서 이른 나이 때부터 각방을 쓰며 살아왔다고 한다.

✳ 財星과 天干과 地支로 剋과 沖을 하므로 돈 복이 약한데, 이 命主는 약 30여 년 전부터 주식을 해왔는데, 현재까지 집 3채 값을 날렸다고 하소연한다.

✳ 또한 이 命主는 자식을 나타내는 水가 용신이므로 딸에 대한 애착이 남다른데, 자신이 돈을 벌어서 딸에게 집을 사주겠다고 한다.

03 | 남편 사주는 "볼 필요가 없습니다"고 말하는 여인.

64	54	44	34	24	14	4		時柱	日柱	月柱	年柱	
甲	癸	壬	辛	庚	己	戊	大	丁	乙	丁	辛	坤
辰	卯	寅	丑	子	亥	戌	運	亥	卯	酉	亥	命

＊戊戌년 寅月에 당진에서 래원한 여자로, 사주의 구조는, 돼지띠 해의 한가을에 자신을 나타내는 글자를 꽃나무에 비유해 해석하는 乙木으로 태어나 도와주는 세력이약하므로 신약한 사주다.

＊계절과 관계없이 꽃나무의 삶의 목표라든가 임무는 꽃을 피우는 것인데, 이 사주는 서늘한 기운이 강한 한가을에 태어났으나 月上과 時上에 火가 나타나 있는 바, 火를 꽃으로 해석하기 때문에 꽃이 피어있어 화려하고 향기가 있다.

그러나, 주변 환경을 보면 가을에 태어났기 때문에 기온이 낮고, 金氣와 水氣가 강한데다가 卯酉沖을 하고 있어서 日干의 뿌리이면서 남편 궁에 있는 卯木을 남편인 酉金이 자르고 있으므로 이 사주에서는 金이 病神이므로 火가 약용신이고, 木이 길신이며, 水가 흉신이고 운에서 乾土가 오면 길신작용을 하고 습토가 오면 흉신작용을 한다.

＊이 사주의 殺은, 두 개의 亥水가 印星이면서 驛馬殺이고, 酉金과 卯

木이 卯酉沖을 하고 있으면서 桃花殺인데, 이 命主는 여기 저기 5군데에 학원을 운영하고 있으므로 印綬 驛馬殺 작용으로 보이고, 부부가 이별했다고 하면서 남편 사주는 볼 필요가 없다고 말했다.

＊ 직업에 대해 필자가 용신이 火이고, 桃花殺이 있어서 방송이나 엔터테멘트와 인연이라고 진단했더니, 자신은 교사 출신이고, 현재 5군데 학원을 운영하고 있는데, 곧 방송출연을 할 것이라고 말했다.

＊ 래정법으로 보면, 정유년에 남편과는 이별을 했을 것이고, 올해 돈이 움직인다고 했더니, 남편과 이혼 소송을 벌이면서 남편이 묶어놓았던 돈이 금년에 소송에서 이겨 돈 문제가 풀리기 때문에 아파트를 살 것이라고 말했다.

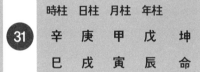

67	57	47	37	27	17	7		時柱	日柱	月柱	年柱	
丁	戊	己	庚	辛	壬	癸	大	辛	庚	甲	戊	坤
未	申	酉	戌	亥	子	丑	運	巳	戌	寅	辰	命

(31)

＊ 戊戌년 寅月에 성내동에서 모친이 가지고 래원한 딸의 사주로, 사주의 구조는, 용띠 해의 초봄에 자신을 나타내는 글자를 무쇠에 비유해 해석하는 庚金으로 태어나 신강한 사주다.

＊ 대부분의 신강한 무쇠는 다듬어 지지 않기 때문에 火가 용신이고, 木이 장작으로 작용해 주기 때문에 길신이면서 病神인 土를 눌러줘야 하므로 약신 작용도 하며, 金과 水는 흉신이다.

＊ 이 사주의 殺은, 辰土가 水의 庫이고, 寅木이 驛馬殺이며, 戌土가 土와 火의 庫이면서 天門星이고, 寅戌火局이면서 湯火殺이며, 巳火도 驛馬殺이고, 멀지만 寅巳刑을 하며, 巳戌鬼門殺이고, 日主가 魁罡殺이다.

＊ 육친관계에서 土가 모친인데, 病神이므로 모친과 갈등 관계라서 늘 부딪친다고 하며, 부친인 財星이 月柱를 형성하고 있어서 부친이 능력 있는 사업가이고, 日主가 魁?殺이면서 巳戌鬼門殺이라서 부부관계가

나쁜 팔자다.

또한, 巳火가 남편인데 干上에 나타나있지 않는데다가 劫財인 辛金을 머리에 이고 있으므로 辛金의 남편이기도 하다.

＊ 대운이 흉신인 水운으로 흘렀으므로 운이 좋지 않는데, 2013년부터 2015년까지 官星운인 火운이 오므로 2015년에 결혼을 했는데, 결혼하자마자 사내못사내 갈등을 빚더니 아이 한 명을 낳은 후, 2016년 흉신인 申金운이 와서 寅巳申三刑殺을 이루어 부부 이별 운이 오므로 법원에 가서 이혼을 하기로 했으나, 남자 쪽에서 거부를 하여 戊戌年에 정식재판이 진행중 이라고 한다.

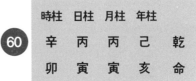

時柱	日柱	月柱	年柱	
辛	丙	丙	己	乾
卯	寅	寅	亥	命

63	53	43	33	23	13	3	
己	庚	辛	壬	癸	甲	乙	大
未	申	酉	戌	亥	子	丑	運

60

＊ 戊戌년 卯月에 천호동에서 래원한 남자로, 사주의 구조는, 돼지띠 해의 초봄에 자신을 나타내는 글자를 태양 불에 비유해 해석하는 丙火로 태어나 도와주는 세력이많으므로 신강한 사주다.

＊ 초봄에 태어난 丙火는 생명체인 木을 기르는 것이 본분이지만 이 사주의 구조에서는 印星인 木이 너무 많으므로 흉신이고, 官星인 水는 흉신인 寅木과 합을 해서 木을 발생시키므로 水도 흉신이고, 財星인 辛金은 뿌리가 없이 卯木 절지 위에 앉아있으므로 능력도 쓸모도 없기 때문에 흉신이며, 己土는 신왕한 火가 火生土하므로 길신이나 己土도 뿌리가 없으므로 무능력하다.

＊ 亥水, 寅木은 驛馬殺이고, 卯木은 桃花殺인데, 이 사주는 殺로 사주를 해석하는 것보다 오행의 생극제화로 육친을 대입해서 풀어야 맞다.

＊ 財星인 辛金 마누라는 뿌리가 없이 연약한 상태에서 時干과 日干인

丙火와 丙辛合을 하고 있고, 辛金 財星이 절지인 卯木 위에 앉아있어서
그야 말로 바람 앞에 등불과 같은데, 庚申대운에 일지 부부궁을 寅申沖
하고 甲午年에 火가 오므로 견디지 못하고 사망했으며, 亥水 官星인 자
신이 흉신이므로 자식 복이 없는데, 妻가 사망 한 후 아들이 정신적인
문제가 있어 자동차와 살림살이를 크게 파손시켰다고 하며, 심지어는
아들한테 폭행을 당하여 경찰이 해결해주었다고 한다.

06 | 68세 나이인데도 적극적으로 성관계를 요구한다는 여인.

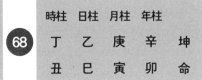

61	51	41	31	21	11	1	大
丁	丙	乙	甲	癸	壬	辛	運
酉	申	未	午	巳	辰	卯	

68

時柱	日柱	月柱	年柱	坤
丁	乙	庚	辛	命
丑	巳	寅	卯	

✽ 戊戌년 卯月에 분당에 사는 필자의 지인이 가지고 래원한 여자 사주로, 사주의 구조는, 토끼띠 해의 초봄에 자신을 나타내는 글자를 꽃나무에 비유해서 해석하는 乙木으로 태어나 신약한 사주다.

✽ 꽃나무인 乙木은 기본적으로 꽃을 피우는 것이 목적일 뿐만 아니라 꽃이 피어야 아름다운데, 이 사주는 火가 나타나 있어 꽃이 피었으므로 외모가 아름답다고 하며, 金克木을 하므로 金이 病神이라 火가 약신 겸용신이고, 木이 길신이며, 습토인 丑土는 흉신이고, 운에서 건토가 오면 길신이고 운에서 오는 水가 흉신이다.

✽ 이 사주의 殺은, 우선 日干이 乙巳孤鸞殺이고, 天干의 庚金과 乙庚合을 하고 있으며, 卯木이 桃花殺이고, 寅木이 驛馬殺이며, 巳火가 驛馬殺이면서 天門星이고, 乙木에 丑土가 湯火殺이며, 巳丑金局을 하고 있다.

✽ 필자의 경험에 의하면 孤鸞殺중에서도 乙巳孤鸞殺이 과부가 가장 많

은데, 이 사주의 경우는 남편을 나타내는 官星인 辛金이 年上에 있고, 月上의 庚金과 日干이 乙庚合을 하고 있는데, 時上의 丁火가 火克金으로 乙庚合을 방해하고 있기 때문에 부부가 반드시 헤어지게 되어 있다.

＊ 乙木일간이 月上의 庚金과 乙庚合을 하고, 日支 巳중의 庚金과 乙庚暗合을 하고 있으며, 巳火와 丑土가 합을 해서 金을 또 만들고, 時支 丑土속에 辛金이 들어있는데 이런 구조를 가지면 반드시 바람을 피우며 살아가는 바람둥이 사주다.

＊ 이 사주를 가지고 온 사람은 필자의 지인으로 부인과 사별을 해 혼자라서 재혼을 해볼 생각으로 이 여인을 만났는데, 자신은 전립선에 문제가 생겨 발기가 되지 않음에도 이 여인은 성관계를 적극적으로 요구하므로 먹는 약으로는 발기가 되지 않아 병원에서 발기를 지속시켜주는 주사를 맞고 성관계를 하긴했으나 이 여성이 지속적으로 성관계를 요구하므로 자신이 없어서 고민이라고 했다.

＊ 이 사주에서 증명한 것처럼 여성이 갱년기가 지났다고 해서 성생활을 안 한다거나 못한다고 생각하면 오산이라는 것이다.
남자든 여자든 체질에 따라서 나이가 많아도 성생활을 할 수 있다는 것을 증명해준다.

07 | 鬼門殺로 인하여 우울증이 심하다.

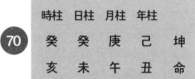

65	55	45	35	25	15	5	
丁	丙	乙	甲	癸	壬	辛	大
丑	子	亥	戌	酉	申	未	運

70

時柱	日柱	月柱	年柱	
癸	癸	庚	己	坤
亥	未	午	丑	命

＊ 戊戌년 卯月에 수원에서 래원한 여자로, 사주의 구조는, 소띠 해의 한여름에 자신을 나타내는 글자를 여름비에 비유해 해석하는 癸水로 태어나 신약한 사주다.

＊ 한여름은 무덥기 때문에 충분한 양의 비가 내려야 하나 한여름이라서 더운데다가 水를 극하는 土가 많아서 日干이 신약하므로 金이 용신이고, 水가 길신이며, 土가 병신, 火가 흉신이고 운에서 오는 濕土가 길신이며, 운에서 오는 습토가 길신이고, 木이 흉신이다.

＊ 이 사주의 殺은, 丑土가 金庫이고, 午火가 총칭 桃花殺이며, 丑午가 鬼門殺이며, 未土가 木의 庫이고, 亥水가 驛馬殺이며, 亥未木局을 하고 있다.

＊ 이 殺중에서 현재 작용하고 있는 殺이 丑午鬼門官殺로, 우울증이 심한데 특히 남편하고의 갈등으로, 이는 남편을 나타내는 官星이 病인데

다가 丑戌未三刑殺까지 작용하므로 남편과 이혼하자고 하는 등 말 싸움을 심하게 하고 있다고 했다.

＊ 대게, 남편을 나타내는 글자가 土이거나 남편 궁에 土가 있을 경우 부부의 성격이 다른 경우가 많은데 이런 사주의 경우가 더욱 그렇다.

08 │ 사랑을 해줄 남자를 찾는 여인.

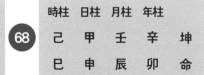

67	57	47	37	27	17	7		
己	戊	丁	丙	乙	甲	癸	大	
亥	戌	酉	申	未	午	巳	運	

時柱	日柱	月柱	年柱	
己	甲	壬	辛	坤
巳	申	辰	卯	命

＊ 戊戌년 卯月에 당진에서 래원한 여자로, 사주의 구조는, 토끼띠 해의 늦봄에 자신을 나타내는 글자를 큰 나무에 비유해 해석하는 甲木으로 태어나 신약한 사주다.

＊ 봄에 태어난 甲木이 신약하나 壬水가 있고, 卯木와 辰土, 申金이 있어 사주가 습하므로 신왕한 것과 같고, 기온이 아직 낮으며, 木은 火를 봐야 꽃을 피우는 것과 같아서 아름다우므로 火가 용신이고 木이 길신이며, 金과 水가 凶神이고, 운에서 오는 濕土가 흉신이며, 운에서 오는 건토는 吉神이다.

＊ 이 사주의 殺은 卯木이 桃花殺, 辰土가 水庫, 申金과 巳火가 驛馬殺이고, 申辰水局을 이루며, 巳申合刑을 이루고 天干으로는 甲己合을 이룬다.

＊ 이 殺들 중에서 가장 크게 작용하고 있는 것이 巳申合刑인데, 여자

사주에 官星인 金이 흉신이면서 日支에 申金이 있고 巳申刑을 하므로 남편 복이 없다는 것을 예고하고 있다.

＊ 초년 巳, 午, 未 대운은 용신운인 火운이었으므로 좋았으나, 37 丙申 대운 부터 官星인 申金이 巳申合刑을 하므로 부부가 이별을 할 것이나, 실제로는 48세, 戊寅年에 寅巳申三刑을 이루므로 남편이 사망을 했다고 한다.

＊ 그 후 삶이 힘들어 현재 파출부 일을 다니는데, 자신은 파출부일 보다 사랑해 줄 남자를 만나고 싶다고 했다.

＊ 또한 이 여인은 남자의 능력에 따라 다르지만 애액도 분비가 잘되고, 쾌감도 잘 느끼기 때문에 성생활하는데 전혀 문제가 없다고 했다.

09 | 여자 사주에 傷官이 官을 극하면 이혼한다.

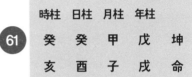

65	55	45	35	25	15	5		時柱	日柱	月柱	年柱	
丁	戊	己	庚	辛	壬	癸	大	癸	癸	甲	戊	坤
巳	午	未	申	酉	戌	亥	運	亥	酉	子	戌	命

61

＊ 戊戌년 卯月에 홍성에서 래원한 여자로, 사주의 구조는, 개띠 해의 한겨울에 자신을 나타내는 글자를 겨울비에 비유해 해석하는 癸水로 태어나 매우 신강한 사주다.

＊ 한겨울에 태어난 癸水가 신강한 것은 눈보라가 많이 내려 폭설이 내린 것과 같은데, 겨울 물(水)은 많으면 많을수록 차가워 쓸모가 없기 때문에 굳이 사용하려면 火(불)로 데워서 쓰거나 그렇지 않으면 土로 저수지 둑을 막아서 가두어 두었다가 내년 봄이 오면 농사에 써야 하는데, 이 사주에는 火가 나타나지 있지 않기 때문에 土로 제방을 막아야 하므로 土가 용신이고, 운에 오는 火가 길신이며, 水가 病神이고, 木과 金이 흉신이며, 운에서 오는 濕土가 흉신이다.

＊ 이 사주의 殺은, 戌土는 火와 土의 庫이고, 天門星이며, 子水와 酉金이 총칭 桃花殺이고, 鬼門殺이며, 亥水는 驛馬殺이면서 天門星이다.

＊ 대게 日支 배우자궁에 鬼門殺이 있어도 부부관계가 나쁜 경우가 많고, 이 사주의 경우는 戊戌 官星을 甲木이 木剋土하고 있으므로 부부이별을 예고하고 있다.

따라서, 이런 사주의 경우, 殺로 해석을 하기 전에 사주의 구조에서 어떤 문제가 있는 가를 파악해야 하는데, 바로 木剋土에서 찾아야 한다.

＊ 또한 여자 사주에 食傷이 性인데, 이런 구조를 가지면 傷官인 甲木이 한겨울에 물에 떠 있으므로 性이 얼어있는 것과 같기 때문에 성생활을 꺼리고, 애교도 없다.

이런 이유로 남자 입장에서 보면 성생활에 큰 불만을 가지기 때문에 갈등이 심해지다가 결국 남편이 바람을 피우게 되고, 이혼을 하게 된다.

＊ 이 여성은 남편과 남남처럼 살아오다가 己未 대운에 戊未刑하여 土가 파괴되었고, 2008년 戊子年에 운에서 戊土 官星이 나타나자 木剋土하여 이혼을 한 후 살아오다가 戊午 대운 戊戌年에 남자가 나타나므로 연애를 하고 있다고 했다.

10 | 오행이 불균형을 이루면 그 만큼 삶이 괴롭다.

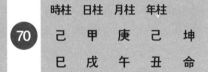

68	58	48	38	28	18	8		時柱	日柱	月柱	年柱	
丁	丙	乙	甲	癸	壬	辛	大	己	甲	庚	己	坤
丑	子	亥	戌	酉	申	未	運	巳	戌	午	丑	命

(원 안: 70)

＊ 戊戌년 卯月에 하남에서 래원한 여자로, 사주의 구조는, 소띠 해의 한여름에 자신을 나타내는 글자를 큰 나무에 비유해 해석하는 甲木으로 태어나 태약한 사주다.

＊ 한 여름에 태어난 나무(木)는 물(水)이 충분해야 함에도 불구하고 午戌 火局을 이루고 있는데다 巳火도 있어서 너무 메말라 있는 마른 환경이고, 日干인 甲木이 뿌리조차도 없어서 나무가 살아가기 힘든 구조라서 시급히 물이 필요한데 물이라고는 丑土 속에 들어있는 癸水 뿐이라서 부족하기 때문에 水가 용신이고, 水를 돕는 金을 길신으로 쓸 수 밖에 없으며, 火와 土가 흉신, 火가 강해서 木을 쓸 수도 없으나 日干이 태약하기 때문에 어쩔 수 없이 쓸 수밖에 없는 財多身弱 사주다.

＊ 이 사주의 殺은, 丑土가 金의 庫이고, 午火가 桃花殺이면서 湯火殺이며, 戌土가 火와 土의 庫이면서 天門星이고, 午戌火局을 이루며, 巳火가 役馬殺이면서 天門星이고, 丑午鬼門殺, 巳戌鬼門殺로 雙鬼門을 이루

고 있다.

＊ 이 사주에서는 殺보다도 오행의 심한 불균형으로 인하여 고통이 심할 뿐아니라 심한데, 金이 허약해서 남편 덕이 없고, 火가 흉신이라 자식 복도 없으며, 쌍鬼門을 가지고 있어 우울증이 심하다.

＊ 대운에서 官星인 金이 월상에 있고, 대운에서도 일찍부터 나타났으므로 결혼을 일찍했으나, 38 갑술 대운부터 丑戌刑을 해서 丑土 속에 들어있는 水가 깨지므로 부부간의 신뢰가 깨졌다고 하며, 48 乙亥대운부터 용신인 水가 들어오므로 그럭저럭 먹고 사는 것은 괜찮았으나, 남편이 중국에서 사업을 하면서 비서와 바람을 피워 돈을 탕진해 왔다고 한다.

＊ 戊戌年에 흉신인 財가 들어왔고, 운에서 온 戊土가 용신이 들어있는 丑土와 丑戌刑을 하면서 巳戌鬼門殺을 형성하므로 우울증이 심해서 상담을 받으러 온 것이다.

11 | 地支가 合하여 日干과 같은 성분이 만들어 지므로 이복형제가 있다.

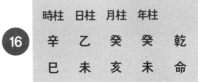

63	53	43	33	23	13	3		時柱	日柱	月柱	年柱	
丙	丁	戊	己	庚	辛	壬	大	辛	乙	癸	癸	乾
辰	巳	午	未	申	酉	戌	運	巳	未	亥	未	命

* 戊戌년 辰月에 광주에서 엄마가 가지고 래원한 아들 사주로, 사주의 구조는, 양띠 해의 초겨울에 자신을 나타내는 글자를 꽃나무에 비유해 해석하는 乙木으로 태어나 신왕한 사주다.

* 초겨울에 태어난 나무(木)는 기본적으로 꽃을 피우기 위해서 태어났으므로 꽃을 피워야 하는데, 추우면 나무가 얼기 때문에 추위를 싫어하고, 더운 기운을 좋아하므로 火가 충분해야 하며, 火는 꽃나무의 형상으로 보면 꽃에 해당하므로 이 꽃나무는 겨울인데도 불구하고 꽃이 피어 있어 아름다우나 문제는 추운 기운을 가진 水가 너무 많아서 추우므로 火가 용신이고 木이 길신이며, 水가 病神이고, 金이 흉신, 운에서 오는 濕土가 흉신이며, 운에서 오는 건토는 약신이다.

* 이 사주에 있는 殺은, 未土가 木의 庫이고, 月支에 있는 亥水를 가운데 두고 양쪽에서 合을 해서 日干과 같은 성분인 2개의 木을 만들어 내고 있으며, 巳火가 驛馬殺이면서 天門星이다.

＊ 위의 合木에 대하여 이 命主의 모친께 말하기를 "이 아이한테 배다른 형제가 있는데, 어떻습니까"라고 묻자 이 命主의 모친이 대답하기를 사실은 아들 위로 배다른 형과 누나가 각 1명씩 있다고 했다.

다시 말해서 이 命主의 엄마가 이혼남인 이 命主의 아버지를 만나서 결혼을 해서 얻은 자식이라는 것을 말하고 있는 것이다.

12 | 年上과 月上의 丁壬合은 부정지합이라서 조모가 두 분일 수 있다.

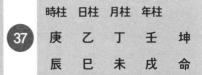

65	55	45	35	25	15	5		時柱	日柱	月柱	年柱	
庚	辛	壬	癸	甲	乙	丙	大	庚	乙	丁	壬	坤
子	丑	寅	卯	辰	巳	午	運	辰	巳	未	戌	命

37

＊戊戌년 辰月에 천호동에서 래원한 엄마가 가지고 온 딸의 사주로, 사주의 구조는, 개띠 해의 늦여름에 자신을 나타내는 글자를 꽃나무에 비유해 해석하는 乙木으로 태어나 신약한 사주다.

＊여름에 태어난 꽃나무는 더운 계절이기 때문에 水가 충분해야 하나火도 나타나있고, 건토도 나타나 있어 건조하고 무더우므로 水가 용신이고, 용신을 도와주는 金이 길신이긴 하지만, 日干인 乙木이 신약하므로 반드시 金이 길신이라고 하지 못하고 辛金은 흉신이 될 수 있으며, 日干이 신약하기 때문에 日干인 乙木은 어쩔 수 없이 길신으로 쓰지만, 어떤 오행이든 어쩔 수 없이 쓸 경우는 그만큼 운이 약하며, 火가 病神이고, 濕土가 길신이며, 운에서 오는 건토는 흉신이다.

＊이 사주의 殺은, 戊土가 火와 土의 庫이고, 未土가 木의 庫이면서 戌未刑이며, 巳火는 天門星이면서 驛馬殺이고, 여자 사주에 乙巳는 孤鸞殺이며, 辰土가 水의 庫이고, 年上에 壬水와 月上의 丁火가 丁壬合을 하

고 있으며, 年支 戌土와 日支 巳火가 멀지만 巳戌鬼門殺이다.

＊이 殺들 중에서 年上의 丁壬合은 부정지합으로 약 70%정도가 조모가 두 분일 수 있는데, 이 사주를 가지고 온 모친에게 시댁 시어머니가 두 분이었냐고 물었더니 "아닙니다. 한 분 뿐인데요" 라고 대답했다.
며칠이 지난 후 모친한테서 전화가 왔는데, 시골에 사는 시동생한테 물었더니 시동생 하는 말이 "어머님 제사를 두 분 제사를 모십니다"라고 말했다고 함으로써 이 命主의 조모가 두 분이었음이 증명되었다.

＊年支 戌未刑은 財星이 刑을 했으므로 아버지와 이별 할 수도 있고, 또 財星은 결혼 후 시어머니에 해당하므로 시어머니와 이별 할 수도 있으며, 그렇지 않으면 돈을 잃을 수도 있다.

＊이 命主는 2017 정유년에 결혼을 했는데, 여자가 乙巳孤鸞殺을 지면 대게 결혼 후 이혼하고 혼자 사는 경우가 많으므로 앞으로 두고 봐야 한다.
또 乙巳孤鸞殺은 日支 巳중의 庚金과 乙庚暗合을 하므로 바람을 피운다.

13 | 허리를 다쳤다는 85세 노인.

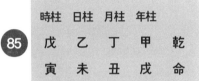

66	56	46	36	26	16	6	
甲	癸	壬	辛	庚	己	戊	大
申	未	午	巳	辰	卯	寅	運

時柱	日柱	月柱	年柱	
戊	乙	丁	甲	乾
寅	未	丑	戌	命

85

＊戊戌년 辰月에 인천에서 이혼한 전 부인이 래원한 여자로, 사주의 구조는, 개띠 해의 늦겨울에 자신을 나타내는 글자를 꽃나무에 비유해 해석하는 乙木으로 태어나 신약한 사주다.

＊겨울에 태어난 꽃나무라서 춥기 때문에 火가 많이 필요한데, 丁火가 나타나있고, 戊土와 未土 속에도 丁火가 들어있으며, 寅木 속에도 丙火가 들어 있지만, 火가 더 필요하므로 용신이고, 木이 길신이며, 건토는 길신작용을 하지만 운에서 오는 金과 水, 습토는 흉신이다.

＊이 사주의 殺은 丑戌未三刑殺이 있고 寅木이 驛馬殺이 있는데 하필이면 부인을 나타내는 土가 삼형살이라서 깨졌고, 乙木의 뿌리가 역마살이므로 두 가지가 모두 작용하였다.

따라서, 젊어서부터 부인과 함께 살지 못하고 지방의 토목이나 건설회사를 돌아다니며 생활해 오다가 마침내 2016 丙申年에 時支에 있는 寅木과 歲運에서 온 申金이 乙木의 뿌리 역할을 하는 寅木을 寅申沖하므로 서류상은 부부이지만 사실상 별거에 들어갔다고 한다.

＊ 2018 戊戌年에 丑戌未三刑살이 작용하므로 넘어져 허리를 크게 다 쳤다고 하는 데, 허리가 오행으로 土이기 때문이며, 향후 흉신운인 水운 으로 전개되므로 건강을 회복하기 어려울 것으로 진단했다.

14 | 卯木 鐵鎖開金殺이 있어
의료분야와 인연이다.

61	51	41	31	21	11	1		時柱	日柱	月柱	年柱	
己	庚	辛	壬	癸	甲	乙	大	丁	己	丙	壬	坤
亥	子	丑	寅	卯	辰	巳	運	卯	巳	午	子	命

＊ 戊戌년 辰月에 캐나다에서 걸려온 전화로 상담해준 여자 사주로, 사주의 구조는, 쥐띠 해의 한여름에 자신을 나타내는 글자를 야산의 흙에 비유해 해석하는 己土로 태어나 매우 신강한 사주다.

＊ 한여름에 태어난 己土로 한여름에 태어난데다가 火가 너무 많아서 가뭄에 시달리고 있는 데, 年柱의 壬子 水를 丙壬沖 子午沖해서 물을 말림으로써 더욱 큰 가뭄에 시달리고 있는 신왕한 사주라서 火가 病神이므로 水가 약용신이고, 운에서 오는 金이 길신이며, 木도 흉신이지만, 습목인 卯木이 있어 덜 나쁘고, 운에서 오는 濕土가 길신이다.

＊ 이 사주의 殺은, 子水와 午火, 卯木이 총칭 桃花殺이고, 子午沖을 하고 있으며, 巳火가 驛馬殺이기도 하다.

＊ 子水는 아버지요, 午火는 어머니인데, 年柱와 月支가 天干地支 모두 충돌　하므로 부모가 이 命主 어린 나이에 이혼을 했다고 하며, 모친으

로 해석 하는 火가 陰과 陽이 뒤섞여 있으므로 부친이 재혼하여 모친이
두 분이 되었음을 나타내고 있다.

＊ 본인 또한 木이 흉신에 가까운데다가 31 壬寅대운에 寅木이 寅午火
局을 하면서 日支 巳火를 寅巳刑하므로 결혼하자마자 남편과 갈등을 겪
어 오다가 39세 庚寅年에 이혼을 했고, 2016년에 日支 巳火와 歲運의
申金이 巳申合을 하므로 재혼을 했다.

＊ 卯酉戌이 鐵鎖開金殺인데, 이 殺은 남의 애로사항을 해결해주는 직
업을 갖게 되는데, 이중에서 卯木은 의료계와 인연이고, 酉金은 법과 인
연이며, 戌土는 철학과 인연으로, 이 命主는 처녀 때부터 의료계인 산후
조리원에서 일을 했고, 재혼을 해서는 캐나다에서 남편과 함께 산후조
리원을 운영할 계획이다.

15 | 이 남자는 왜 이혼을 했을까?

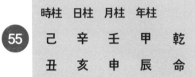

63	53	43	33	23	13	3	
己	戊	丁	丙	乙	甲	癸	大
卯	寅	丑	子	亥	戌	酉	運

55

時柱	日柱	月柱	年柱	
己	辛	壬	甲	乾
丑	亥	申	辰	命

＊戊戌년 辰月에 위 남자와 재혼을 해서 캐나다로 간 손님이 전화로 감명 신청한 남편의 사주로, 사주의 구조는, 용띠 해의 초가을에 자신을 나타내는 글자를 보석에 비유해 해석하는 辛金으로 태어나 신강한 사주다.

＊초가을에 태어난 辛金이 신강하고, 火가 없는데다가 신강한 가을 보석은 씻어주는 水를 좋아하므로 水가 용신이고, 土가 病神이므로 木이 약신겸 길신이며, 金이 흉신이고, 운에서 오는 乾土 더욱 흉신이며, 운에서 오는 火도 흉신이다.

＊이 사주의 殺은, 辛亥일주가 孤鸞殺로, 孤鸞殺의 작용은 주로 여자들한테 강하게 작용하나 남자들도 부부 관계가 약한 경우가 많고, 辰土가 水의 庫이면서 天門星이며, 申金이 驛馬殺이고, 申辰合을 했으며, 亥水는 驛馬殺이면서 天門星이고, 丑土는 金의 庫이면서 亥丑으로 方合을 하고 있다.

＊ 남자 사주에서 財星인 木이 약신 겸 길신이고, 日支 배우자 궁에 용신이 위치해 있으므로 언뜻 보면 이혼할 이유를 찾기가 어렵다.

단지, 財星인 甲木이 年上에 나타나 있고, 日支 亥水 속에도 甲木이 암장해 있으므로 바람을 피울 가능성이 높은데다가 印星인 土가 흉신이므로 당사자의 바람기와 印星인 土에서 이혼 사유를 찾았다.

＊ 사실인 즉슨 印星인 모친이 지나치게 이 命主를 사랑하므로 집착에 가까워 이 남자의 본 부인이면서 모친한테는 며느리와 갈등이 커진 상태에서 부부 싸움으로 2012년 자신의 집에서 나와 모친의 집에 살면서 이 命主가 바람을 피워 2015년 헤어졌고, 2016년 지금의 여자와 재혼을 했으며, 캐나다에서 살고 있다.

16 | 사주원국에 있는 글자와 운에서 온 글자가 合하여 만들어진 鬼門殺도 크게 작용한다.

61	51	41	31	21	11	1	大
乙	甲	癸	壬	辛	庚	己	運
亥	戌	酉	申	未	午	巳	

20

時柱	日柱	月柱	年柱	
癸	乙	戊	己	坤
未	卯	辰	卯	命

＊ 戊戌년 辰月에 외국에 거주하는 엄마가 가지고 래원한 딸의 사주로, 사주의 구조는, 토끼띠 해의 늦봄에 자신을 나타내는 글자를 꽃나무에 비유해 해석하는 乙木으로 태어나 신약한 사주로 보이나, 자세히 보면 辰土 속에 乙木이 들어있고, 未土 속에도 乙木이 들어있으면서 卯未木局을 하고 있으므로 실제로는 신강한 사주다.

＊ 늦봄에 태어난 乙木이 신강하고, 또 乙木은 꽃나무라서 火를 좋아할 뿐만 아니라 사주 구조가 습하므로 火가 용신이고, 土가 길신이며, 水가 흉신, 습목은 흉신이고, 건목은 길신이며, 운에서 오는 金과 습한 土는 흉신, 건토는 길신이다.

＊ 이 사주의 殺은, 卯木이 桃花殺이고, 辰土가 水의 庫이며, 未土가 木의 庫이면서 卯未木局을 하고 있다.

이렇게 숨어있는 형제가 있고, 卯未木局을 형성하는데 이는 배다른 형제 가 있을 수 있음을 예고하고 있어서 이 命主의 엄마한테 물어본 바,

현재 까지 배다른 형제가 없다고 대답했다.

＊ 이 命主는 2016년 丙申年에 사주에 있는 2개의 卯木과 운에서 온 申
金이 鬼門關殺을 일으키므로 남자 친구를 만나 고민을 하고 미친 사람
처럼 행동을 해서 부모가 애를 끓였다고 하며, 공부를 안해서 대학을 가
지 못했 다고 한다.

17 | 딸이 시집을 간 후 친정과 연락을 끊고 산단다.

66	56	46	36	26	16	6		時柱	日柱	月柱	年柱	
戊	己	庚	辛	壬	癸	甲	大	壬	戊	乙	壬	坤
戌	亥	子	丑	寅	卯	辰	運	戌	申	巳	戌	命

＊ 戊戌년 辰月에 대구에서 엄마가 가지고 래원한 딸의 사주로, 사주의 구조는, 개띠 해의 초여름에 자신을 나타내는 글자를 큰 산의 흙에 비유해 해석하는 戊土로 태어나 신강하다.

＊ 초여름에 태어난 戊土가 신강하고 火氣가 있어 건조하므로 木이 용신이고, 水가 길신이며, 온도가 높기 때문에 地支의 금도 길신이고, 火와 土는 흉신이며, 운에서 오는 濕土가 길신이다.

＊ 이 사주의 살은, 2개의 戊土가 火와 土의 庫이면서 湯火殺이고, 巳火는 驛馬殺이면서 巳火와 2개의 戊土가 쌍 巳戌鬼門殺이며, 申金이 驛馬殺이고, 巳火와 巳申合刑을 하고 있다.

＊ 水를 길신으로 쓰므로 돈 복이 있는 사주로, 돈이 많은 집으로 시집을 갔다고 한다.

이런 여자가 결혼을 하면 시댁을 부흥시킬 사주이기 때문에 시댁에서는 환영을 받게 된다.

그런데 문제는 이 딸이 시집을 간지가 4년이 되었다는데, 아직 한 번도 친정에 전화하거나 방문한 적이 없이 소식을 끊고 살기 때문에 친정 엄마 입장에서는 섭섭하기 짝이 없다고 하소연 했다.

＊그 원인을 살펴보자.

巳火가 엄마인데, 申金과 巳申合刑을 하므로 갈등구조를 가지고 있다.

그러나, 친정 엄마의 말은 결혼하기 전 사위감이 맘에 안 들어 반대를 결혼을 했을 뿐 다른 요인은 없다고 하므로 巳申合刑으로 밖에 설명할 수 없다.

18 | 懸針殺을 가져 의료계와 인연이다.

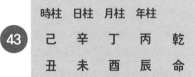

67	57	47	37	27	17	7		43	時柱	日柱	月柱	年柱	
甲	癸	壬	辛	庚	己	戊	大		己	辛	丁	丙	乾
辰	卯	寅	丑	子	亥	戌	運		丑	未	酉	辰	命

＊ 戊戌년 巳月에 김포에서 모친이 가지고 래원한 아들 사주로, 사주의 구조는, 용띠 해의 한가을에 자신을 나타내는 글자를 보석 金에 비유해 해석 하는 辛金으로 태어나 신강한 사주다.

＊ 보석은 火(불)에 가공되어 아름답고 정교하게 다듬어진 물건에 비유하므로 우선 잘 생겼고, 까칠하며, 예민한 성격의 소유자라서 교우 관계가 좁으며, 보석을 씻어주는 물(水)을 좋아하는 특성을 갖고 있는데 水가 없고, 金이 2개, 土가 4개, 火가 2개이며, 木이 없으며, 용신으로 쓸 수가 나타나있지 않기 때문에 辰중 癸水와 丑중 癸水를 쓸 수 밖에 없고, 火가 병신이고, 未土는 흉신이며, 운에서 오는 木이 閑神이다.

＊ 이 사주의 殺은, 일간 辛金이 酉金에 뿌리를 했는데, 辛金은 懸針殺이고, 酉金은 철쇄개금살이라서 의료계와 인연이고, 辰土는 水의 庫이며, 未土는 木의 庫이고, 丑土는 金의 庫인데, 丑未沖으로 부부 궁이 깨져있다.

＊ 丑未沖으로 부부 궁이 깨져있어서 부부가 이별했거나 떨어져 살 팔자라고 했더니 이 사주를 가지고 온 모친의 대답은 현재까지는 별 문제없이 잘 살고 있다고 말을 했으나, 필자의 판단은 어렵다고 판단했다.

＊ 래정법으로 본 바, 올해 문서가 깨질 것이고, 부부 이별 수가 있을 것이라는 필자의 진단에 모친의 대답은 아들이 "금년에 미국에서 줄기세포 박사학위 논문을 제출했는데, 탈락되었다"라고 하면서 그 문제로 상담을 왔는데, 명쾌하게 잘 맞춰서 고맙다는 인사를 했다.

＊ 용신 운이 오는 2019년 己亥年이나 2020년 庚子年에 통과될 것이라고 부연설명을 해줬다.

19 │ 年上의 財星이 土克水를 당하므로 부친이
5살 때 돌아가셨다고 한다.

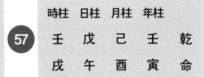

67	57	47	37	27	17	7	
丙	乙	甲	癸	壬	辛	庚	大
辰	卯	寅	丑	子	亥	戌	運

57

時柱	日柱	月柱	年柱	
壬	戊	己	壬	乾
戌	午	酉	寅	命

＊ 戊戌년 巳月에 분당에서 래원한 남자로, 사주의 구조는, 범띠 해의
한가을에 자신을 나타내는 글자를 큰 산의 흙에 비유해 해석하는 戊土
로 태어나 신약한 사주다.

＊ 한가을 산으로 태어난 戊土는 가을이 되었으므로 기본적으로 기온이
낮고, 年上과 時上에 壬水가 나타나 있어 기온이 낮으므로 신약한데, 地
支에 月支에 酉金이 가로막고 있긴 하나 寅午戌火局을 하고 있어서 언
뜻 보면 신왕해 보이지만, 신약한 것이 분명하다.
따라서 火가 용신이고, 土가 길신 겸 약신이며, 水가 병신이고, 金이 흉
신이며, 寅木속에는 丙火와 戊土가 들어있어서 길신이지만 운에서 오는
습목인 卯木과 습토는 흉신이다.

＊ 이 사주의 殺은, 寅木이 驛馬殺이고, 寅木과 酉金이 寅酉怨嗔殺이며,
酉金은 鐵鎖開金殺이고, 午火가 총칭 桃花殺이고, 午火와 戌土가 湯火
殺이며, 戌土가 火와 土의 庫이다.

＊ 이 사주에서 殺이 작용한다는 것을 증명할 수 없었고, 단지 財星인 水가 2개가 나타나 있는데, 財星은 부친으로도 보고, 여자로도 보며, 돈으로도 보는데 病神임에 틀림없다.

이를 어떻게 해석할 것인가가 문제로, 첫째로는 年上의 壬水를 부친으로 볼 것이냐 여자로 볼 것이냐가 문제인데, 이 命主한테 확인한 바, 두 여자는 아니라고 하므로 그렇다면 年上의 壬水가 부친이고, 時上의 壬水가 부인이다.

그런데, 年上의 壬水가 寅木 위에 앉아있어서 심하게 설기를 다하고 있고, 月上의 己土로부터 剋을 받아 없어지기 쉬우므로 부친이 5살 때 돌아 가셨다고 함으로써 설명이 되었다.

＊ 만약 이런 사주에서 日支 妻宮이 길신이 아니고 흉신이 앉아있다면 재혼 할 가능성이 높은 것으로 봐야하나 다행이 이 사주는 妻宮에 용신이 앉아 있어서 부인의 내조가 좋다고 한다.

20 | 年上의 財星이 土克水를 당하므로 부친이 5살 때 돌아가셨다고 한다.

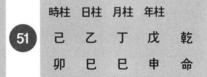

61	51	41	31	21	11	1	
甲	癸	壬	辛	庚	己	戊	大
子	亥	戌	酉	申	未	午	運

時柱	日柱	月柱	年柱	
己	乙	丁	戊	乾
卯	巳	巳	申	命

(51)

＊ 戊戌년 巳月에 인천에서 래원한 여자로, 사주의 구조는, 잔나비띠 해의 초여름에 자신을 나타내는 글자를 꽃나무에 비유해 해석하는 乙木으로 태어나 신약한 사주다.

＊ 초여름에 태어난 을목 꽃나무는 더워져서 갈증을 느끼기 쉬운 계절이라서 물(水)이 있어야 좋으나, 이 사주는 乙木이 卯木에 뿌리를 하고, 초여름에 태어난데다가 火가 3개이고, 水는 없으며, 申金이 하나 있는 乙木은 官星인 申金 속에 들어있는 壬水를 먹고 살고 있는 구조이므로 申중 壬水가 용신이고, 金이 길신이며, 火가 병신이고, 木이 목생화를 하므로 흉신이며, 土도 흉신이고, 운에서 오는 濕土가 길신이다.

＊ 이 사주 殺은 日主가 乙巳孤鸞殺이고, 申金과 巳火가 驛馬殺이면서 巳申 合刑을 하고, 卯木이 桃花殺인데, 이 殺들 중에서 작용하는 殺을 확인할 수 없다.

＊ 대게, 孤鸞殺을 가지면 혼자 산다라고 봐 왔으나, 이 사주의 경우는 오히려 결혼해서 아이를 기르면서 무직인 남편의 고시공부 뒷바라지를 해서 변호사로 만들어 행복하게 살고 있는 경우다.

그 원인을 분석해 보면, 이 사주의 남편인 官星이 申金인데, 이 申金속에 들어있는 壬水를 먹고 살기 때문이라고 판단했다.

21 | 鬼門殺은 歲運에서도 크게 작용한다.

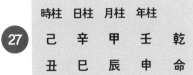

61	51	41	31	21	11	1			時柱	日柱	月柱	年柱	
辛	庚	己	戊	丁	丙	乙	大	27	己	辛	甲	壬	乾
亥	戌	酉	申	未	午	巳	運		丑	巳	辰	申	命

＊ 戊戌년 巳月에 송파구에서 모친이 가지고 래원한 아들 사주로, 사주의 구조는, 잔나비띠 해의 늦봄에 자신을 나타내는 글자를 보석에 비유해 해석하는 辛金으로 태어나 신강한 사주다.

＊ 늦여름 보석인 辛金이 土가 많아서 신왕하고, 건강한 甲木이 자라고 있고, 病神으로 작용하는 많은 土를 木으로 눌러줘야 하므로 木이 용신이고, 地支에 습한 기운이 강하고 壬水가 나타나 있으므로 火가 길신이며, 金이 흉신, 水도 흉신이고, 운에서 오는 未土는 좋으나 戊土는 巳戌 鬼門殺을 일으키므로 나쁘다.

＊ 이 사주에서의 殺은 申金이 驛馬殺, 辰土가 水의 庫, 巳火가 역마살이면서 天門星, 丑土가 金의 庫인데, 현재 殺의 작용력을 확인할 수 없었다.

＊ 단지 2016년 丙申年에 巳申刑殺이 발동하므로 대학 3학년 때 급우들

과 사소한 갈등관계가 있었다고 하며,

* 2017년에 외국계 은행에 들어갔으나 戊戌年 초에 그만두었다고 하는데, 그 이유는 歲運에서 온 戊土가 月支 辰土를 辰戌沖하여 변동수가 왔고, 그로 인하여 財星인 甲木이 흔들렸으며, 日支에 있는 巳火와 歲運에서 온 戊土가 巳戌鬼門殺로 작용하여 정신적인 고통을 겪으면서 우울해할 것이라는 필자의 진단에 대해 모친의 대답은 "우리 아들이 지금 선생님 말씀대로 그런 것 같습니다."라고 대답했다.

* 財星인 甲木이 옥토인 辰土 위에 앉아있으므로 아버지가 사업가일 것이라고 필자가 진단한 바, 이 命主의 모친의 대답이 "남편의 사업이 잘됩니다."라고 대답했다.

22 | 官星의 헸이 심하여 태약하면 정신적 문제가 있다.

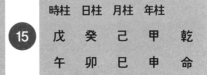

64	54	44	34	24	14	4					
丙	乙	甲	癸	壬	辛	庚	大				
子	亥	戌	酉	申	未	午	運				

15

時柱	日柱	月柱	年柱	
戊	癸	己	甲	乾
午	卯	巳	申	命

＊ 戊戌년 巳月에 하남에서 엄마가 가지고 래원한 아들 사주로, 사주의 구조는, 원숭이띠 해의 초여름에 자신을 나타내는 글자를 여름비에 비유해 해석하는 癸水로 태어나 태약한 사주다.

＊ 초여름에 태어난 癸水는 무더워지기 때문에 충분한 량의 水가 있어야 무더위와 건조함을 해결하여 평안해질 것이나, 이 사주에는 목이 두 개, 화가 두 개, 토가 두 개 있고, 자신을 돕는 세력은 申金 하나 뿐이라서 金이 용신이고, 水가 길신이며, 土가 병신이므로 木이 약신 역할을 해줄 때도 있지만 기본적으로 여름인데다가 목화생화로 가기 때문에 기대했던 만큼 약신 역할을 할 수가 없다.

＊ 이 사주의 구조는, 月上의 己土가 日干인 癸水를 극하고 있고, 時上의 戊土가 癸水를 戊癸合으로 붙잡아 두고 있으며, 木이 일부 土克水를 하지만 木生火도 하므로 믿을 수 없으며, 地支에 火勢가 강하고 길신인 申金이 巳申合을 해서 변덕을 부리고, 卯木과 鬼門殺을 형성하고 있어

日干이 의지할 곳이 마땅치 않다.

＊ 이 사주의 殺은, 申金이 驛馬殺, 巳火도 驛馬殺이면서 巳申合刑을 하고 있고, 日支의 卯木은 桃花殺인데, 月支 申金과 卯申鬼門殺을 이루고 있으며, 時支의 午火도 桃花殺인데, 이 殺들 중에서 확인된 殺은 鬼門殺로 2016년 丙申年에 몸이 많이 아팠다고 한다.

＊ 이 사주에서는 殺보다도 더 중한 것이 官星인 土의 극을 심하게 받아 태약함으로 인한 정신질환으로, 사주가 이정도 수준이면 반드시 산만함 같은 정신적 문제가 있다.
특히, 戊戌年은 官星인 土가 기둥을 이루어 강력하게 극을 하면서 巳戌 鬼門殺을 이루므로 공부는커녕 학교에 가능 등 마는 둥하고, 낮에 집을 나가면 밤 늦게야 집에 돌아옴으로써 엄마가 죽을 지경이라고 했다.

＊ 엄마인 申金과 아버지인 巳火가 사신합형을 하므로 부모의 부부불화가 심하다고 했다.

23 │ 바람둥이로, 남자로 인한
고통이 심하다(암환자).

64	54	44	34	24	14	4			時柱	日柱	月柱	年柱	
庚	己	戊	丁	丙	乙	甲	大	42	乙	乙	癸	丁	坤
申	未	午	巳	辰	卯	寅	運		酉	酉	丑	巳	命

＊戊戌년 巳月에 판교에서 래원한 여자로, 사주의 구조는, 뱀띠 해의 늦겨울에 자신을 나타내는 글자를 꽃나무에 비유해 해석하는 乙木으로 태어나 신약한 사주다.

＊겨울에 태어난 乙木이라서 추위가 심하기 때문에 火가 많아야 하나 겨울에 태어난데다 癸水가 나타나 年上의 丁火를 丁癸沖하고, 月支의 丑土와 月支의 酉金이 巳酉丑金局으로 合을 하여 年支의 巳火마저 金으로 변질시켰으므로 매우 춥기 때문에 손상을 입었어도 어쩔 수 없이 火가 용신이고, 木이 길신이며, 水와 金이 病神이고, 丑土도 흉신이며, 운에서 오는 乾土는 약신이다.

＊이 사주의 殺은 용신인 丁火를 깨는 丁癸沖이고, 巳火가 驛馬殺이며, 巳酉丑金局을 이루는 것이 가장 나쁜 殺이다.
여자 사주에 官星이 많으면 예쁜 경우가 많은데, 이 命主 역시 乙木 꽃나무인데다가 火를 보아 꽃이 피었고, 여자 사주에 官星이 많으면 잘생

긴 경우가 대부분인데, 잘생겼으나 남자 복이 없는 팔자라서 아직 미혼이며, 24살에 남자를 만나 결혼까지 하려고 했었으나 이별하면서 뱃속의 아이도 지웠다고 한다.

＊ 이 命主는 용신을 火를 쓰므로 미용사인데, 그동안 여러 남자를 만나면서 사귀었으나, 결혼을 하지 못했다고 하며, 2017 丁酉年에는 유방암 수술을 받았다고 한다.

＊ 여자 바람둥이는 위의 사주처럼 나타난 官星이 여러개이거나 日干과 地藏干에 숨어 있는 官星과 明暗을 많이 하는 경우는 거의 바람둥이다. 이런 경우, 바람둥이가 된 이유는 만나는 남자마다 마음에 안들기 때문에 이 남자 저 남자를 만나다 보니까 바람둥이가 된 것이다.

24 | 사술쌍귀문살의 작용으로 우울하고 비관적이다.

67	57	47	37	27	17	7			時柱	日柱	月柱	年柱	
壬	辛	庚	己	戊	丁	丙	大		庚	戊	乙	壬	乾
子	亥	戌	酉	申	未	午	運		申	戌	巳	戌	命

＊ 戊戌년 巳月에 수지에서 래원한 남자로, 사주의 구조는, 개띠 해의 초여름에 자신을 나타내는 글자를 큰 산의 흙에 비유해 해석하는 戊土로 태어나 도와주는 신강한 사주다.

＊ 초여름에 태어난 戊土가 지지에 건토인 戌土를 두 개나 갖고 있어 신강하므로 건조하기 때문에 水가 약신 겸 용신이고, 金이 길신이며, 火와 土가 병신이며, 木은 목생화를 하기 때문에 흉신에 가까우며, 운에서 오는 濕土가 길신이다.

＊ 이 사주의 殺은, 두 개의 戊土가 火와 土의 庫이고, 巳戌雙鬼門殺을 형성하고, 巳火가 驛馬殺이면서 天門星으로, 쌍귀문살이 작용하므로 두뇌는 좋으나 비관적이고 우울증이며, 집착성으로 나타나는데, 이 命主는 올해들어 직장인 학원 내에서 비관적이고 스트레스에 시달리고 있어 직장을 바꿔볼까 해서 왔다고 했다.

＊ 위 사주에 있는 雙鬼門殺이 작용하고 있는 상태에서 올해가 戊戌年이므로 鬼門殺이 크게 작용하고 있어서 스트레스 때문에 고민하고 있음이 증명되었다.

이런 구조를 가졌기 때문에 2003 癸巳年에도 스트레스에 시달렸을 것이라고 했더니 위 命主의 대답이 "맞습니다. 그때도 엄청 고생을 했습니다"라고 대답했다.

＊ 이 命主는 日干이 戊土가 乙木의 剋을 받고 있어 다소 예민하고, 食傷인 金이 발달해있으며, 쌍귀문살을 갖고 있기 때문에 두뇌가 좋은데, 고시를 보기 위해 재수를 했으나 대입에 실패했다고 하는데, 그 이유는 재수를 했던 해가 2001 辛巳年으로 火가 왔기 때문이다.

＊ 현재는 학원강사로 일하고 있다고 하며, 아직 미혼이라고 했다.

＊ 이 命主의 부친에 대한 인연과 妻에 대한 인연을 살펴 보면, 年上의 壬水가 아버지인데, 뿌리가 없으면서 건토인 술토를 깔고 앉아있어서 아무 힘이 없기 때문에 아버지가 능력이 없어 가난하여 자신이 돈을 벌어 부모를 부양하고 있다고 했고, 그 이유로 아직 결혼을 하지 않았다고 한다.

＊ 직업인연에서 필자가 말하기를 "손님은 의료분야가 가장 잘 맞는데, 의대 갈 생각을 하지 않았느냐"고 말했더니 손님이 대답하기를 "저는 고시를 볼 생각을 했기 때문에 의대 갈 생각은 하지 않았습니다."라고 대

답했으며, 이에 대해 필자가 "앞에서 직업을 바꿀 생각을 하고 있다고 했는데, 금융업이나 보험업을 해보려고 하느냐"고 물었더니 손님 대답이 "보험계리사를 공부하려고 한다"고 대답함으로써 의료분야에 인연이 맞음이 증명되었다.

25 | 地支가 沖이 되면 天干의
글자도 손상을 입는다.

65	55	45	35	25	15	5		時柱	日柱	月柱	年柱	
壬	辛	庚	己	戊	丁	丙	大	戊	己	乙	丙	乾
寅	丑	子	亥	戌	酉	申	運	辰	巳	未	寅	命

＊ 戊戌년 午月에 종로구에서 래원한 남자로, 사주의 구조는, 범띠 해의 늦여름에 자신을 나타내는 글자를 야산의 흙에 비유해 해석하는 己土로 태어나 도와주는세력이 강하므로 신강한 사주다.

＊ 늦여름에 태어난 己土는 계절의 특성상 덥고 건조하기 때문에 水가 넉넉 해야 본래의 목적인 나무를 잘 기를 수 있을 것이나, 이 사주는 여름에 태어난데다 土가 4개이고, 干上에 丙火가 나타나 있으며, 巳火도 있고, 寅木 속에도 丙火가 들어있으므로 매우 건조하고 무더우므로 水가 정용신이나 나타나지 않고, 辰土 속에 들어있는 水를 써야하므로 木이 용신이고, 水가 길신이며, 원래는 金이 길신이라고 할 것이나 木을 용신으로 쓰기 때문에 金이 흉신이며, 운에서 오는 乾土가 흉신이다.

＊ 또한 木이 용신이지만 사주에 寅木과 巳火가 있어서 寅木이나 巳火가 오면 寅巳刑을 하기 때문에 나쁘다.

＊ 이 사주의 殺은 寅木과 巳火가 驛馬殺이고, 未土가 木의 庫이며, 辰土가 水의 庫이고, 寅木과 巳火가 떨어져 있어서 寅巳刑으로 보지 않으나 운에서 寅木, 巳火, 申金이 오면 그 때 寅巳申三刑이 발생한다.

＊ 이 命主는 木을 용신으로 쓰고, 水를 길신으로 쓰므로 공직을 포함한 직장생활이나, 금융 업종, 사업에 인연인데, 실제로는 아버지 밑에서 사업수업을 받던 중 2016 丙申年에 寅巳申三刑이 발생하므로 아버지 사업에 문제가 생겼는데, 戊戌年에 戊土가 와 화기를 조장해서 불리하게 만들면서 辰土와 辰戌沖해서 辰土 속에 들어있는 水를 깨므로 돈이 없어지고, 月支 未土와 戊未刑을 하므로 이사나 변동수가 발생했으며, 戊未刑으로 인하여 未土 위에 서 있는 乙木이 파괴되므로 직업이 없어지게 되었다.

26 | 남자 복은 없고, 불을 밝혀야 하니
술집한단다.

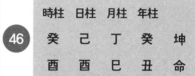

68	58	48	38	28	18	8		時柱	日柱	月柱	年柱	
甲	癸	壬	辛	庚	己	戊	大	癸	己	丁	癸	坤
子	亥	戌	酉	申	未	午	運	酉	酉	巳	丑	命

(46)

＊戊戌년 午月에 성동구에서 래원한 여자로, 사주의 구조는, 소띠 해의 초여름에 자신을 나타내는 글자를 야산에 비유해 해석하는 己土로 태어나 도와주는 세력이 매우 약하므로 신약한 사주다.

＊초여름에 태어난 己土라서 나무(木)를 길러야 하므로 적정한 면적을 가져야 하고, 火도 필요한데, 여름에 태어나 火를 갖고 있기 때문에 언뜻 보면 신약해 보이지 않으나 比肩이라고 생각했던 丑土가 金으로 변했고, 자신을 도와주리라고 믿었던 巳火도 金으로 변했기 때문에 결과적으로 金이 너무 많아서 신약하므로 火가 용신이고, 乾土가 길신이며, 水가 병신, 金도 병신이고, 운에서 오는 木이 길신이지만, 원국에 木이 나타나있지 않아서 인연이 없는데다가 木이 나타나면 金克木을 당하므로 木의 구실을 할 수 없으며, 운에서 오는 濕土도 흉신이다.

＊이 사주의 殺은, 丑土가 金의 庫이고, 巳火가 驛馬殺이고, 2개의 酉金이 自刑이지만 본 필자는 自刑에 대하여는 논하지 않으며, 巳酉丑金局

이 강하다.

* 이 殺들 중에서 현재 작용하고 있는 殺은 확인할 수 없었으며, 문제는 남자 문제로, 이 命主는 현재 미혼인데, 2014년 甲午年에 甲己合으로 남자가 나타났으나 곧 이어 申酉金운으로 흐르므로 이별했다고 하며, 신약사주 인데다가 초년에는 좋았다고 하나, 28세이후부터 흉한 운으로 흐르므로 열심히 살지 않아 벌어놓은 돈도 없다고 했다.

* 이 命主는 火를 용신으로 쓰므로 치장하는 직업이나 꾸미는 직업 등에 맞지만 용신이 허약하여 정신력이 약하므로 술집에서 일한다고 했다.
같은 火를 쓰는 사주라도 사주가 좋으면, 세상을 위해서 불(火)을 밝힐 것이나 정신이 올바르지 못하므로 불을 켜놓고 돈을 버는 술집에서 일한다.

27 | 식상이 관성을 누르고 있어 남편 복이 없다.

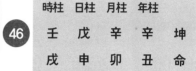

67	57	47	37	27	17	7	大		時柱	日柱	月柱	年柱	
戊	丁	丙	乙	甲	癸	壬		46	壬	戊	辛	辛	坤
戌	酉	申	未	午	巳	辰	運		戌	申	卯	丑	命

＊戊戌년 午月에 노원구에서 래원한 여자로, 사주의 구조는, 소띠 해의 중 봄에 자신을 나타내는 글자를 큰 산의 흙에 비유해 해석하는 戊土로 태어나 도와 주는 세력이 약하므로 신약한 사주다.

＊봄에 태어난 戊土는 나무를 길러야 하는데, 地支에 土가 2개 있고, 나무도 나타나 있어서 土로서의 임무를 수행할 수는 있으나, 도끼로 해석할 수 있는 金이 3개나 나타나 있고, 水도 나타나 있으나 火가 없어서 사주가 습하고 냉하기 때문에 나무를 기를 조건에 맞지 않으므로 火가 정용신이 없으므로 土가 용신이고, 金이 病神이므로 火가 약신 겸 길신이며, 濕土가 흉신이며, 木도 凶神이다.

＊이 사주의 殺은, 丑土가 官庫이고, 卯木이 桃花殺이면서 空亡이며, 辛金이 驛馬殺, 卯申이 鬼門關殺, 戌土가 火와 土의 庫이다.

＊이 殺들 중에서 작용이 확인 된 殺은 卯申鬼門殺과 官 空亡으로, 卯

木이 남편인데, 사주가 이런 구조가 되면 食傷인 地支의 官星인 申金이 官星인 卯木을 卯申暗合 겸 鬼門殺로 卯木을 휘감고, 天干의 辛金이 金克木을 하므로 남편이 결혼 당시에는 멀쩡하다가도 결혼을 해서 자식을 낳고 살다 무능력자가 된 사주로, 자신이 우울증이 있다고 하며, 43세까지는 남편과 행복하게 살았으나, 44세 무렵부터 남편이 일을 하지 않고 무직자가 되어 몇 년 후 이혼을 했다고 하며, 48세부터 자신의 하는 일도 어려워졌다고한다.

* 丁酉 대운 丙申年에 유부남을 만나 유흥관련 업소를 운영하던 중 그 해에 법규위반으로 단속이 되어 큰 벌금을 맞았다고 하며, 지금의 애인과는 성생활이 잘 맞다고 한다.

* 이 사주에 食傷이 病神이므로 자식 덕이 없는 팔자로, 28살 먹은 아들을 데리고 영업을 하고 있는데, 게으르고 열심히 하지 않아서 고민이라고 했다.

28 | 자신과 결혼하기 전 남편한테 딸이 있다는 것을 모르고 결혼했단다.

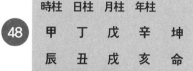

67	57	47	37	27	17	7
乙	甲	癸	壬	辛	庚	己	大
巳	辰	卯	寅	丑	子	亥	運

48

時柱	日柱	月柱	年柱	
甲	丁	戊	辛	坤
辰	丑	戌	亥	命

＊戊戌년 午月에 노원구에서 래원한 여자로, 사주의 구조는, 돼지띠 해의 늦가을에 자신을 나타내는 글자를 인공 불에 비유해 해석하는 丁火로 태어나 도와주는 세력이 매우 약하므로 신약한 사주다.

＊늦가을 丁火(정화)는 자신의 몸을 불태워 세상을 따뜻하게 해주기 위해서 존재하므로 적정량의 열량이 있어야 하지만, 이 사주에는 火가 1개, 木이 1개라서 태약한데, 늦가을생이라서 戌土에 日干인 丁火가 뿌리를 내리려고 하나 丑戌刑으로 戌土가 손상을 입어 큰 도움이 되지 않고 있으며, 土가 4개라서 日干의 힘을 빼고, 干上에 辛金이 1개 있으며, 地支에 亥水가 1개 있어서 신약할 뿐만 아니라 습토인 丑土와 辰土가 있어서 온도를 낮추므로 더욱 약하여 木이 용신이고, 火가 길신이며, 습토는 흉신이고, 건토는 길신이며, 金과 水가 병신이다.

＊이 사주의 殺은, 亥水가 驛馬殺이고, 戌土가 急脚殺이며, 火와 土의 庫이고, 丑土가 金의 庫이면서 丑戌刑을 하고 있으며, 辰土가 水의 庫

이다.

* 이 殺들 중에서 주로 작용하고 있는 殺은 丑戌刑으로, 사주에 丑戌刑이 있으면 주로 무릎 관절이나 허리 관절이 나쁠 수 있고, 위장이 나쁠 수도 있으나 이 命主는 무릎 관절염이 있다고 한다.

* 특히 중요한 것은 日支 남편 궁에 있는 丑土와 月支의 戌土가 丑戌刑으로 부부 궁이 깨졌으므로 남편과의 문제가 가장 중요한데, 이 命主는 결혼함과 동시에 이혼하려고 몇 번이나 노력했으나 이혼은 못하고 현재 각방을 쓰면서 생활하고 있으며 남편에 대한 사랑이나 존경심이 전혀 없다고 했다.

* 또한, 남편과 불편한 관계가 지속되어 오던 중, 2016년에는 급기야 생전 모르고 있었던 사실이 밝혀졌는데, 자신이 남편과 결혼하기 이전에 다른 여자를 사귀어 딸을 낳아 기르고 있다는 여자가 나타나 자신의 남편한테 "당신 때문에 내 신세를 망쳤으니 책임을 져라"라고 해서 집안에 풍파를 일으켰다고 하는데, 이 부분에 대하여 사실은 필자가 진단하지 못했던 사항이다.

* 즉, 이 사주에 官星인 남편이 病神이고, 자식인 食傷이 흉신이란 것은 이미 밝혔지만, 남편이 자신과 결혼하기 전에 자식이 있었다는 것은 알지 못했기 때문에 그 부분을 파헤쳐 보기로 한다.

＊ 상대적 관법으로 남편인 亥水의 입장에서 보면, 亥중의 壬水가 남편인데, 年支에 있는 壬水가 月支에 있는 戌중의 丁火가 日干인 丁火와 丁壬合을 하기 이전에 暗合을 했으므로 본 명주보다 먼저 사귄 여자가 있었고, 戌土가 官星으로 자식인데, 남자 사주에서 官星과 財가 한 기둥을 이루거나 支藏干에 들어있을 경우 官과 財가 함께 있는 것으로 해석하므로 애인이었던 戌중의 丁火와의 사이에서 태어난 戌土를 자식으로 보며, 日干인 丁火와는 나중에 정식으로 丁壬合을 하므로 정 남편으로, 이 亥중 壬水는 月支 戌중의 丁火와 丁壬暗合을 하고, 그 戌중 丁火는 官星인 戌土 속에 있으므로 지금의 부인과 결혼하기 전에 일찍 애인과 자식이 있었다는 것으로 설명할 수 있으나 실무적으로는 거의 여기까지 보지 않기 때문에 알 수 없었던 것이나 교훈으로 삼기 위해 책에 실었다.

29 | 기구한 운명으로 태어난 여인.

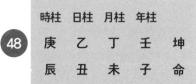

69	59	49	39	29	19	9	大
庚	辛	壬	癸	甲	乙	丙	
子	丑	寅	卯	辰	巳	午	運

48

時柱	日柱	月柱	年柱	
庚	乙	丁	壬	坤
辰	丑	未	子	命

＊ 戊戌년 未月에 성동구에서 래원한 여자로, 사주의 구조는, 쥐띠 해의 늦여름에 자신을 나타내는 글자를 꽃나무에 비유해 해석하는 乙木으로 태어나 도와주는 세력이많지 않으므로 신약한 사주다.

＊ 늦여름에 덥기 때문에 乙木이 자라기 위해서는 적정량의 水(물)가 우선 필요한데, 年柱에 壬子 水가 있으나, 干上의 壬水는 月上의 丁火와 丁壬合을 해서 약해졌고, 그 대신 丑土와 辰土 속에 水가 들어 있어서 다행이나 부족함에는 틀림없으므로 水가 용신이고, 木이 길신이며, 더위를 조장하는 火는 흉신이고, 건토인 未土는 흉신이고, 습토인 丑土와 辰土는 일정 부분 길신작용을 하며, 여기서 해석상 어려운 것이 庚金인데, 조후로 보면 水를 생해주므로 길신이나, 日干 乙木의 입장에서 보면 乙庚合을 해서 乙木을 움직이지 못하게 하므로 흉신작용도 한다.

＊ 이 사주의 殺은, 子水가 桃花殺이고, 未土가 急脚殺이면서 木의 庫이고, 丑土가 金의 庫이며, 辰土가 水의 庫이고, 地支에 丑未沖이 있고, 干

上에 丁壬合과 乙庚合이 있으며, 子未가 怨嗔殺이다.

＊ 이 殺들 주에서 현재까지 작용했던 殺은, 干上의 丁壬合으로 年과 月上에 있으므로 조상문제인데, 이런 경우 약 70%정도가 친정 조부가 첩을 둘 가능성이 높은데, 이 命主의 조부가 妾이 여러명이었다고 하며, 가장 중요한 것이 부부문제인데, 日支 丑土가 月支 未土와 丑未沖을 일으켜 깨졌으므로 부부이별 수인데, 이 사주의 경우는 40살인 辛卯年에 결혼해서 아이를 하나 낳고 3년 만인 2014 甲午年에 사별했다고 한다.

＊ 또한 年上에 壬子가 있는데, 초년 甲午 대운에서 사주의 子水와 대운의 午火가 子午沖을 하므로 이 命主 7살 78년 甲午年에 또 다시 子午沖을 하므로 어머니를 잃었고, 土가 財星으로 친정 아버지인데, 丑未沖을 하고 있는 상태에서 26살 97년 丁丑年에 또 다시 丑未沖을 하므로 아버지가 돌아가셨다고 한다.

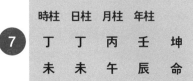

*戊戌년 未月에 성남에서 엄마가 가지고 래원한 쌍둥이 딸의 사주로, 사주의 구조는, 용띠 해의 한 여름에 자신을 나타내는 글자를 인공 불에 비유해 해석하는 丁火로 태어나 도와주는 세력이많으므로 매우 신강하고, 건조한 사주다.

*한 여름에 태어난 丁火라서 그 자체만으로도 열기가 강한데, 地支에 화기를 갖고 있는 未土가 2개 더 있어서 그야말로 불덩어리와 같기 때문에 온도를 낮추기 위해서 충분한 양의 金과 水가 있어야 하나, 이 사주에는 年上에 壬水가 나타나 있고, 年支에 습토인 辰土가 있어서 겨우온, 습도를 조절 하고 있으나, 역부족이므로 水가 용신이고, 水를 생해줄 金이 많이 필요하며, 比劫인 火가 病神이고, 未土는 흉신이며, 辰土는 길신이고, 운에서 오는 木이 凶神이다.

*이 사주의 殺은, 辰土가 水의 庫이고, 午火가 충징 桃花이며, 壬辰이 魁罡殺이고, 未土가 木의 庫이다.

＊ 이 殺들 중에서 현재 작용하고 있는 殺은 확인할 수 없었고, 단지 오행의 불균형이라고도 할 수 있고, 또는 온도가 지나치게 높아서 日干을 컨트롤 할 수 없다고도 할 수 있는데, 용신이 허약하기 때문이다.

용신은 정신을 의미하므로 정신이 올바르게 작동하지 않고 있다는 것을 의미하는데, 이 아이의 경우는 여자 쌍둥이중 1분 먼저 태어난 언니인데, 동생보다 발달이 늦고 말도 어눌해서 부모가 고심을 하고 있다.

＊ 대게, 官이 너무 많아 日干을 극해 日干이 태약할 경우는 매우 예민하고, 경우에 따라서는 도라이 기질을 보이는데, 이와 같이 日干이 지나치게 태왕한데 官이 약해서 조절을 하지 못할 경우는 정신 발달이 늦어진다는 것을 증명하고 있다.

＊ 또한, 性이 같은 쌍둥이일 경우, 역술인에 따라서 해석을 달하는 경우도 있지만, 필자는 두 번째 태어난 동생을 2시간 늦춰서 태어난 것으로 시간 책정을 하는데, 이 사주의 예를 봐서도 그 이론이 맞다는 것이 증명되었다.

＊ 그러면, 1분 늦게 태어난 사주를 필자의 방식대로 설정해보자.

동생 사주

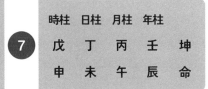

63	53	43	33	23	13	3			時柱	日柱	月柱	年柱	
己	庚	辛	壬	癸	甲	乙	大	7	戊	丁	丙	壬	坤
亥	子	丑	寅	卯	辰	巳	運		申	未	午	辰	命

＊ 언니의 사주에는 申金이 없어서 용신인 壬水가 지나치게 허약하지만, 동생의 사주에는 時支에 申金이 들어있어서 그나마도 용신이 덜 허약하다.

따라서, 같은 형제라도 언니는 발달이 늦고, 동생은 정상적이라고 한다.

31 | 자식을 낳고 이별 수가 왔다.

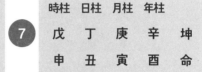

62	52	42	32	22	12	2		時柱	日柱	月柱	年柱	
丁	丙	乙	甲	癸	壬	辛	大	戊	丁	庚	辛	坤
酉	申	未	午	巳	辰	卯	運	申	丑	寅	酉	命

＊ 戊戌년 未月에 지방에서 전화로 상담을 요청해 온 여자로, 사주의 구조는, 닭띠 해의 초봄에 자신을 나타내는 글자를 인공 불에 비유해 해석하는 丁火로 태어나 도와주는 세력이매우 약하므로 신약한 사주다.

＊ 봄에 태어난 丁火는 따뜻한 불이라서 기본적으로 자신의 몸을 불태워 생명체인 木을 기르는 것이 본분이라서 충분한 열량이 있어야 하나, 이 사주의 경우는 이른 봄에 태어난데다 찬 기운을 갖고 있어 서리로 해석할 수 있는 金이 4개있어 재다신약 사주이고, 얼어있는 丑土까지 1개 있는 상태에서 자신을 도와주는 기운을 갖고 있는 寅木에 의지하고 있는 신약 하면서도 냉한 사주이므로 火가 용신이고, 木이 길신이며, 金이 病神이고, 濕土가 흉신이며, 운에서 오는 水는 흉신이다.

＊ 이 사주의 殺은, 酉金이 鐵鎖開金殺, 寅木이 驛馬殺, 寅酉怨嗔殺이 있고, 丑土가 金의 庫이며, 申金이 驛馬殺이면서 멀지만 寅申沖을 하고 있고, 年支를 기준하여 日支 丑土가 空亡이고, 日支를 기준하여 年支 申

金이 空亡인데 필자는 空亡을 거의 보지 않는데 그 이유는 空亡을 보지 않더라도 해석을 할 수 있을 뿐만 아니라 空亡의 작용력이 크지 않다고 보기 때문이다.

＊ 이 殺들 중에서 현재 작용하고 있는 확인할 수 없었으며, 財多身弱이므로 시댁을 매우 싫어한다고 했고, 丑중 癸水, 申중 壬水가 남자인데 흉신이고, 日支에 흉신인 丑土가 자리 잡고 있어 부부관계가 매우 나쁜 구조를 갖고 있다.

＊ 2015 丁未年에 결혼을 했고, 傷官운인 戊戌年에 자식을 얻었으나, 日支 남편 궁에 있는 食神이면서 偏官인 癸水를 품고 있는 丑土를 歲運에서 온 傷官인 戊土가 丑戌刑을 하므로 이별 수가 왔는데, 주된 이유는 남편이 생활력이 약하니까 생활비를 아끼려고 시 어른들과 남편이 본가로 들어가지 않으려면 이혼을 하자고 하여 현재 아이를 데리고 친정집에 머물고 있다고 했다.

＊ 이 사주에 있는 財多身弱에 대해 언급하자면, 여자 사주에 財는 아버지를 나타내고, 시어머니를 나타내는데, 財가 이렇게 많다는 것은 친정 아버지가 두 명이상이므로 의붓 아버지가 있거나, 시어머니가 두 분이상일 수 있는데, 현재까지는 아버지도 한 분이고, 시어머니도 한 분뿐이라고 하지만, 만약 이 命主가 재혼을 한다면 시어머니가 두분인 것과 마찬가지이며, 그 신빙성을 높여주는 요소는 時支에 財星인 申金이 있고, 그 申金 속에 들어있는 申중 壬水와 日干인 丁火가 丁壬明暗合을 할 것

이므로 더욱 더 재혼가능성을 높여주고 있다.

＊ 대게, 남, 여를 막론하고 배우자를 나타내는 오행이 흉신이면서 日支가 흉신이 앉아있고, 더군다나 辰戌丑未가 있을 경우 거의 부부관계가 나쁘다.

＊ 이 命主의 관심사항은 이혼을 해야 하냐 말아야 하냐인데, 필자의 진단은올 해 거의 100% 이혼할 것이라고 진단했으며, 時支에 있는 申중 壬水와 재혼할 것이라고 진단했다.

32 | 해당육친 뿐만 아니라 지지의 움직임으로도 부부관계를 알 수 있다.

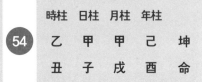

67	57	47	37	27	17	7
辛	庚	己	戊	丁	丙	乙	大
巳	辰	卯	寅	丑	子	亥	運

54

時柱	日柱	月柱	年柱	
乙	甲	甲	己	坤
丑	子	戌	酉	命

＊ 戊戌년 申月에 강동구에서 래원한 손님으로, 사주의 구조는, 닭띠 해의 늦가을에 자신을 나타내는 글자를 큰 나무에 비유해 해석하는 甲木으로 태어나 신약한 사주다.

＊ 생명체인 甲木은 따뜻한 봄과 더운 여름을 만나야 더욱 활발하게 성장하고 꽃을 피워 열매를 맺을 것이나, 늦가을은 기온이 낮아진데다 찬기운을 내뿜는 酉金과 子水, 丑土가 있어서 기온이 낮아졌기 때문에 火가 정용신이나 없으므로 木이 용신이고, 金이 病神이라서 火가 길신 겸藥神이며, 건토인 戌土는 다소 득이 되나 얼어있는 丑土는 도움이 되지 않고, 子水도 흉신이다.

＊ 이 사주의 殺은, 우선 日干인 甲木이 懸針殺이고, 酉金이 鐵鎖開金殺이며, 戌土가 火와 土의 庫이면서 空亡이나 필자는 空亡에 대해서 중요하게 보지 않고, 子水가 桃花殺이며, 丑土가 金의 庫이며, 日支 子水와年支 酉金이 子酉鬼門殺이다.

＊ 이 女命은 日干이 懸針殺이고, 酉金 鐵鎖開金殺도 있어 양의사로, 초년운이 약했음에도 불구하고 고등학교 때의 운이 따라 주었기 때문에 의사가 되었고, 日支 子水와 年支 酉金이 子酉鬼門殺이라서 우울증을 앓고 있으며, 남편인 酉金이 病神인데다가 日支와 鬼門殺을 형성하므로 남편이 의처증이 있다고 하며, 27 丁丑대운에 丑戌刑을 하는데다 운이 나빠 결혼 하자마자 남편과 맞지않아서 이혼을 할 예정이라고 했으며, 土가 財星으로 돈인데, 丑戌刑을 하므로 돈도 없어지게 된다 .

＊ 이 命主는 2016년부터 官星인 金이 病神으로 작용하므로 가정적으로는 남편과 갈등이고, 직업운도 없어 쉬다가 내년에 다시 개업을 할 예정이라 한다.

33 | 예상과 전혀 다른 부부관계속에는
비밀리 숨어있다.

61	51	41	31	21	11	1	大		時柱	日柱	月柱	年柱	
癸	壬	辛	庚	己	戊	丁	運	45	戊	丙	丙	甲	乾
酉	申	未	午	巳	辰	卯			子	午	寅	寅	命

＊ 戊戌년 申月에 성남에서 부인이 가지고 래원한 남편의 사주로, 사주
의 구조는, 범띠 해의 초봄에 자신을 나타내는 글자를 태양 불에 비유해
해석 하는 丙火로 태어나 도와주는 세력이많으므로 신강한 사주다.

＊ 초봄에 태어난 丙火라서 열량이 높지 않으나, 화가 3개 있고, 화기를
가진 寅木이 2개 있으며, 甲木이 1개 있어서 초봄이라는 계절적 특성을
감안하더라도 온도가 높다.
따라서 온도를 낮추기 위해서 水와 金이 필요하므로 水가 용신이고, 운
에서 오는 金이 길신이며, 火가 병신이고, 木이 흉신이며, 戊土도 흉신
이고, 운에서 오는 습토는 길신이다.

＊ 이 사주의 殺은, 寅木이 驛馬殺이고, 午火가 桃花殺이며, 寅午火局이
며, 子水가 桃花殺인데, 日支 午火와 子水가 沖하여 子水가 큰 손상을
입었다.

＊ 子水가 官이므로 자식인데, 쌍둥이 딸 중 하나가 발당장애를 겪고 있으며, 이렇게 日支가 깨질 경우 보통은 부부관계가 나빠서 떨어져 주말부부로 살거나, 더 나쁠 경우는 헤어지는데, 부인의 말에 따르며 부부관계가 매우 좋다고 했다.

＊ 그러면, 부인의 사주를 보자.

부인 사주

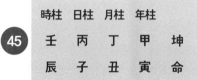

時柱	日柱	月柱	年柱	
壬	丙	丁	甲	坤
辰	子	丑	寅	命

68	58	48	38	28	18	8	大
庚	辛	壬	癸	甲	乙	丙	
午	未	申	酉	戌	亥	子	運

45

＊ 戊戌년 申月에 래원한 여자로, 사주의 구조는, 범띠 해의 늦겨울에 자신을 나타내는 글자를 태양 불에 비유해 해석하는 丙火로 태어나 도와주는 세력이 약하므로 신약한 사주다.

＊ 늦겨울에 태어난 태양 불인 丙火라서 화력이 약해서 온도가 낮아 추우므로 충분한 양의 火氣가 필요하지만, 신약하므로 木이 용신이고, 火가 길신이며, 水가 너무 많아서 병신이고, 金이 없으며, 濕土인 丑土와 辰土가 흉신이며, 운에서 오는 건토는 길신이다.

＊ 이 사주의 殺은, 寅木이 驛馬殺이고, 丑土가 金의 庫이며, 子水가 桃花殺이고, 辰土가 水의 庫이며, 辰子水局을 이루고 있으며, 壬辰이 魁罡

殺이고, 甲寅木이 여자사주에서 孤鸞殺이며, 年支를 기준하여 子, 丑이
空亡이다,

＊ 이 殺들 중에서 현재 확인되는 殺은 하나도 없었으며, 부부관계를 중
점적으로 분석하겠다.

＊ 앞에 남편의 사주에 日支가 깨졌고, 부인을 나타내는 財星인 金이 없
으며, 아래 부인의 사주에서 日支가 空亡이고, 官星인 水가 病神이면서
日支의 남편 궁에 病神이 앉자있는데도 부부관계가 좋다고 말을 하니
필자로서는 도저히 수긍이 가지 않아 심층 분석을 했다.

＊ 분석 결과 위 남편의 사주에 懸針殺인 甲木이 있고, 공부할 시기인
辰 대운이 그런대로 좋았으며, 日干인 丙火가 총명하므로 의사 직업을
가졌고, 아래 부인의 사주를 보면, 官인 水가 病神인데, 초년에 病神운
이 왔었으므로 가정환경이 나빠서 공부를 하지 못했다고 한다.

＊ 이런 연유로, 결혼 당시에 시댁에서 무척 결혼에 반대를 했는데 어려
움을 극복하고 결혼을 했다고 한다.
더 자세하게 설명하면 부인의 스펙이 약해서 겨우 결혼했기 때문에 남
편을 사랑할 수 밖에 없고, 또 한 가지는 운이 약해서 자신의 능력으로
는 아무 것도 할 수 없기 때문이라는 결론을 얻었다.

34 | 여자 시주에 식신제살 구조이면 결혼생활을 하기 힘들다.

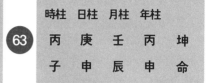

66	56	46	36	26	16	6	大
乙	丙	丁	戊	己	庚	辛	
酉	戌	亥	子	丑	寅	卯	運

63

時柱	日柱	月柱	年柱	
丙	庚	壬	丙	坤
子	申	辰	申	命

＊戊戌년 申月에 강서구에 사는 여자로, 사주의 구조는, 잔나비띠 해의 늦봄에 자신을 나타내는 글자를 무쇠 金에 비유해 해석하는 庚金으로 태어나 도와주는 세력이많으므로 신강한 사주다.

＊庚金은 기본적으로 가공이 필요한 무쇠라서 火가 가장 필요한데다가 신강한데 火가 나타나 있기 때문에 火를 용신으로 쓰고, 만약, 火가 나타나지 않고, 이 사주처럼 木도 없으면 水를 용신으로 쓸 수도 있으나, 이 사주의 경우는 火가 나타나 있으므로 火가 용신이고, 운에서 오는 木이 길신이며, 水가 病神이고, 金이 흉신이며, 습토인 辰土도 흉신이고, 운에서 오는 건토는 약신이다.

＊이 사주의 殺은, 申金이 驛馬殺, 辰土가 水의 庫, 子水가 桃花殺이고, 申子辰水局을 이루면서 月上에 壬水가 나타 있고, 官星인 丙火를 壬水가 수극화를 하므로 식신제살격과 같은 구조를 이루고 있다.

＊ 여자 사주에 官星인 丙火가 남편인데, 月上에 나타난 남편인 丙火는 地支에 申金을 깔고 앉아있으므로 힘이 없는 丙火인데, 그나마도 月上에 있는 강한 壬水가 수극화를 하므로 꺼질 丙火로, 26세 81 庚申年에 결혼을 했으나 40세 95 乙亥年에 이혼을 한 후 현재 혼자 살고 있다.

＊ 火를 생해주는 木이 길신이고, 학교 다닐 시기인 庚寅대운에 丙火를 품고있는 寅木이 등장했으므로 운이 좋고, 기본적으로 두뇌가 좋으므로 명문 여대를 졸업했다고 한다.

＊ 時上에 또 다른 丙火가 떠 있으므로 향우 이 丙火를 만날 것이다.

35 | 地支의 合과 沖으로도 부부관계를 알수 있다.

67	57	47	37	27	17	7
癸	甲	乙	丙	丁	戊	己	大
酉	戌	亥	子	丑	寅	卯	運

時柱	日柱	月柱	年柱	
庚	辛	庚	乙	乾
寅	亥	辰	巳	命

* 戊戌년 申月에 강서구에서 래원한 회사원인 남자로, 사주의 구조는, 뱀띠 해의 늦봄에 자신을 나타내는 글자를 보석에 비유해 해석하는 辛金으로 태어난 신왕한 사주다.

* 늦 봄에 태어난 辛金이 신왕하고, 수분(물기)은 충분하며, 봄인데다가 생명체인 木이 나타나 있으므로 火가 용신이고, 木이 길신이며, 金과 水, 습토는 흉신이며, 운에서 오는 乾土는 길신이다.

* 이 사주의 殺은, 巳火가 驛馬殺이고, 辰土가 水의 庫이며, 亥水가 驛馬殺 이면서 辰土와 辰亥怨嗔殺과 鬼門殺을 이루며, 寅木이 驛馬殺이고, 財星인 乙木이 깔고 앉자있는 巳火와 日支에 있는 妻宮의 亥水가 月支 辰土를 가운데 두고 巳亥沖을 하고 있으며, 時支에 있는 財星인 寅木과 日支가 寅亥合을 하고, 寅木이 空亡이나 필자는 空亡에 대해서 중요하게 보지 않는다.

＊ 이 사주에 木이 비록 길신이긴하나, 남자 사주에 財星이 두 개 나타나 있다는 것은 기본적으로 두 명이상의 여자와 인연을 맺을 것이라는 것을 예고하고 있으며, 月支 辰土 속에도 財星인 乙木이 들어있고, 日支 亥水 속에도 財星인 甲木이 들어 있어 財星이 총 4개인데, 이런 구조를 가지면 거의 바람둥이다.

＊ 이 男命은 本妻인 年上의 乙木이 깔고 앉아있는 巳火와 日支의 亥水가 巳亥沖을 하므로 本妻와는 정이 없어 각방생활을 하면서 時支의 寅木과 日支 亥水가 寅亥合을 하고 있으므로 本妻와는 이혼을 하고 싶고, 甲午年에 만난 애인과 결혼을 하고 싶어하나 本妻가 응해주지 않는다고 했다.

따라서, 日支가 沖을 하면 싫어하고 슴을 하면 좋아하게 된다는 것을 나타내고 있는 샘플이다.

36 | 傷官이 왕한 여자 신중하게 대해라.

65	55	45	35	25	15	5	
辛	壬	癸	甲	乙	丙	丁	大
卯	辰	巳	午	未	申	酉	運

時柱	日柱	月柱	年柱	
丁	乙	戊	丙	坤
丑	卯	戌	午	命

＊ 戊戌년 申月에 태능에서 래원한 여자로, 사주의 구조는, 말띠 해의 늦가을에 자신을 나타내는 글자를 꽃나무에 비유해 해석하는 乙木으로 태어나 도와주는 세력이 매우 약한 신약한 사주다.

＊ 늦가을에 태어난 꽃나무는 기본적으로 기온이 낮아졌기 때문에 火도 필요하지만 이 사주에는 火가 3개이고, 건토인 戊戌 土가 있어 건조한데 이 건조함을 해결할 수 있는 水는 나타나지 않았고, 단지 얼어있는 土인 丑土 속에 들어있는 癸水에 의지하고 있어 水가 용신이고, 木이 길신이며, 火와 土가 흉신이고, 운에서 오는 金은 水를 돕긴 하지만 金克木도 하므로 閑神이다.

＊ 이 사주의 殺은, 午火와 卯木이 桃花殺이고, 戌土가 華蓋殺이면서 火와 土의 庫이고, 丑土가 華蓋殺이면서 金의 庫이며, 전체구성요소로는 傷官인 火가 많아서 傷官格과 같다.

＊ 이 사주에는 水와 金이 없는데, 대게 없는 글자는 그 육친과 인연이 없는 경우가 많은데, 水는 엄마로 엄마와 인연이 없다고 봤는데 이 命主의 진술은 엄마가 건강하고 사이도 좋다고 했고,

＊ 남자를 나타내는 金이 없어 남편과 인연이 없을 뿐만 아니라 결혼하자마자 일찍 헤어졌을 것이라는 필자의 진단에 대해 아무 문제없다고 시치미를 떼길래 "25세에서 34세 사이에 이별 수가 왔는데 괜찮은가요?"라고 물었더니 괜찮다고 하다가 두 남자와 인연이라는 필자의 집요한 질문에 결국 본 남편하고는 헤어졌고, 두 번째 남자와 동거중이라고 실토했다.

＊ 그러면, 이 사주의 남자관계를 보자.
첫 남자는 月支 戌土 속에 들어있는 辛金인데, 戌土가 午火와 午戌火局을 지어 戌중에 辛金이 녹아내렸고, 25 乙未 대운에서 온 未土와 戌未刑을 하므로 辛金이 깨졌다.
두 번째 남자는 時支 丑土 속에 들어있는 辛金으로, 이 辛金은 자신이 필요한 水와 함께있는 즉, 얼어있는 土 속에 들어있으므로 만족스럽지는 않지만 필요하다고 느끼므로 좋아하는데, 만난지 10년 되었다고 함으로써 2009년 己丑年쯤 될 것이라고 본다.

＊ 이 사주처럼 傷官이 왕한 경우 개성이 매우 강하고 두뇌가 좋아서 잔머리를 잘 굴리기 때문에 필자를 당황하게 만들 수 있는데 이 여자의 경우가 그러하다.

앞서 설명드린 것처럼 자신의 부부관계에 문제가 없다고 거짓말을 해서 필자를 당황하게 하다가 집요하게 물고 늘어짐에 나중에야 실토하는 것처럼 말이다.

37 | 鬼門殺 작용으로 죽고 싶어 한단다.

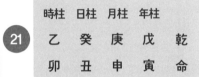

62	52	42	32	22	12	2		
丁	丙	乙	甲	癸	壬	辛	大	
卯	寅	丑	子	亥	戌	酉	運	

21

時柱	日柱	月柱	年柱	
乙	癸	庚	戊	乾
卯	丑	申	寅	命

＊ 戊戌년 酉月에 광진구에서 엄마가 가지고 래원한 아들 사주로, 사주
의 구조는, 범띠 해의 초가을에 자신을 나타내는 글자를 가을비에 비유
해 해석하는 癸水로 태어나 신약한 사주다.

＊ 초가을부터는 기온이 낮아지고, 곡식이 익는 계절이며, 익은 곡식을
수확 하는 계절이기 때문에 비가 많이 내리면 나쁜데, 이 사주가 신약하
다고 해서 金이 용신이고, 水가 길신이라고 진단하면 안된다.

그 이유는 日支 丑土는 겨울 土로서 기온을 낮추고, 卯木은 습목이라서
이 역시 기온을 낮추는 요소이므로 결국 기온이 낮기 때문에 火가 정용
신 이나, 없기 때문에 戊土가 용신이고, 寅중 丙火가 길신이며, 寅木 속
에 丙火와 戊土가 들어 있으므로 길신이지만, 卯木은 도움이 흉신이며,
水와 金도 흉신이고, 丑土도 흉신이며, 운에서 오는 乾土인 未土와 戌土
는 길신이다.

＊ 이 사주에 있는 殺은, 寅木과 申金이 驛馬殺이면서 寅申沖이고, 丑土

288 | 감동을 주는 신살 통변술

가 金의 庫이며, 卯木이 桃花殺이고, 卯木과 申金이 卯申鬼門殺이며, 寅木이 空亡이다.

＊ 이 殺들 중에서 현재 작용하고 있는 殺이 卯申鬼門殺인데, 고등학교 3학년 때인 2016 丙申年부터 鬼門殺이 작용한데다가 金이 흉신이므로 불안증 또는 우울증으로 공부에 지장을 받았다고 하며, 툭하면 "죽고 싶다"는 말을 자주 한다고 하고, 작년 즉 2017 정유년까지 헤멨다고 한다.

＊ 이에 대해 필자가 금년(2018년 戊戌年)들어 정신적으로 안정을 찾았고 철이 들어 공부를 잘 할 것이라고 했더니 이 命主의 엄마가 대답하기를 "맞습니다. 올해들어 제대로 공부를 잘 하고 있습니다. 진로문제를 봐주세요?"라고 하기에 필자의 진단은 懸針殺이 있어서 의대가 인연이고, 火를 필요로 하므로 전자분야에도 맞다고 했더니 이 命主의 엄마 대답이 "고 3때 전자학과에 합격을 하긴 했으나 학교가 마음에 안들어 포기했고, 현재는 치과대학을 가려고 준비 중이라고 했다.

38 | 남자도 壬辰 괴강일주는 부부관계가 나쁘다.

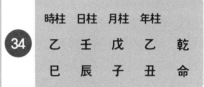

64	54	44	34	24	14	4
辛	壬	癸	甲	乙	丙	丁	大
巳	午	未	申	酉	戌	亥	運

34

時柱	日柱	月柱	年柱	
乙	壬	戊	乙	乾
巳	辰	子	丑	命

＊戊戌년 酉月에 과천에서 래원한 회사원인 남자로, 사주의 구조는, 소띠 해의 한겨울에 자신을 나타내는 글자를 강물에 비유해 해석하는 壬水로 태어나 신약한 사주이나, 실제로는 水氣가 강해서 신왕사주와 같다.

＊한겨울은 추운 계절이기 때문에 어떤 인자로 태어난다 해도 추운데다가 오행에서 日干이 추운 글자로 해석하는 강물인 壬水(임수)로 태어났기 때문에 기본적으로 추운 환경을 갖고 있는데다가 사주를 구성하고 있는 주변 환경도 추운 인자가 많으므로 사주를 덥게 해주는 火(불)가 용신이고, 찬 기운과 습기를 제거해주는 土(흙)가 약신 겸 길신이며, 여기서 2개의 乙木을 어떻게 볼 것이냐인데, 단순하게 용신인 火의 입장에서 보면 木이 길신일 것 같으나, 乙木은 습목인데다가 土를 剋하고, 한겨울이라서 木을 기를 수 없으므로 한신으로 보며, 水가 병신, 운에서 오는 金이 흉신이며, 地支에 있는 濕土도 흉신이며, 운에서 오는 건토는 吉神이다.

＊ 이 사주에 있는 殺은, 丑이 金의 庫이면서 急脚殺이고, 子水가 桃花
殺이며, 辰土가 水의 庫이면서 日主가 魁罡殺이고, 巳火가 驛馬殺이며,
子水와 辰土가 水局을 이루고 있다.

＊ 이 사주에서 현재 작용하고 있는 殺은, 괴강일주이면서 日支에 辰土
를 辰戌沖으로 깨고 있고, 용신인 巳火를 대운에서 온 申金이 巳申合刑
을 하고 있으며, 2017년에 歲運에서 온 丁火와 日干인 壬水가 丁壬合을
하고, 歲運 支의 酉金과 日支 辰土가 辰酉合을 하므로 작년에 결혼을 했
으나 혼인신고도 하지 않은 채 올해 이혼을 준비 중이다.

＊ 이런 사주의 구조는 財가 용신이나 대운의 申金과 巳申刑이 되었고,
올해 歲運에서 日支가 辰戌沖으로 깨지긴 했으나, 妻의 사주에 따라서
이혼을 안할 수도 있으므로 이런 경우는 반드시 妻의 사주를 보고 이혼
여부를 판단해야 한다.

39 | 남편의 성능력이 부족해서 남편과 성관계하기가 싫단다.

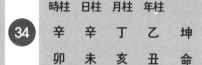

63	53	43	33	23	13	3	大
甲	癸	壬	辛	庚	己	戊	運
午	巳	辰	卯	寅	丑	子	

(34)

時柱	日柱	月柱	年柱	
辛	辛	丁	乙	坤
卯	未	亥	丑	命

* 戊戌년 酉月에 강동구에서 래원한 여자로, 사주의 구조는, 소띠 해의 초겨울에 자신을 나타내는 글자를 보석에 비유해 해석하는 辛金으로 태어나 신약한 사주다.

* 초겨울에 태어난 辛金이라 추위를 느끼고 있고, 地支에 丑土와 未土가 있으나, 丑土는 土生金을 해주지만 未土는 亥卯未木局으로 가므로 土生金을 해주지 않으므로 신약한데, 이 사주는 신약하냐 신왕하냐가 중요한 것이 아니라 습하고 춥기 때문에 온도를 높여줘야 하므로 火가 용신이고, 운에서 온 陽木인 寅木과 甲木이 길신이고, 乾土도 길신이나, 이 사주에 있는 것처럼 地支에 亥卯未木局을 이루면서 乙木이 투간되어 있는 상태에서 木은 습하기 때문에 쓸 수는 있지만 木多火熄을 하므로 길신이라고 볼 수 없고 水도 흉신이다.

* 이 사주의 殺은, 丑土가 金의 庫이고, 亥水가 驛馬殺이면서 空亡이며, 未土가 木의 庫이고, 亥卯未木局을 이르고 있으며, 卯木이 桃花殺

이다.

* 이 殺들 중에서 현재 작용하고 있는 殺은 없으며, 굳이 말하자면 亥
水가 空亡으로 空亡殺 위에 서 있는 丁火도 空亡으로 봐야 하나, 필자의
경험으로는 空亡이 그렇게 크고 많이 작용하는 것을 경험하지 못했다.

* 이 사주에 官星이 용신이라 丁火가 꼭 필요하지만, 丁火는 地支에 空
亡인 亥水를 깔고 앉아있으면서 木多火熄구조라서 꺼지기 일보직전의
불이다.
이 命主는 남편을 丙申年에 만나 丁酉年에 결혼을 해서 딸을 두었는데,
남편의 성 능력이 떨어져 성관계를 갖다가 시들어 지는 일이 반복되어
더 이상 남편과는 성관계를 하기가 싫어지고, 처녀 때 알고 지내던 남자
를 만나고 싶어한다.

* 이 여자가 다른 남자를 만나고 싶어하는 심리를 파악해보자.

* 月上의 丁火는 나타나있는 남편인데, 앞에서도 설명했듯이, 꺼지기
일보 직전의 남자라서 마음에 차지 않고, 日支 배우자 궁에 있는 未土
속에 들어있는 丁火를 생각하므로 항상 남자를 끼고 살게 되고, 또 이런
구조를 가지면 바람둥이다.

* 戊戌年 歲運에서 사주의 日支에 있는 未土를 歲運에서 온 戌土가 戌
未刑을 하면서 年支 丑土와도 丑戌未三刑을 하므로 남편과 이혼하고 싶

은 것이다.

＊ 43 壬辰대운이 오면 대운의 天干 壬水가 사주의 용신이면서 남편인 丁火를 丁壬合으로 묶어 변질시키면 丁火가 꺼지게 되고, 거기다가 사주의 亥水와 대운의 辰土가 辰亥怨嗔殺과 辰亥鬼門殺을 이루면 亥水 위에 떠있는 丁火가 더욱 더 어렵게 된다.

40 | 사주가 官의 剋을 심하게 받아 신약하면 성능력이 약하다.

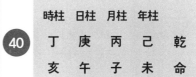

67	57	47	37	27	17	7	
己	庚	辛	壬	癸	甲	乙	大
巳	午	未	申	酉	戌	亥	運

40

時柱	日柱	月柱	年柱	
丁	庚	丙	己	乾
亥	午	子	未	命

＊ 戊戌년 酉月에 래원한 강남구에 사는 남자로, 사주의 구조는, 양띠 해의 한겨울에 자신을 나타내는 글자를 무쇠에 비유해 해석하는 庚金으로 태어나 매우 신약한 사주다.

＊ 무쇠인 庚金은 기본적으로 가공을 해야 하기 때문에 크기가 지나치게 신약하지 않아야 하는데 이 사주는 신약하고, 가공을 하려면 火를 필요로 하며, 더군다나 한겨울에 태어난 추운기운이 강하므로 火가 용신이고, 운에서 온 木이 길신이며, 水가 병신이고, 金이 흉신이고, 건토인 未土가 길신이며, 운에서 오는 濕土가 흉신이다.

＊ 이 사주의 殺은, 未土가 木의 庫이고, 子水가 空亡이면서 桃花殺이고, 日支 배우자 궁에 있는 午火가 桃花殺이면서 子午沖을 하고 있고, 亥水가 驛馬殺이면서 空亡이다.

＊ 이 殺들 중에서 현재 작용하고 있는 殺은 없고, 단지 子午沖으로 부

부궁이 깨져 있어 자신의 직장이 지방에 있고, 부인은 서울에 거주하므로 부인과 한 달에 한번 정도 만난다고 한다.

＊ 사주에서 용신이 좋다고는 하나, 이 사주처럼 日干을 지나치게 극을 하면 日干인 庚金이 불로부터 자신이 살아야하므로 지나치게 예민하고, 그 결과로 두뇌가 좋아서 영재형이며, 체력이 약하다.

＊ 이 命主의 성향이 앞에서도 설명한 것처럼 지나치게 예민한데다가 정력이 약해 성관계를 하다가 밖에서 어떤 조그마한 이상한 소리라도 들리면 그 즉시 시들어 성관계를 지속할 수가 없다고 한다.

41 | 사주에 없는 글자에 해당하는 육친과는 인연이 멀다.

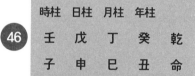

62	52	42	32	22	12	2		46	時柱	日柱	月柱	年柱	
庚	辛	壬	癸	甲	乙	丙	大		壬	戊	丁	癸	乾
戌	亥	子	丑	寅	卯	辰	運		子	申	巳	丑	命

＊戊戌년 酉月에 서초구에서 래원한 남자로, 사주의 구조는, 소띠 해의 초여름에 자신을 나타내는 글자를 큰 산에 비유해 해석하는 戊土로 태어나 신약한 사주다.

＊여름에 태어난 戊土는 덥고 건조한 계절이기 때문에 적정량의 水가 있어 야 하고, 木이 나타나 있어야 좋은데, 이 사주는 초여름에 태어나 月上에 丁火가 나타나 있으나, 日干 戊土의 뿌리가 되어야 할 土가 얼어 있는 丑土라서 물과 같아서 결국 日干의 힘이 약한데, 年上에 癸水가 있고, 時上에 壬水가 있으며, 日支에 申金이 있고, 時支에 子水가 있어 기상학적으로 풀이한다면 마치 여름 장마가 진 것과 같으므로 火가 용신이고, 水가 병신이라서 土가 약신 겸 길신이며, 金이 凶神이고, 운에서 오는 濕土도 흉신이며, 운에서 오는 木은 吉神이다.

＊이 사주의 殺은, 丑土가 金의 庫이고, 巳火가 驛馬殺이면서 巳丑合을 하고 있으며, 申金이 驛馬殺이면서 巳火와는 巳申合刑을 하고 있고, 子

水가 桃花殺이면서 申金과 申子水局을 하고 있다.

＊ 이 사주에서 모친인 火가 용신이므로 부모 덕이 있지만, 財가 病神이라서 돈 복과 처복도 없을 것이라고 볼 것이나, 돈 복이 없는 것은 맞지만, 妻의 사주를 본 바 妻福은 있지만, 이 命主의 운이 나쁘다고 봐야 하는데, 그 원인은 財가 病神인데다 日支 배우자 궁에 흉신이 있으며, 巳申合刑을 하고 있기 때문이다.

＊ 필자의 경험으로는 위 제목에서 설명한 것처럼 사주에 없는 글자에 해당 하는 육친과는 인연이 먼데, 이 사주는 官星인 木이 없는데 官은 자식이므로 '자식과 인연이 멀다' 라고 진단하지 말고 '형통과 인연이 멀다' 라고 진단해야 맞다.
왜냐하면, 이 사주도 아들은 없고 딸만 2명을 두었는데, 만약, 자식과 인연이 없다고 진단했다면 잘 못본다는 소리를 들을 수 있기 때문이다.

＊ 戊戌年인 올해의 운은 사주의 年支 丑土를 歲運에서 온 戊土가 丑戌刑을 하므로 변화하고, 움직일 운이며, 사주의 巳火와 歲運에서 온 戊土가 巳戌鬼門殺을 이루므로 직장 고용계약 해지에 대한 고민을 하고 있는데 내년 己亥年에 印綬이면서 용신인 巳火를 巳亥沖하므로 어렵다.

＊ 그러면, 부인의 사주를 보자.

부인 사주

66	56	46	36	26	16	6				時柱	日柱	月柱	年柱	
甲	癸	壬	辛	庚	己	戊	大	42		乙	己	丁	丁	坤
寅	丑	子	亥	戌	酉	申	運			亥	卯	未	巳	命

✻ 戊戌년 酉月에 서초구에서 래원한 여자로, 사주의 구조는, 뱀띠 해의 늦여름에 자신을 나타내는 글자를 야산에 비유해 해석하는 己土로 태어나 신왕한 사주다.

✻ 늦여름에 태어난 己土는 산이라서 나무를 길러야 좋은데 地支에 亥卯未木局을 이루고 있으면서 時上에 乙木이 나타나 있으므로 값어치가 있는 산이나, 여름에 태어난데다 火가 많아서 건조하여 더 많은 水가 필요하므로 水가 용신이고, 水를 土로부터 보호해야 하므로 木이 약신 겸 길신이며, 운에서 金이 오면 水를 생해주는 것은 좋으나, 약신인 木을 극하므로 흉신이고, 운에서 건토가 오면 흉신, 습토가 오면 길신이다.

✻ 이 사주에 있는 합과 殺은, 巳火가 驛馬殺, 未土가 木의 庫, 卯木이 桃花殺, 亥水가 驛馬殺이면서 亥卯未木局을 이루고 있는데 이 殺들 중에서 현재 작용하고 있는 殺은 확인할 수 없었다.

✻ 이 사주는 水가 용신이므로 돈 복이 있고, 시 어머니와 관계가 좋으며, 木이 약신 겸 길신이므로 남편을 사랑하고 공경하므로 앞의 남편 사주에서 봤듯이 부인이 病神(병신)으로 작용하지만 부인 사주에서 약신 겸

길신이라서 남편에 대한 다소의 불만은 있겠지만 헤어질 생각은 안하게 된다.

＊ 또한 이 사주에서도 자식을 나타나내는 金이 없으므로 형통과 인연이 멀기 때문에 아들은 두지 못했고, 딸만 둘을 두었다.

＊ 戊戌年인 올해의 운은 사주의 月支 未土를 歲運에서 온 戊土가 戊未刑을 하므로 변화하고, 움직일 운이며, 사주의 巳火와 歲運에서 온 戊土가 巳戌鬼門殺을 이루므로 학원사업을 해볼까 하나, 己亥年(내년)부터 운이 오겠으니 내년부터 하라고 권유했다.

42 | 신강하고 역마살이 많은 사업가라 움직임의 폭이 넓다.

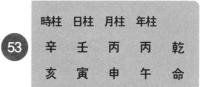

69	59	49	39	29	19	9		53	時柱	日柱	月柱	年柱	
癸	壬	辛	庚	己	戊	丁	大		辛	壬	丙	丙	乾
卯	寅	丑	子	亥	戌	酉	運		亥	寅	申	午	命

* 戊戌년 酉月에 강남에서 래원한 사는 남자로, 사주의 구조는, 말띠 해의 초가을에 자신을 나타내는 글자를 강물에 비유해 해석하는 壬水로 태어나 신강한 사주다.

* 가을은 기온이 낮아져 서늘해진데다가 자신을 나타내는 글자가 추운 기운을 갖고 있는 壬水(임수)이고, 사주를 구성하고 있는 주변 환경이 추운 기운을 갖고 있는 인자들이 많아 온도가 낮으므로 기온을 높여 주는 火(불)가 용신이고, 불을 피우는데 장작으로 작용해 주는 木(나무)이 길신이며, 불을 끄는 작용을 하는 水가 病神이고, 水를 돕는 金이 흉신이며, 운에서 오는 濕土가 흉신이며, 운에서 오는 건토는 吉神이다.

* 이 사주에 있는 주요 殺은, 財가 桃花殺이고, 申金, 寅木, 亥水가 驛馬殺이며, 月支 申金과 日支 寅木이 寅申沖을 하고, 年, 月上에 있는 丙火와 日干 壬水가 丙壬沖을 하고 있다.

＊ 이 殺들 중에서 財星 桃花殺이 작용하는데, 대게 남자 사주에서 財星 桃花殺을 가지면 바람을 피우는 경향이 강하고, 또 이 사주에는 火가 3개이고, 寅中에도 丙火가 들어있는데다가 驛馬殺을 많이 가진 사업가라서 돈과 여자를 탐하므로 이런 사주가 바람둥이라는 필자의 분석에 이 命主는 "그렇다"고 대답했으며, 또한 日干이 丙壬沖을 하므로 대체로 성격이 예민하고, 두뇌가 좋아서 총명하며, 驛馬殺이 많은 신왕한 사업가인데 日支 妻宮이 寅申沖을 하므로 전국을 돌아다니며, 寅申沖으로 이 命主가 5살 때 모친이 돌아가셨다고 한다.

＊ 이런 구조에서 비록 財星이 용신이긴하나 日支가 寅申沖으로 깨졌으므로 상대 妻의 사주에 따라서 이혼을 할 수도 있는 사주인데, 이 命主의 경우는 이혼을 하지 않았다고 하므로 출장을 많이 가는 것으로 땜을 한다고 본다.

＊ 이 사주에 財가 왕한 것 같으나, 사실은 水가 더 왕하므로 운에서 火와 木이 와야 돈을 벌 것인데, 29세부터 水운으로 흐르고 있으므로 돈을 벌어도 모두 나가고 없다.

＊ 이 命主는 부동산 MNA 사업과 보험 컨설팅사업을 겸하고 있으며, 사주와 인연에 맞는 직업을 갖고 있고, 향후 59 壬寅대운부터 말년까지 木운에서 火운으로 흐르므로 장차 큰 돈을 만질 운명이다.

43 | 신약한데다 鬼門殺이 작용하므로 정신불안자다.

70	60	50	40	30	20	10		時柱	日柱	月柱	年柱	
辛	壬	癸	甲	乙	丙	丁	大	乙	癸	戊	丁	乾
丑	寅	卯	辰	巳	午	未	運	卯	酉	申	未	命

52

＊ 戊戌년 酉月에 성남시에서 부인이 가지고 래원한 남편의 사주로, 사주의 구조는, 양띠 해의 초가을에 자신을 나타내는 글자를 가을비에 비유해 해석하는 癸水로 태어나 신약한 사주다.

＊ 초가을은 기온이 낮아지기 때문에 많은 비가 필요하지 않지만, 지나치게 약하면 가뭄이 든 것과 마찬가지라서 좋지 않은데, 이 사주의 경우는 신약한데다 日干인 癸水가 月干의 戊土로부터 土剋水를 받고 月干 丁火로부터 火剋水를 당하고 있으며, 時上 乙木한테 힘을 빼앗기고 있으며, 日支 酉金이 時支 卯木으로부터 卯酉沖을 당해서 日干이 힘을 잃었다.
따라서 金이 용신이고, 水가 길신이며, 土가 병신, 火가 흉신, 木도 흉신이다.

＊ 이 사주에 있는 殺은, 未土가 木의 庫이고, 申金이 驛馬殺, 酉金과 卯木 이 桃花殺이며, 沖을 하고, 卯木과 申金이 卯申鬼門殺이며, 卯木이

酉金과 더불어 鐵鎖開金殺이고, 申金이 懸針殺이라서 직업이 의사다.

＊ 이런 사주의 성격 또는 성향을 보면, 앞에서도 설명한 것처럼 일간인 癸水가 月干의 戊土로부터 土克水를 받고 月干 丁火로부터 火剋水를 당하고 있으며, 時上 乙木한테 힘을 빼앗기고 있으며, 日支 酉金이 時支 卯木으로부터 卯酉沖을 당해서 日干이 힘을 잃어 지나치게 예민하다 못해 정신 불안증세가 있고, 거기다가 卯申鬼門殺까지 작용을 하고 있으며, 현 癸酉 대운 들어 대운에서도 鬼門殺이 작용했고, 2016년 丙申년부터 歲運에서도 鬼門殺이 작용하여 부인에 대한 의처증이 심해 부부갈등이 극에 달해 현재 이혼을 준비 중이라고 했다.

＊ 이런 사주는 거의 영재수준으로 두뇌가 좋기 때문에 필자가 진단하기를 아이큐가 140이상 나올 것이라고 했더니, 이 命主의 부인 대답은 "저희 남편의 두뇌가 138입니다"라고 대답했다.

44 | 여자 사주에 官星이 용신이라도
여러번 결혼할 수있다.

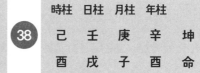

69	59	49	39	29	19	9		時柱	日柱	月柱	年柱	
丁	丙	乙	甲	癸	壬	辛	大	己	壬	庚	辛	坤
未	午	巳	辰	卯	寅	丑	運	酉	戌	子	酉	命

（38）

＊ 戊戌년 酉月에 부천에서 래원한 여자로, 사주의 구조는, 닭띠 해의 한겨울에 자신을 나타내는 글자를 강물에 비유해 해석하는 壬水로 태어나 신왕한 사주다.

＊ 겨울에 태어난 水는 신왕하면 신왕할수록 차갑기 때문에 따뜻하게 해주는 火가 필요하고, 왕한 水를 가두어 둘 土도 필요한데, 이 사주는 火는 없고, 火를 생해줄 木도 없기 때문에 土가 용신이고, 火가 길신이며, 가장 강한 세력을 형성하고 있는 金이 病이고, 水가 흉신이며, 운에서 오는 木이 木剋土를 하므로 흉신이며, 운에서 오는 습토도 凶神이다.

＊ 이 사주의 殺은, 우선 日主가 壬戌 魁罡殺이고, 酉金과 子水가 桃花殺이면서 子酉雙鬼門殺을 가졌고, 戌土가 火와 土의 庫이며, 子水가 空亡殺이다.

＊ 대게 여자사주에 魁罡殺은 부부운이 나빠서 결혼을 안하는 경우도

있고, 혼자 사는 경우가 많은데, 이 사주는 官星인 土가 용신인데 2개 있고, 日支 배우자 궁에 용신인 戊土가 있으므로 항상 남자가 있으나, 일주 魁罡殺에다가 자유쌍귀문살을 가졌고, 官星이 2개 있으므로 여러 남자와 인연을 맺을 팔자로, 20대에 일찍 결혼하여 자식을 하나 둔체 이혼한 후 이 남자 저 남자와 동거를 하다가 2017년 또 다시 이혼한 남자를 만나 결혼을 해 임신을 했는데, 2018년 또 다시 이혼을 하려고 한다.

＊ 이 女命은 또 다시 남자를 만날 것이나, 앞으로 오는 39 甲辰대운에 日支 戊土를 대운의 辰土가 辰戌沖으로 충돌하면 또 깨질 것이고, 49 乙巳 대운부터는 火운으로 대운이 흐르므로 잘 살게 될 것이나 부부문제 만큼은 좋지않다.

＊ 이런 사주는 火와 土가 필요하므로 시각적으로 꾸미는 직업에 맞는데, 웨딩 관련업종에 종사하기도 했고, 한때는 부동산중개업에 종사하기도 했다.

45 | 여자 사주에 官星이 寅巳刑을 하므로 남편 복이 없다.

61	51	41	31	21	11	1	大
己	戊	丁	丙	乙	甲	癸	運
酉	申	未	午	巳	辰	卯	

時柱	日柱	月柱	年柱	坤
壬	戊	壬	丁	命
戌	午	寅	巳	

＊ 戊戌年 酉月에 종로구에서 래원한 여자로, 사주의 구조는, 뱀띠 해의 초봄에 자신을 나타내는 글자를 큰 산에 비유해 해석하는 戊土로 태어나 火가 많아 신왕한 사주다.

＊ 초봄에 태어난 戊土가 기본적으로 기온이 낮은 계절이지만 火가 많고, 寅午戌火局을 하며, 水가 뿌리가 없이 떠 있고, 水를 살리는 金이 없기 때문에 水가 용신이고, 운에서 오는 金이 길신이며, 火와 土가 病神이고, 木이 凶神이며, 운에서 오는 濕土가 길신이다.

＊ 이 사주에 있는 殺은, 年上의 丁火와 月上의 壬水가 丁壬合을 하고, 巳火가 驛馬殺이고, 寅木도 驛馬殺, 午火가 桃花殺, 戌土가 火와 土의 庫이며, 巳火와 戌土가 巳戌鬼門殺이다.

＊ 이들 殺과 合중에서 年上에 있는 丁火와 月上의 壬水가 丁壬合을 하고 있는 데, 이런 사주는 필자의 경험으로 약 70%정도가 친정 조부가

바람을 피우거나 사별로 인하여 재혼을 하게 되는데, 이 命主의 조부는 그 당시 재력이 많아 일본에 가서 妾을 얻어 살았다고 하며, 官星인 寅木이 年支 巳火와 寅巳刑을 해서 손상을 입은데다가 日支 배우자 궁에 病神이 앉아 있어 배우자와의 관계가 나빠 2017년 丁酉年까지 별거생활을 이어 왔다고 한다.

＊ 또한 巳戌鬼門殺이 있어 우울증으로 치료를 받고 있다고 하며, 특히 2018 戊戌年에 鬼門殺이 강해지므로 더욱 어려움을 겪고 있다고 했다. 그리고, 月支와 합을 하거나 沖을 하면 이사를 하거나 직장을 옮기게 되는데, 사주의 寅木과 歲運에서 온 戌土가 寅戌火局을 이루므로 이 命主는 올해 10월 이사를 할 예정이라고 했다.

46 | 財多身弱 사주가 부자가 될 수 있다.

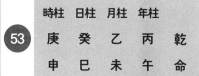

62	52	42	32	22	12	2		53		時柱	日柱	月柱	年柱
壬	辛	庚	己	戊	丁	丙	大			庚	癸	乙	丙	乾
寅	丑	子	亥	戌	酉	申	運			申	巳	未	午	命

＊ 戊戌년 酉月에 강동구에서 래원한 남자로, 사주의 구조는, 말띠 해의 늦여름에 자신을 나타내는 글자를 여름 비에 비유해 해석하는 癸水로 태어나 火가 많아서 신약한 사주다.

＊ 여름에 태어난 癸水는 자신의 힘으로 열기를 식혀야 하므로 충분한 양의 비가 내려 신왕해야 하나 이 사주는 여름에 태어났고, 地支에 巳午未火局을 이루고 있으며, 年上에 丙火까지 떠 있으므로 전형적인 財多身弱 사주라서 金이 용신이고, 火가 病神이므로 水가 약신 겸 길신이며, 木과 건토인 未土는 흉신이고, 운에서 오는 濕土가 길신이다.

＊ 이 사주에 있는 주요 殺은, 午火가 財 桃花殺이고, 未土가 木의 庫이며, 巳火가 驛馬殺이고, 申金도 驛馬殺이며, 巳火와 申金이 巳申刑이다.

＊ 흔히 財多身弱은 돈이 없다고 배워왔다.
그러나, 남자가 財多身弱일 때 돈이 있는가 없는가는 대운을 보고 판단

을 해야지 무조건 돈이 없다고 보면 안된다.

＊ 그러나, 부부관계는 돈과 상관없이 별도로 부부관계를 해석함이 맞다.

그러면 이 사주의 부부관계를 보자.

財多身弱이면서 財가 方合을 이루어 財局을 만들었으므로 여러 여자와 인연인데다가 日支에 배우자궁에 病神이 앉아있고, 巳申刑을 하므로 妻와의 관계가 나쁜데, 이 命主는 재혼팔자로, 11년 전에 사별했다고 한다.

＊ 재물관계를 보면, 앞에서도 설명한 바와 같이 財多身弱사주는 돈이 없다고 배웠으나, 사실은 財多身弱사주가 대운이 좋으면 큰 부자라는 것을 필자는 많은 경험을 통해서 알고 있다.

이 사주도 財多身弱사주인데, 32 己亥대운부터 水운으로 흘러 火를 눌러 주었으므로 돈이 많은데, 이 命主는 印綬가 용신이고, 日干이 길신이라서 건물관리업을 하고 있는데, 종업원 수가 1천여 명에 이른다고 하므로 부자라는 것이 증명되었다.

鐵鎖開金殺도 의사와 인연이다 - (1).

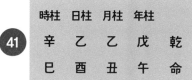

66	56	46	36	26	16	6		時柱	日柱	月柱	年柱	
壬	辛	庚	己	戊	丁	丙	大	辛	乙	乙	戊	乾
申	未	午	巳	辰	卯	寅	運	巳	酉	丑	午	命

41

＊戊戌년 酉月에 종로구에서 래원한 남자 의사로, 사주의 구조는, 말띠 해의 늦 겨울에 자신을 나타내는 글자를 꽃나무에 비유해 해석하는 乙木으로 태어나 신약한 사주다.

＊겨울에 태어난 꽃나무인 을목이 기온이 낮기 때문에 우선적으로 추위를 막아야 하기 때문에 신약하냐 신왕하냐가 중요한 것이 아니고, 우선 따뜻 해야 살아남을 수 있으므로 火가 용신이고, 木이 길신이며, 이 사주에서는 金이 病神이므로 火가 藥神을 겸하며, 濕土가 丑土는 흉신이며, 운에서 오는 乾土는 길신이고, 운에서 오는 水는 凶神이다.

＊이 사주에 있는 주요 殺은, 午火가 桃花殺이면서 空亡이고, 丑土가 金의 庫이면서 湯火殺이며, 空亡도 되고, 酉金이 桃花殺이고, 巳火가 驛馬殺이며, 巳酉丑金局을 이루고 있다.

＊이 殺들 중에서 현재 작용하고 있는 殺을 확인할 수 없었고, 단지 巳

酉丑 金局을 地支에 둔 辛金이 日干 바로 옆에 나타나있으므로 매우 예민한 성격이고, 두뇌가 좋다.

＊ 이 사주는 日干인 乙木 옆에 또 다른 乙木이 있긴하나 뿌리가 없고, 水도 없기 때문에 태약한 사주로, 이런 사주를 從格으로 보면 안 되고, 비록 濕土인 丑土가 金局으로 변했다고 해도 丑月이라는 것은 틀림이 없기 때문에 丑土 속에 물이 들어있다고 봐야하므로 신약한 사주로 봐야 한다.

＊ 이 사주는 辛金 현침殺과 酉金 鐵鎖開金殺을 동시에 가지고 있어 의사다.

48 | 鐵鎖開金殺도 의사와 인연이다 - (2).

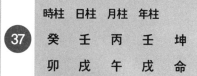

61	51	41	31	21	11	1	大
己	庚	辛	壬	癸	甲	乙	運
亥	子	丑	寅	卯	辰	巳	

時柱	日柱	月柱	年柱	
癸	壬	丙	壬	坤
卯	戌	午	戌	命

37

＊戊戌년 酉月에 강동구에서 래원한 여의사로, 사주의 구조는, 개띠 해
의 한 여름에 자신을 나타내는 글자를 강물에 비유해 해석하는 壬水로
태어나 신약한 사주다.

＊한여름은 무덥기 때문에 일반적으로는 거의 조후용신을 쓰게 되나
이 사주의 경우는 日干 壬水와 같은 또 다른 壬水가 있고 癸水도 있긴
하나 地支에 水와 金이 없고, 한여름에 태어난데다가 丙火가 나타나 있
으며, 地支에 있는 戌土가 午火와 合하여 午戌火局을 이루고, 卯木도 木
生火를 하면서 卯戌火局을 이루어 온통 火局이라서 日干인 壬水가 火로
從을 하지 않을 수 없기 때문에 從財格이므로 火가 용신이고, 木이 길신
이며, 水가 病神이므로 건토인 戌土는 길신 겸 약신이고, 운에서 오는
金과 濕土는 凶神이다.

＊이 사주에 있는 주요 殺은, 戌土가 火와 土의 庫이면서 年柱와 日主
를 기준하여 年支와 日支의 戌土가 空亡이고, 午火가 桃花殺 겸 湯火殺

이며, 卯木이 桃花殺이고, 卯木과 戌土가 鐵鎖開金殺이다.

✳ 이 殺들 중에서 현재 작용하고 있는 것은 확인 할 수 없었는데, 이 사주 처럼 桃花殺과 空亡, 湯火殺을 위주로 진단을 하면 오류가 생길 수 있다는 것을 다시금 보여주고 있다.

✳ 대게 從財格 사주일 경우 금융업종이나 사업에 인연이 많으나, 이 사주의 경우는 鐵鎖開金殺중 卯木과 戌土가 있어 의사로 일하고 있다.

✳ 필자의 경험으로는 여자 從財格일 경우 부부관계가 원만치 못한 사례를 많이 봐왔는데 이 사주의 경우도 부부관계가 원만치 못함을 확인했다.
그 이유는 원래의 日干인 壬水가 丙火로 바뀌었으므로 丙火가 日干이 된 것이기 때문에 원래의 日干인 壬水가 官星으로, 이 官星이 病神으로 바뀌기 때문이다.

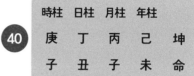

61	51	41	31	21	11	1		時柱	日柱	月柱	年柱	
癸	壬	辛	庚	己	戊	丁	大	庚	丁	丙	己	坤
未	午	巳	辰	卯	寅	丑	運	子	丑	子	未	命

(40)

＊ 戊戌년 戊月에 마포구에서 래원한 여자로, 사주의 구조는, 양띠 해의 한 겨울에 자신을 나타내는 글자를 인공 불에 비유해 해석하는 丁火로 태어나 신약한 사주다.

＊ 태어난 계절이 한겨울이라 매우 추운데, 사주에 추운기운을 갖고 있는 子水가 2개 있고, 丑土가 1개 있으며, 干上에 庚金이 나타나 있어 더욱 더추운데, 인공 불인 丁火가 劫財인 丙火와 年支의 未土에 의지하고 있으므로 춥기는 매 한가지라서 火가 용신이고, 운에서 오는 木이 길신이며, 水가 병신이고, 건토가 약신이나 습토는 흉신이고, 金도 흉신이다.

＊ 이 사주에 있는 주요 殺은, 未土가 木의 庫이고, 子水가 桃花殺이고, 丑土가 金의 庫이며, 두 개의 子水와 丑土가 서로 子丑合을 하자고 하는 형상인데, 양쪽에서 합을 하려고 하므로 아무 합도 되지 않지만, 설령 합이 된다고 해도 별 의미가 없고, 子水와 丑土가 空亡이며, 子水와 未

土가 怨嗔殺이다.

＊ 이 사주에서 결혼이후 현재까지 강하게 작용하고 있는 것은 殺이 아니라 부부문제다.
이런 사주를 가지고 殺이 이러쿵 저러쿵 하면 엉터리라는 말을 듣기 쉽다.
따라서, 어떤 사주를 볼 때 우선 원국과 대운에서 무슨 문제가 가장 큰가를 살펴야 하고, 그 다음에 歲運에서 어떻게 작용하고 있는 가를 보고 통변을 해야지 무조건 殺부터 들이대면 안된다.
각 사주마다 殺이 없는 사주가 없는데, 殺은 상시로 작용하는 것도 있고, 잠재되어 있는 것도 있기 때문에 오행의 생극제화를 먼저 보고, 경우에 따라서 殺을 논해야 한다.

＊ 이 사주의 문제점은 남편인 관성이 病神이란데에 문제가 있다.
따라서 이런 사주는 결혼을 하는 즉시 남편과 뜻이 안맞아 갈등을 겪다가 大運이나 歲運에서 불만을 가중시키면 이혼하고 싶어하는데, 이 命主는 2018 戊戌年에 日支 丑土와 歲運의 戌土가 丑戌刑을 하면서 年支의 未土와도 丑戌未三刑이 만들어 지므로 이혼하고 싶다며 상담을 온 것이다.

＊ 특히 중요한 것은 여자 사주에서 官星이 病神이 되면 남편과 갈등이 심할 뿐만 아니라 성생활을 싫어하기 때문에 갈등이 더 깊어진다는 것을 알아야 하는데, 이 女命도 남편과 성관계를 싫어한다고 한다.

50 | 돈이 驛馬殺 속에 들어있으므로 자동차부품사업을 한단다.

65	55	45	35	25	15	5		時柱	日柱	月柱	年柱	
己	庚	辛	壬	癸	甲	乙	大	壬	壬	丙	己	乾
巳	午	未	申	酉	戌	亥	運	寅	申	子	酉	命

＊戊戌年 戊月에 강동구에서 부인이 가지고 래원한 남편의 사주로, 사주의 구조는, 닭띠 해의 한겨울에 자신을 나타내는 글자를 강물에 비유해 해석 하는 壬水로 태어나 신왕한 사주다.

＊한겨울생이라 그렇지 않아도 추운데, 냉한 성질을 가진 강물로 태어난데다 신왕하므로 마치 겨울 홍수가 진 것과 같기 때문에 火가 용신이고, 화력을 높여주는 木이 길신이며, 水가 너무 많아서 病神이므로 土가 약신인데, 月上의 丙火는 子水 위에 앉아있어 힘이 없는 火이고, 火를 품고 있는 時支에 寅木이 있으나 日支 申金과 충돌하여 열량이 약하며, 약신역할을 해야 할 己土가 酉金 위에 앉아있어 힘이 없는 약신이며, 운에서 戊土나 乾土가 오면 약신 역할을 할 것이고, 운에서 오는 濕土가 오면 흉신이다.

＊이 사주에 있는 殺은, 酉金과 子水가 총칭 桃花殺이고, 子酉鬼門殺이며, 申金과 寅木이 驛馬殺이면서 寅申沖을 하고 있으며, 寅木이 空亡이

고, 干上의 丙火가 水로부터 심한 극을 받고 있다.

＊ 이 사주에서 주로 작용했던 殺은, 干上에서는 壬水가 丙火를 극하므로 財星으로 부인인 丙火가 살아나지 못할 지경인데, 日支가 寅申沖 마져 있고, 25 癸酉대운부터 35 壬申대운까지 운이 나빠 丙火를 극하므로 결혼을 하자마자 부인과 갈등을 빚다가 결국 35 壬申대운에 사주 원국에서 丙火의 뿌리 역할을 하면서 支藏干에 丙火를 품고 있는 寅木을 대운에서 온 申金이 재차 沖을 하므로 본처와 이혼을 했고, 時支 寅중의 丙火 여자를 새로 만나 결혼했다.

＊ 이 사주에서 寅木이 길신이고, 驛馬殺인데, 寅木 속에 돈이 들어 있으므로 驛馬殺과 인연인 돈이라서 자동차 부품사업을 하고 있다고 한다.

51 | 鐵鎖開金殺이 있어도 의사가 많다.

62	52	42	32	22	12	2	大
庚	己	戊	丁	丙	乙	甲	運
申	未	午	巳	辰	卯	寅	

時柱	日柱	月柱	年柱	
癸	丁	癸	壬	乾
卯	巳	丑	戌	命

37

＊ 戊戌년 戌月에 성동구에서 래원한 남자로, 사주의 구조는, 개띠 해의 늦 겨울에 자신을 나타내는 글자를 인공불에 비유해 해석하는 丁火으로 태어나 신약한 사주다.

＊ 인공불은 기본적으로 약한데, 이 사주는 늦겨울에 태어난데다 干上에 壬水와 癸水가 2개 있어 水剋火를 심하게 하므로 기온이 우 낮기 때문에 火가 용신이고, 木이 길신이며, 水가 病神이라서 건토가 藥神이고, 습토는 흉신이며, 운에서 오는 金이 흉신이다.

＊ 이 사주에 있는 殺은, 戌土가 火와 土의 庫이고, 丑土가 金의 庫이면서 戌未刑을 하고 있으며, 巳火가 驛馬殺인데 丑土와 巳火가 巳酉合을 하고, 丑土가 空亡이며, 卯木이 桃花殺이고, 卯木과 戌土가 鐵鎖開金殺이다.

＊ 이 命主를 상대로 丑戌刑에 대하여 진단해본 결과 土는 食傷으로 육

친으로는 조모인데, 食傷이 깨졌으므로 조모가 일찍 돌아가셨다고 하며, 日干인 丁火를 月上과 時上에 있는 癸水가 丁癸沖을 하므로 水가 病神이라서 水는 자식이고, 혈통이므로 아들과는 인연이 없어 딸을 하나만 두고 있다고 했다.

＊ 직업에서 의료인자가 가장 강한 것은 懸針殺로, 甲木, 辛金, 申金을 사주에 가지고 있으면, 의사가 될 가능성이 많고, 鐵鎖開金殺인 卯木, 酉金, 戌土를 가지고 있어도 의사가 되거나, 법과 관련된 직업을 갖을 확률이 높은데, 이 命主는 의사다.

＊ 또 한 가지, 의사가 될 수 있었던 것은 日干이 水剋火를 심하게 받아 아이큐가 대단히 높은 영재형이기 때문이다.

52 壬辰 魁罡 일주도 부부관계가 좋은 경우도 있다.

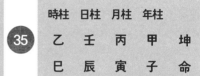

68	58	48	38	28	18	8		時柱	日柱	月柱	年柱	
己	庚	辛	壬	癸	甲	乙	大	乙	壬	丙	甲	坤
未	申	酉	戌	亥	子	丑	運	巳	辰	寅	子	命

(35)

＊ 戊戌년 戊月에 성동구에서 래원한 여자로, 사주의 구조는, 쥐띠 해의 초봄에 자신을 나타내는 글자를 강물에 비유해 해석하는 壬水로 태어나 신왕한 사주다.

＊ 봄은 만물이 소생하는 계절이라서 초봄에 태어난 壬水는 생명체인 木(나무)에 물을 주고 있으므로 신약하여 용신이나 길신이 되면 기본적으로 성실한데, 이 사주는 木이 3개나 있고, 火가 2개 있으므로 신약하기 때문에 劫財인 子水에 뿌리를 하고, 官星인 辰土에도 일부 뿌리를 하므로 火가 病神이므로 水가 약용신이고, 운에서 오는 金이 길신이며, 습토인 辰土도 길신이고, 木이 흉신이며, 운에서 오는 乾土는 흉신이다.

＊ 이 사주에 있는 殺은, 子水가 桃花殺이고, 寅木이 驛馬殺이며, 辰土가 水의 庫이고, 巳火도 驛馬殺이며, 空亡이고, 壬辰일간은 魁罡殺이다.

＊ 대게, 여자 魁?殺은 官이 흉신이면 거의 부부관계가 나빠서 결혼한

후 이혼하고 혼자 사는 경우가 많은데, 이 사주의 경우는 食傷이 많아 官을 木剋土하고 있는데다 魁罡일주이기 때문에 부부관계가 매우 나쁠 것으로 보기 쉬우나, 다행이 官星인 辰土가 水를 품고 있어 日干이 의지를 하므로 癸亥대운은 좋은데 戊戌年에도 부부관계는 문제가 없다고 했다.

그러나, 38 壬戌대운이 오면 日支 辰土 官星을 대운에 온 戌土가 辰戌沖을 하므로 그 대운중에 歲運에서 戌土운을 만나면 부부관계에 이상이 올 것이다.

* 그러나 단 한 가지 부담을 덜 수 있는 것은 이 命主가 의사로 좋은 직업을 갖고 있고, 흐르는 운이 좋으며, 남편도 의사라서 직업이 좋은 사람들 끼리 만났기 때문에 이혼확률이 매우 낮다고 본다.

53 | 懸針殺을 가져 의사다.

66	56	46	36	26	16	6	大
戊	丁	丙	乙	甲	癸	壬	
寅	丑	子	亥	戌	酉	申	運

時柱	日柱	月柱	年柱	
甲	癸	辛	甲	乾
寅	亥	未	寅	命

＊ 戊戌년 戊月에 서초구에서 래원한 남자로, 사주의 구조는, 범띠 해의 늦 여름에 자신을 나타내는 글자를 여름 비에 비유해 해석하는 癸水로 태어나 신약한 사주다.

＊ 여름에 태어난 癸水는 무더위를 식히고 생명체인 나무에 물을 주는 역할을 해야 하기 때문에 충분한 양의 비가 내려 대지를 적셔 줘야 하나 이 사주에는 여름에 태어난데다 火氣를 생하는 木이 4개나 있는 반면 자신을 도와주는 오행은 辛金과 亥水뿐이라서 균형을 잡아주는 水가 용신이고, 金이 길신이며, 水의 기운을 가장 많이 빼앗는 木이 病神이고, 未土가 흉신이며, 운에서 오는 濕土가 길신이다.

＊ 이 사주에 있는 주요 殺은, 2개의 寅木과 1개의 亥水가 역마살이고, 未土가 木의 庫이며, 2개의 甲木과 1개의 辛金이 懸針殺이다.

＊ 이 殺들 중에서 지지의 殺들은 그 작용여부를 확인할 수 없었고, 다

만 懸針殺을 직업으로 사용했으므로 직업이 의사다.

＊ 비록 신약 사주지만 대운이 균형을 잡아주는 金에서 水운으로 흐르므로 운이 좋은데, 고등학교 기운이 고등학교 때 세운이 午, 未, 申으로 흘러 1학년 때와 2학년 때가 운이 따라주지 않았으므로 재수를 했을 것이라고 진단해줬더니 "맞습니다"라고 대답했다.

54 │ **雙鬼門殺이 있어 심한 우울증을 앓고 있다.**

62	52	42	32	22	12	2			時柱	日柱	月柱	年柱	
甲	乙	丙	丁	戊	己	庚	大	49	乙	癸	辛	庚	坤
戌	亥	子	丑	寅	卯	辰	運		卯	巳	巳	戌	命

＊ 戊戌년 亥月에 래원한 여자로, 사주의 구조는, 개띠 해의 초여름에 자신을 나타내는 글자를 여름 비에 비유해 해석하는 癸水로 태어나 신약한 사주다.

＊ 초여름은 더워지기 시작한 계절이기 때문에 건조하므로 충분한 양의 비가내려 기온을 낮게 하면서 습기를 맞춰줘야 좋은데, 이 사주는 年上에 庚金이 있고, 月上에 辛金이 있어 金生水하여 日干을 도와주고 있으나, 年支에 乾土인 戊土가 있고, 月支와 日支에 더운 기운을 가진 巳火가 있으며, 時支에 卯木이 있어 신약하다.

＊ 그런데 이 사주는 언뜻 보면 日干 癸水가 자신을 도와주는 뿌리가 전혀없어 從財格으로 보기 쉬우나, 年上에 庚金이 있고, 巳중에 庚金이 암장해 있어 金生水가 가능하므로 신약사주임에 틀림없기 때문에 金이 용신이고, 火가 病神이라서 水가 藥神이며, 乾土인 戊土가 흉신이고, 木도 흉신이며, 운에서 오는 濕土는 길신이다.

＊ 이 사주에 있는 殺은, 戊土가 火의 土의 庫이고, 두 개의 巳火가 驛馬殺이며, 卯木이 桃花殺이면서 空亡이고, 庚戌이 魁罡殺이며, 巳火와 戊土가 鬼門殺인데, 두 개가 있으므로 쌍귀문살이다.

＊ 이 殺들 중에서 현재 작용하고 있는 殺은, 鬼門殺로 쌍귀문살이므로 강하게 작용하기 때문에 우울증이 심하다.
우울증 중에서도 무슨 문제가 있는가를 살펴보면 귀문살에 해당하는 六親과 六神을 살펴보면 알 수 있는데, 이 사주에서 戊土는 官星으로 남편 문제이고, 巳火는 돈 문제라서 돈과 남편과의 문제로 인하여 고심하고 있는 중에 2018년 歲運에서 戊戌年이 등장하여 사주에 있는 鬼門殺과 歲運에서 온 戊土가 가세하여 鬼門殺을 가중시키므로 남편과 이혼을 결심하였다고한다.

＊ 이 命主가 이혼을 결심했다고 하는데, 그러면 그 가능성이 어느 정도가 될까를 보면, 32 丁丑대운에 대운에서 온 丑土가 官星인 戊土를 丑戌刑을 하고 왔었으므로 결혼을 한 즉시 이혼할 마음을 먹게 되어 살아오는 동안 그 감정이 쌓이게 되므로 분명히 이혼한다.

＊ 그러면 이런 사주를 가진 남편의 사주는 어떻게 생겼을까?

남편 사주

67	57	47	37	27	17	7			時柱	日柱	月柱	年柱	
壬	辛	庚	己	戊	丁	丙	大	**51**	壬	己	乙	戊	乾
申	未	午	巳	辰	卯	寅	運		申	丑	丑	申	命

＊ 戊戌년 亥月에 위 부인이 가지고 래원한 남편의 사주로, 사주의 구조
는, 원숭이띠 해의 늦겨울에 자신을 나타내는 글자를 야산에 비유해 해
석하는 己土로 태어나 신왕한 사주다.

＊ 겨울 산인 己土는 추운 산이라서 기본적으로 더운 기운을 가진 火가
나타나 있어야 좋은데, 이 사주에는 차고 습한 기운을 가진 壬水와 두
개의 申金이 있고, 丑土도 두 개 있어 사주가 매우 춥고 습하기 때문에
火가 正用神이지만 없기 때문에 그 대용으로 木이 용신이고, 水가 病神
이며, 申金과 丑土는 모두 흉신이고, 戊土는 水를 막아주기 때문에 藥神
으로 쓸 수 있으며, 운에서 오는 乾土는 길신 겸 약신이 될 수 있다.

＊ 그런데, 중요하게 볼 것은, 앞에서 건토가 오면 약신 겸 길신이라고
언급 했기 때문에 건토인 未土가 戊土가 오면 좋아야 하지만, 만약에 未
土나 戊土가 歲運에서 오면 日支에 있는 丑土를 戊未刑하거나, 丑未沖
하면 부부 문제가 발생하여 고통을 주기 때문에 손님의 입장에서 보면
맞지 않다고 할 것이므로 반드시 하는 일과 부부문제를 분리해서 설명
해야 오해를 막을 수 있을 것임을 명심해야 한다.

＊ 그래서 이들 부부가 2015년 乙未년에 이혼을 한다고 했었고, 2018년 戊戌年에 이혼을 결심하게 되었다.

55 │ 年과 月支에 같은 子午沖이 있어도 사주에 따라서 다른 결과가 나타난다.

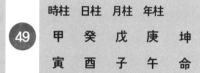

69	59	49	39	29	19	9		時柱	日柱	月柱	年柱	
辛	壬	癸	甲	乙	丙	丁	大	甲	癸	戊	庚	坤
巳	午	未	申	酉	戌	亥	運	寅	酉	子	午	命

49

＊戊戌년 亥月에 서초구에서 단골 손님이 궁합을 보려고 가지고 래원한 딸의 사주로, 사주의 구조는, 말띠 해의 한겨울에 자신을 나타내는 글자를 겨울비에 비유해 해석하는 癸水로 태어나 신왕한 사주다.

＊겨울은 추운데다가 癸水도 추운 성분이므로 신왕하면 할수록 춥기 때문에 더운 기운을 가진 火가 용신이고, 木이 길신이며, 水가 병신이므로 건조한 戊土가 약신이며, 金이 흉신이고, 운에서 오는 濕土가 흉신이다.

＊이 사주에 있는 殺星은, 午火와 子水가 桃花殺인데 子午沖이 되었고, 日支의 酉金도 桃花이면서 子水와 鬼門殺을 형성하고 있으며, 寅木이 驛馬 殺인데, 日支의 酉金과 怨嗔殺을 구성하고 있다.

＊이 사주의 모친이 가지고 래원한 사주라서 속속들이 알 수 없어 驛馬 殺이 나 桃花殺, 鬼門殺의 작용여부를 확인할 수 없었으나, 단지 子午沖

에 대해서는 확인이 가능했다.

* 이 사주에서 年支에 있는 午火는 財星으로 위로는 아버지이고, 庚金이 어머니인데, 午火 위에 庚金이 앉아있어 불안한 상태이고, 地支에서 月支의 子水와 子午沖이 되어 형제 하나를 유산시켰다고 한다.

* 만약 이 사주가 형제 하나를 유산시키지 않았다면 부모가 이혼을 할 수 있었을 것이라고 생각한다.

* 또한 이런 구조의 사주에 만약 木이 나타나지 않았다면 土가 용신이고, 火가 길신이 될 것이지만 甲木과 寅木이 時柱를 이루고 있어 火를 용신으로 본 것이다.

상대 남자의 사주

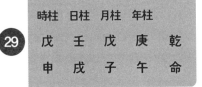

65	55	45	35	25	15	5			時柱	日柱	月柱	年柱	
乙	甲	癸	壬	辛	庚	己	大	29	戊	壬	戊	庚	乾
未	午	巳	辰	卯	寅	丑	運		申	戌	子	午	命

* 戊戌년 亥月에 서초구에서 단골 손님이 궁합을 보기 위해 가지고 래원한 예비 사위의 사주로, 사주의 구조는, 말띠 해의 한겨울에 자신을 나타내는 글자를 강물에 비유해 해석하는 壬水로 태어나 신왕한 사주다.

＊ 겨울은 추운데다가 壬水도 추운 성분이므로 신왕하면 할수록 춥고 큰 물이면서 木이 없기 때문에 건조한 기운을 가진 土가 약 용신이고, 더운 기운을 가진 火가 길신이며, 水가 병신이고, 건조한 戊土도 약용신이며, 金이 흉신이고, 운에서 오는 濕土가 흉신이며 운에서 오는 寅木과 卯木은 길신이다.

＊ 이 사주에 있는 殺星은, 午火와 子水가 桃花살이면서 子午沖이 되었고, 子水가 空亡이며, 日支의 戊土는 火와 土의 庫이며, 申金이 驛馬殺이다.

＊ 이 사주의 예비 장모가 가지고 래원한 사주라서 속속들이 알 수 없어 驛馬殺이나 桃花殺 등의 작용여부를 확인할 수 없었으나, 단지 子午沖에 대해서는 확인이 가능했다.

＊ 이 사주에서 年支에 있는 午火는 財星으로 위로는 아버지이고, 결혼을 하면 부인에 해당하며, 庚金이 어머니인데, 午火 위에 庚金이 앉아있어 불안한 상태에서 地支에서 月支에 있는 劫財인 子水와 午火가 子午沖이 되었는데, 결과는 부모가 이혼을 했다고 하므로 위에 있는 사주와 대비된다.

＊ 만약 이 사주가 부모가 이혼을 하지 않았다면 아버지가 일찍 돌아가셨을 수도 있었으나 부모가 이혼하였다고 한다.

56 | 驛馬殺 財星을 가져 무역업을 하고 있다.

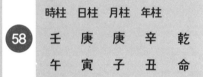

65	55	55	35	25	15	5		
癸	甲	乙	丙	丁	戊	己	大	
巳	午	未	申	酉	戌	亥	運	

	時柱	日柱	月柱	年柱	
58	壬	庚	庚	辛	乾
	午	寅	子	丑	命

＊ 戊戌년 亥月에 서초구에서 래원한 남자로, 사주의 구조는, 소띠 해의 한겨울에 자신을 나타내는 글자를 무쇠에 비유해 해석하는 庚金으로 태어나 신약한 사주다.

＊ 무쇠는 기본적으로 불에 의해 가공이 필요한 물건에 비유하므로 크기가 커야 좋기 때문에 신약하면서 쇠를 녹이는 火(불)도 크며, 화력을 발생시키는 木(나무)이 있어야 좋은 사주인데, 이 사주는 午火와 寅木이 寅午火局을 이루고 있어 가공 수단은 갖춰져 있으나, 日干인 庚金이 신약하고, 水가 많아서 열량이 더 필요하므로 火가 용신이고, 木이 길신이며, 水가 病神이라서 운에서 오는 건조한 土가 약신이고, 丑土와 金은 흉신이다.

＊ 이 사주에 있는 주요 殺은, 丑土가 金의 庫이고, 子水와 丑土가 子丑 合인데, 한 겨울생이라서 水氣가 강하므로 合土가 아니라 水로 봄이 타당하며, 子水와 午火가 桃花살이고, 寅木이 驛馬殺이면서 午火와 午戌

火局을 하고 있어 좋고, 午火가 空亡이나 오술화국을 했으므로 공망이 아니다.

＊ 이 사주에서 妻宮에 있는 寅木이 財星이면서 길신이므로 부인의 내조가 좋아 부부관계가 매우 좋고, 또 寅木이 驛馬殺 財星이라서 많이 움직이는 사업과 인연인데, 이 命主는 의류 무역업을 하고 있어 사주와 잘 맞는데, 木은 의류에 해당하기 때문이다.

＊ 대운을 보면 丁酉대운과 丙申대운이 나쁜데, 특히 35 丙申 대운에 사주에 있는 寅木을 대운에서 온 申金이 寅申沖을 하므로 그 대운에 부도를 맞은 적이 있으나 부부 이별은 없었다고 한다.

57 | 日支가 寅申沖을 했는데도 부부관계가 좋다도 한다.

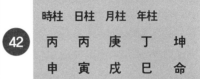

61	51	51	31	21	11	1
丁	丙	乙	甲	癸	壬	辛	大
巳	辰	卯	寅	丑	子	亥	運

42

時柱	日柱	月柱	年柱	
丙	丙	庚	丁	坤
申	寅	戌	巳	命

＊戊戌년 亥月에 강동구에서 래원한 여자로, 사주의 구조는, 뱀띠 해의 늦가을에 자신을 나타내는 글자를 태양에 비유해 해석하는 丙火로 태어나 신왕한 사주다.

＊늦가을에 태어난 丙火이지만 火가 4개가 있고, 寅木과 戌土가 寅戌火局을 이루고 있어 신왕하고 건조한 사주이므로 水가 우선 필요하지만 없기 때문에 金이 용신이고, 火가 病神이므로 申중의 壬水가 길신 겸 약신에 해당하고, 寅木이 흉신이며, 운에서 오는 濕土가 吉神이다.

＊이 사주에 있는 殺星은, 巳火와 寅木, 申金이 驛馬殺이면서 寅巳申三刑殺을 구성하고 있고, 巳火와 戌土가 巳戌鬼門殺을 이루며, 日支에 있는 寅木과 時支의 申金이 寅申沖을 하고 있고, 戌土가 空亡이나 寅戌火局으로 合을 했으므로 해당되지 않는다.

＊앞에서도 언급한 바 있지만, 필자는 空亡에 대해서 중요하게 생각하

지 않는 것을 다시 한 번 강조하며, 殺의 종류가 수없이 많은데 감명할
할 때 무조건 殺을 들먹이면 틀릴 수 있기 때문에 많이 쓰이는 殺만을
선별해서 써야한다.

＊ 이 사주에서 특이 한 것은 日支와 時支가 寅申沖이 되어 부부 이별이
분명한데도 불구하고, 이 命主는 용신을 金을 쓰므로 금융계 직원이며,
자존심이 매우 강한 丙火일주라서 남편과 사이가 나쁘지 않다고 말하고
있는데, 필자의 입장에서는 그 말을 신뢰하지 않으며, 혹시 주말부부 형
식으로 산다면 살 수 있지만 명쾌하지 않다.

58 | 철쇄개금살을 가져 검사다.

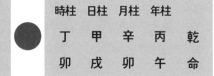

67	57	57	37	27	17	7	大
戊	丁	丙	乙	甲	癸	壬	運
戌	酉	申	未	午	巳	辰	

時柱	日柱	月柱	年柱	
丁	甲	辛	丙	乾
卯	戌	卯	午	命

* 戊戌년 亥月에 부산에서 래원한 남자로, 사주의 구조는, 말띠 해의
중 봄에 자신을 나타내는 글자를 큰 나무에 비유해 해석하는 甲木으로
태어나 신약한 사주다.

* 한 봄에 태어난 甲木이 두 개의 卯木 뿌리를 갖고 있어 제법 튼튼하
지만 水가 없어 신약하나, 중 봄이라서 아직 기온이 낮은데다 찬 기운을
가지고 있으면서 金克木을 하려고 하는 辛金이 日干인 甲木 바로 옆에
있어 이를 막아야 하고, 또 봄에 태어난 木은 火를 좋아하므로 火가 용
신이고, 木이 길신이며, 金이 흉신이고, 건토인 戊土도 길신이며, 운에
서 오는 습토와 水는 흉신이다.

* 이 사주에 있는 주요 殺星은, 午火와 卯木이 桃花殺이고, 戌土가 土
와 火의 庫이며, 卯木과 戌土가 鐵鎖開金殺인데, 卯木이 두 개있으므로
쌍 鐵鎖開金殺이고, 卯木이 空亡이다.

＊ 이 命主는 자신이 卯木 桃花에서 탄생한 甲木이고, 木이 火를 보아 나무에 꽃이 피었으므로 미남이며, 官星인 辛金이 흉신이고, 食傷인 火를 용신으로 쓰므로 운에서 金이 오면 火와 金이 상극을 하므로 직업문제가 생기게 된다.

＊ 이 命主는 의사 인자도 강하고, 교육자의 인자도 강하며, 고급전자기술자에도 인연이 많으나, 그런 직업을 택하지 않고, 雙 鐵鎖開金殺과 관련인 검사로 재직중인데, 37 丁未대운까지는 용신운으로 흘렀으므로 승승장구 하였으나, 47 丙申대운 들어 문제가 생기기 시작한다.

＊ 이런 구조에 주의할 것은 대운이 47세부터 나빴지만, 47세부터 운이 나빠졌다고 단정해 버리면 정확도가 떨어지므로 반드시 歲運을 살펴봐서 언제 흉신운인 金운이나 水운, 또는 습토 운으로 전개되는가를 살펴봐서 판단을 내려야 하는데, 歲運을 살펴본 바, 2016년부터 丙申, 丁酉에 이어 올 해 戊戌운으로 흘렀기 때문에 필자가 말하기를 "2016년부터 직장에 문제가 생겨 괴로워 하다가 올해 개업을 할까 해서 상담을 받으려고 오셨지요?" 했더니 손님의 대답이 "정치적 문제와 맞물려 어려움을 겪고 있습니다"라고 대답하였다.

＊ 왜 이런 판단을 했느냐 하면, 官星인 金운이 와서 용신인 火와 火克金을 하므로 직업적인 문제가 발생해 괴로워 하다가 戊戌年 들어 戊戌은 돈이기 때문에 사직을 하고 개업을 할까 생각하다가 철학원을 찾게 된 것이다.

＊ 이런 상황에서 역술인은 어떤 조언을 하는 게 맞는가?

이에 대해 필자는 앞으로 전개되는 운에 주목했다.

즉, 2019년이 己亥年, 2020년이 庚子年, 2021년이 辛丑年이라 水운으로 흐르는데, 위 사주에서 水는 흉신이기 때문에 만약 개업을 한다면 3년동안 매우 힘이 들게 되므로 그동안 한직으로 이동을 하더라도 인내를 하다가 2021 辛丑年, 즉 辛金 官星이 庫에 들어가는 해의 년말 쯤에 사직을 하고 2022 壬寅年부터 오는 길운을 잡아야 한다고 조언했다.

59 | 사주가 성한 것이 없으니 남자 주부다.

66	56	56	36	26	16	6			時柱	日柱	月柱	年柱	
丙	丁	戊	己	庚	辛	壬	大	52	庚	壬	癸	丁	乾
午	未	申	酉	戌	亥	子	運		戌	辰	丑	未	命

＊ 戊戌년 亥月에 서초구에서 래원한 남자로, 사주의 구조는, 양띠 해의 늦겨울에 자신을 나타내는 글자를 강물에 비유해 해석하는 壬水로 태어나 신약한 사주다.

＊ 늦겨울에 태어난 壬水라서 그렇지 않아도 추운 몸인데, 印星인 庚金이고, 劫財인 癸水가 있으며, 丑土와 辰土 속에도 癸水가 들어 들어있으므로 사실상 신왕과 같기 때문에 매우 차가운 물이라서 이 차가운 물을 이용하기 위해서는 건조한 土로 막을 수도 있으나, 습토인 辰土와 丑土가 있어 댐을 막을 土로서의 용도가 맞지 않으므로 火로 물을 따뜻하게 끓여서 써야 하므로 火가 용신이지만 火도 丁癸沖을 당했고, 丁火가 뿌리를 내리려고 하는 未土도 丑未沖을 당해서 깨졌고, 戊土도 辰戌沖으로 깨졌으며, 火를 도와줄 木이 없으므로 용신이 허약하지만 火를 쓸수밖에 없고, 운에서 오는 木이 길신이며, 水가 病神이므로 건토가 약신이며, 濕土가 흉신이다.

* 이 사주에 있는 殺星은, 辰, 戌, 丑, 未 4庫가 있는데 이 4庫가 모두 깨졌으며, 이렇게 地支의 글자가 깨지면 干上에 있는 글자도 온전치 못하므로 대운이나 歲運에서 地支를 깨는 운이 오면 干上의 글자들도 깨지므로운이 없는 사주다.

* 丁火 財星이 용신이긴 하나 앞에서 설명한 것처럼 깨졌으므로 아직까지 결혼을 하지 않았다고 하며, 돈도 벌어놓은 것이 없다고 하고, 官星으로 직업인 土가 모두 깨졌으므로 지금까지 직업다운 직업을 한 번도 가져보지못하고 알바를 하며 지내다가 2012 壬辰年에 辰戌冲이 되면서 時上에 있는 庚金이 깨져 모친이 사망한 이후로 80세가 넘은 아버지를 모시고 자신이 주부 역할을 해오고 있다고 했다.

60 | 사주에 없지만 꼭 필요한 인자를 직업으로 써먹는 사주.

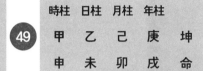

63	53	53	33	23	13	3			時柱	日柱	月柱	年柱	
壬	癸	甲	乙	丙	丁	戊	大	**49**	甲	乙	己	庚	坤
申	酉	戌	亥	子	丑	寅	運		申	未	卯	戌	命

＊戊戌년 亥月에 강서구에서 래원한 여자로, 사주의 구조는, 개띠 해의 중 봄에 자신을 나타내는 글자를 꽃나무에 비유해 해석하는 乙木으로 태어나 신약한 사주다.

＊乙木 꽃나무가 桃花 운인 한 봄에 태어나 戌중에 丁火 꽃과 未중에 丁火 꽃을 머금고 있어 미녀인데, 신약하므로 木이 용신이고, 金이 病神이라서 운에서 오는 火가 藥 길신이며, 土가 흉신, 운에서 오는 水가 吉神이다.

＊이 사주에 있는 殺星은, 戌土가 火와 土의 庫이고, 卯木이 桃花殺이며, 空亡이고, 未土가 木의 庫이며, 申金이 驛馬殺이고, 卯木과 申金이 卯申 鬼門殺이며, 甲木과 申金이 懸針殺이고, 卯木과 戌土가 鐵鎖開金殺이다.

＊이 殺들 중에서 작용하고 있는 殺은, 乙木 日干의 뿌리가 桃花殺이므

로 자신이 미녀이고, 官星인 申金이 驛馬殺이라 승무원으로 일하다가 病 운인 2016년 丙申年에 직장을 그만 두었다고 한다.

* 2018년 戊戌年 들어 財星인 未土를 대운과 세운에서 온 戊土가 戌未 刑을 하므로 돈이 깨져 상담을 받으러 왔다고 했다.

* 대부분의 사람들은 직업을 택할 때 사주에 가장 필요한 인연에 따르나, 그것도 운이 따라줘야 그렇게 선택할 수 있고, 운이 따라 주지 않으면 차선책을 택하게 된다.

이 命主의 경우는 앞 殺 론에서 언급했던 것처럼 의료인자가 강하므로 필자가 말하기를 "만약 의사가 되었다면 앞으로 病神운이 와도 문제가 안될 것이고, 앞으로 그럴 것인데, 왜 의사로 가지 않았느냐"고 물었더니 손님의 대답이 "사실은 고등학교 3학년때 의대에 응시를 했으나, 떨어져서 가지 못했습니다. 그래서 승무원이 되었습니다"라고 대답했다.

* 앞으로 오는 대운에서 金이 오면 어렵다.

61 | 地支가 沖하면 干上의 글자도 깨진다.

63	53	53	33	23	13	3		時柱	日柱	月柱	年柱	
壬	癸	甲	乙	丙	丁	戊	大	甲	乙	己	庚	坤
申	酉	戌	亥	子	丑	寅	運	申	未	卯	戌	命

＊戊戌년 子月에 강남구에서 래원한 남자로, 사주의 구조는, 범띠 해의 초가을에 자신을 나타내는 글자를 강물에 비유해 해석하는 壬水로 태어나 신약한 사주다.

＊늦가을 태어난 강물인 壬水라서 차가워지기 시작한 물이고, 日支에 辰土가 있어 申辰水局을 하려 하나 年支에 있는 寅木과 月支의 申金이 寅申沖을 하므로 온전한 水局이 되지 못한데다 寅木과 午火에 뿌리를 둔 丙火가 干上에 3개가 나타나 있어 화기가 지나치게 강해 病神이 되므로 水가 藥用神이고, 金이 길신이며, 습토인 辰土도 길신이고 寅木이며, 운에서 오는 乾土가 흉신이다.

＊이 사주에 있는 殺星은, 寅木과 申金이 驛馬殺이면서 寅申沖을 하고 있고, 申金과 辰土가 申辰水局을 이루고 있으며, 辰土가 水의 庫이고, 午火가 桃花殺이며, 日主가 魁罡殺이다.

＊寅木과 申金이 寅申沖을 하고, 申金과 辰土가 申辰水局을 이루고 있는 이런 구조에서는 슴도 되고 沖도 되는 것으로 해석해야지 슴도 안되고 沖도 안된다고 해석하면 맞지않다.

＊申金이 육친으로 모친이고, 丙火는 부친인데, 寅申沖을 하면서 印星으로 모친인 申金과 寅木에 뿌리를 둔 丙火가 깨져 부모가 이혼을 하였다.
그런데, 이 사주의 구조로 볼 때 時柱에 부친인 火가 강하게 나타나 있어 이 사주로만 볼 때 부친이 여러 명이라서 모친이 재혼할 수 있는 가능성이 있고, 자신 또한 火가 부인이므로 재혼가능성이 높다.

＊직업운을 볼 때 용신법으로 보는 직업론과 殺로 보는 직업론이 있는데, 이 사주는 金과 水를 쓰므로 水와 관련된 직업을 보면, 水는 음식물과 관련이므로 먹는 것, 물, 또는 외국과 관련된 직업에 맞고, 또 金으로 보면 金이 印綬이므로 직장인에 맞고, 또는 쇠붙이와 관련된 직업에 맞고, 殺로 보는 직업 申金이 驛馬殺이므로 운수 계통이며, 의료분야와도 인연이나, 이 命主는 연기를 공부했다고 하므로 옳은 선택이 아니라고 진단했다.

＊2016 丙申年과 2017 丁酉년에 歲運에서 地支에 金이 왔으므로 연기학원에서 근무를 2018 戊戌年에 歲運에서 온 干上의 戊土가 日干 壬水를 土克水하고 癸水가 들어있는 日支 辰土를 辰戌沖하므로 직장을 그만두고 놀고 있다.

＊ 2017년 丁酉年에 日干 壬水가 歲運에서 온 丁火와 丁壬合을 하므로
연애를 시작했으나, 올해인 戊戌年이 오자 앞에서 日支 배우자 궁을 沖
을 하므로 헤어졌다고 한다.

62 | 懸針殺이 있어 병원에서 근무했었다고 한다.

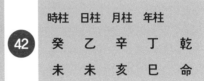

69	59	59	39	29	19	9		時柱	日柱	月柱	年柱	
甲	乙	丙	丁	戊	己	庚	大	癸	乙	辛	丁	乾
辰	巳	午	未	申	酉	戌	運	未	未	亥	巳	命

(42)

＊ 戊戌년 子月에 대구에서 래원한 남자로, 사주의 구조는, 뱀띠 해의 초겨울에 자신을 나타내는 글자를 꽃나무에 비유해 해석하는 乙木으로 태어나 신약한 사주다.

＊ 초겨울에 태어난 꽃나무인 乙木이라서 추위를 타기 때문에 충분한 양의 火가 필요한데, 年柱에 丁巳 火가 있어 좋지만, 月支 亥水와 巳亥 沖이 되었고, 月上에 辛金이 있으며, 時上에 癸水가 있어 기온이 낮으므로 火가 용신이고, 木이 길신이며, 건토인 未土가 길신이면서 藥神의 역할도 하며, 운에서 오는 濕土가 흉신이다.

＊ 이 사주에 있는 殺은, 月上의 申金이 懸針殺이고, 巳火와 亥水가 驛馬殺이며, 未土가 木의 庫이며, 巳火가 空亡이다.

＊ 이 사주에 懸針殺인 辛金이 있어 의료계와 인연인데, 같은 의료계라도 여러 계층이 있기 때문에 사주의 구조에 따라서도 달라질 수 있고,

흐르는 운에 의해서도 달라질 수 있는데, 이 사주는 초년 운이 흉신운인 金운으로 전개되었기 때문에 의사가 될 확률이 낮은데, 이 命主는 병원 직원으로 근무를 해오다가 2016년 丙申年이 오면서 용신인 巳火를 巳申 合으로 묶어 나빠졌고, 2017년 丁酉年이 오자 용신인 巳火를 巳酉合金 으로 묶었으므로 병원에서 퇴직을 했고, 부인과 갈등을 일으켜 戊戌년 현재 이혼 소송 중이라고 하며, 돈과 여자가 움직이므로 토목 사업을 시 작했다고 하고, 또 다른 여자와 연애를 시작했다고 한다.

63 │ 신왕한 丙火라도 火와 乾土를 용신으로 쓴다.

67	57	57	37	27	17	7		時柱	日柱	月柱	年柱	
丙	乙	甲	癸	壬	辛	庚	大	壬	丙	己	乙	坤
戌	酉	申	未	午	巳	辰	運	辰	午	卯	亥	命

25

＊ 戊戌년 丑月에 래원한 회사원인 아가씨로, 사주의 구조는, 돼지띠 해의 중 봄에 자신을 나타내는 글자를 태양에 비유해 해석하는 丙火로 태어나 신왕한 사주다.

＊ 木의 계절인 봄에 태어난 태양이 乙木과 卯木의 도움이 있기 때문에 신왕 하나 時上에 壬水가 냉한 기운을 가져 日干인 丙火와 상극인 壬水가 있고, 年支에 냉한 기운인 亥水가 있으며, 卯木과 乙木은 기본적으로 木生火를 해 주는 성분이지만 습한 木이라서 오히려 火를 필요로 하기 때문에 火生木의 성질을 갖고 있고, 時支에 濕土인 辰土가 있어 결국 丙火 日主가 제 능력을 발휘하기 어렵기 때문에 열기가 더 필요하므로 水가 病神이므로 건토가 약신이고, 火가 용신이며, 木은 길신, 습토인 辰土는 흉신이고, 운에서 오는 金이 흉신이다.

＊ 이와 같은 사주에 대한 용신을 정함에 있어 가장 중요한 것은 무엇이냐 하면 신왕하기 때문에 억부용신 겸 사주가 습하기 때문에 조후용신

을 써야 하는데, 만약 이 사주의 용신을 신왕하기 때문에 水를 써야 한다고 생각하면 전혀 맞지 않는 통변을 하게 되므로 주의해야 한다.

＊ 특히 본 필자는 조후용신중에서 調候라는 말을 잘 쓰지 않는 이유가 조후라는 개념은 넓기 때문에 용신을 잡는데 혼란스럽다.
따라서, 필자가 가장 중요하게 강조하는 것은 조후로 보지 말고 온도와 습도를 봐야한다는 것이다.
왜냐하면 사주가 자연의 이치에 맞게 만들어져 있는데, 자연의 조건에는 온도와 습도가 가장 중요하기 때문이다.
이 책을 읽은 독자들은 반드시 필자의 조언을 귀담아 들었으면 한다.

＊ 이 命主는 습한 운인 壬辰년 고등학교 3학년 때 낙방을 했으며, 3수인 2014 甲午年에 대학에 진학했고, 2018 戊戌年에 시립도서관에 취업했다. 또한 이 사주에 官星인 水가 病神이라서 命主는 남자를 싫어하기 때문에 남자 친구를 사귈 생각이 없다고 한다.

財多身弱사주는 금수저일 가능성이 높고 大運이 좋으면 부자로 산다.

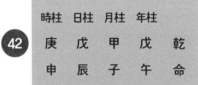

62	52	52	32	22	12	2	
辛	庚	己	戊	丁	丙	乙	大
未	午	巳	辰	卯	寅	丑	運

42

時柱	日柱	月柱	年柱	
庚	戊	甲	戊	乾
申	辰	子	午	命

＊ 戊戌년 子月에 송파구에서 모친이 가지고 래원한 아들 사주로, 사주의 구조는, 말띠 해의 한겨울에 자신을 나타내는 글자를 큰 산에 비유해 해석 하는 戊土로 태어나 신약한 사주다.

＊ 한겨울에 태어난 戊土라서 춥기 때문에 신강해야 하고, 충분한 火氣도 있어야 좋지만, 比肩인 戊土가 年上에 있고, 年支에 午火가 있으며, 日支에 습토인 辰土가 있으나 이 辰土는 月支 子水와 時支 申金과 어울려 申子辰 水局이 되었으므로 土가 아니고 水로 변했고, 時柱에 庚申金이 있어 金生水를 하므로 水가 너무 많아서 신약하고 춥고 습하므로 火를 우선 써야 하나 午火가 子午沖을 맞아 꺼질 위기이므로 比肩인 戊土가 약신 겸 용신이고, 火가 길신이며, 水가 病神이고, 운에서 오는 濕土가 흉신이며, 운에서 오는 木은 土를 극하는 것은 좋지 않으나 地支의 午火와 子水가 子午沖하는 것을 막아주면서 木生火를 하므로 吉神이다.

＊ 이 사주에 있는 주요 殺星은, 日主가 白虎殺이고, 午火와 子水가 충

칭 桃花이며, 辰土가 水의 庫이고, 申金이 총칭 驛馬殺이며, 午火가 印星으로 모친이고, 子水는 부친인데, 子午沖을 맞아 부모가 이혼을 할 수도 있을 것이나, 확인 결과 이혼하지 않았는데, 이런 구조에서는 단순하게 子午沖으로 해석을 해서는 안 되는 것은 子水가 申子辰水局으로 묶여 있기 때문에 단순하게 子午沖이라고 할 수가 없으며, 앞에서 설명한 대로 申子辰水局으로 물바다를 이루고 있어 水가 病神이라 결혼을 아직 하지 못했다.

＊ 이 사주에서 신약하고, 財가 과다하므로 財多身弱사주인데, 사주가 이렇게 되면 육친적 관점에서는 財星인 부친이 富者이므로 금수저이고, 여자가 너무 많으므로 없는 것과 같아서 결혼 인연이 없으며, 성격적인 측면에서는 예민한 편이고, 조심성이 많다.

＊ 이 命主는 부친이 큰 사업가라서 부친 밑에서 경영수업을 받고 있는데, 32 戊辰대운까지는 본인의 능력이 따라주지 않으나, 42 己巳대운부터 30년 동안 火운으로 전개되어 균형을 맞춰주면 申子辰水局 큰 돈이 자기 것이 되기 때문에 중년이후 용신 운이 와서 日干의 힘이 강해지면 부자로 살게 된다.

65 | 또 다른 여자 금수저.

68	58	58	38	28	18	8	
己	戊	丁	丙	乙	甲	癸	大
卯	寅	丑	子	亥	戌	酉	運

時柱	日柱	月柱	年柱	
戊	甲	壬	己	坤
辰	寅	申	未	命

＊ 戊戌년 子月에 송파구에서 모친이 가지고 래원한 딸 사주로, 사주의 구조는, 양띠 해의 초가을에 자신을 나타내는 글자를 큰 나무에 비유해 해석 하는 甲木으로 태어나 신약한 사주다.

＊ 기온이 낮아져 가는 초가을에 태어난 甲木은 火가 있어야 좋으나, 이 사주의 경우에는 日主가 甲寅 木이고, 月上에 추운 기운을 가진 水가 있으며, 月支에 찬 기운을 가진 申金이 있고, 年柱에 더운 기운을 가진 己未土가 있으며, 時干에 戊土, 時支에 습한 土인 辰土가 있어 사주가 재다신 약하고, 습하므로 土가 病神이므로 木이 약신 겸 용신이고, 金이 흉신이며, 水는 습하게 만들긴 하지만, 申金과 寅木의 충돌을 막아주기 때문에 일부분 길신의 작용을 하지만, 자신의 능력개발이나 발전적인 측면에서는 저조하고, 특히 습토는 흉신이다.

＊ 이 사주도 위의 사주와 같이 財多身弱사주로, 財星인 己未 土가 財星 이면서 年上에 위치해 있어 조상의 음덕이 크고, 부친의 능력이 탁월하

므로 금액으로는 밝히지 않았으나 큰 사업가로 대단한 부자라고 한다.

＊ 이 사주에 있는 주요 殺星은, 日主가 孤鸞殺이고, 未土가 木의 庫이며, 申金과 寅木이 驛馬殺이면서 寅申沖을 했고, 辰土가 水의 庫인데, 이 命主는 남편으로 해석하는 官星이 흉신이면서 日支에 寅申沖을 하므로 배우자 덕이 없어 지금까지 미혼이다.

＊ 木은 火를 봐야 꽃이 피어 자신의 기량을 펼칠 것이나, 火를 보지 못해 능력이 떨어지고, 대운도 水운으로 흘렀으므로 평이한 흐름을 보이나 58 戊寅대운부터 日干이 신강으로 바뀌어 많은 土를 다스릴 수 있게 되므로 그 때부터 부자로 변신을 하게 된다.

＊ 이와 같이 재다신약사주는 운이 좋아져 日干이 강해지면 富者가 되는 사례를 많은 임상을 통하여 알 수 있다.

작명 사주풀이서

여기에 써 놓은 사주풀이서는

필자가 작명 및 개명을 의뢰한 분들에게

이름과 함께 함께 제공했던

자료이니 독자 여러분들은 활용하시고,

더욱 더 발전시키기를 기대합니다.

✾01 | 황씨 여자 개명

■ 사주

73	63	53	43	33	23	13	3		時柱	日柱	月柱	年柱	
丁	戊	己	庚	辛	壬	癸	甲	大	戊	甲	壬	己	남
丑	寅	卯	辰	巳	午	未	申	運	辰	寅	申	未	자

■ 사주 설명

이 사주는, 절기상 날씨가 서늘한 한가을에 자신을 나타내는 글자를 큰 나무에 비유해서 해석하는 甲木(갑목)으로 태어났다.

사주학은 자연의 이치에 맞게 만들어진 학문으로, 자연이 조화와 균형이 잘 맞아 돌아가는 것처럼 사주도 조화와 균형이 잘 맞아야 좋기 때문에 기본적으로 木, 火, 土, 金, 水의 오행이 골고루 들어있어서 조화와 균형을 이룬 가운데 본인한테 필요한 성분이 많아야 좋은데, 이 사주에는 木이 2개, 火가 1개, 土가 3개, 金이 2개, 水가 없는 구조로 이루어졌으며,

자신을 나타내는 글자가 큰 나무로 해석하는 甲木(갑목)으로, 나무는 봄이나 여름에 잘 자라는데 태어난 계절이 한 가을생이라서 기온이 낮아져가고, 자신의 세력이 약하므로 힘을 키워주는 木운 과 찬기운인 金으로부터 木이 보호를 받아야 하기 때문에 더운 기운인 火(불)운이 와서 균형을 맞춰줘야 하므로 흘러가는 운에서 이런 기운을 만나야 더욱 발전을 하기 때문에 이름에도 木과 火에 해당하는 글자를 선택하여 이름을 지어서 사주에 필요한 오행을 채워주었으며,

이런 사주로 태어나면 리더쉽을 가지고 있어서 착하고 듬직한 것 같으나 자신의 세력이 약하기 때문에 조심성 많고, 정직하며,

직업 인연은, 자기 사주에서 어떤 오행이 필요하느냐에 따라서 결정되기도 하고, 殺(살)을 기준으로 직업을 보는데, 오행으로 보는 직업으로는 공무원 같은 조직성 직장인이나 토목, 건축 같은 기술성 직업, 금융업종에 인연이고, 나이 들어서는 사업에도 인연이 있으며, 살로 보는 직업으로는 생명을 살리는 의료 직종에 인연이 있고,

운의 흐름은, 태어나서부터 11세까지는 찬기운인 金운이 오므로 평범했고, 11세부터 41세까지는 더운 기운을 가진 火운이 오므로 좋으며, 42세부터 51세까지는 습한 기운을 가진 土운이 오므로 마음고생이 따르고, 52세부터 71세까지는 자신의 힘을 키워주는 木운이 오므로 좋으며, 72세부터 말년은 찬기운을 가진 水운이 오므로 평범하다.

앞에서 설명한 운의 설명은 10년 단위로 본 것인데, 그해 그해마다 운의 흐름이 바뀌기 때문에 자세하게는 그해의 운에 따라 서 변화가 생긴다.

❀02 | 박씨 여자 개명

■사주

72	62	52	42	32	22	12	2		時柱	日柱	月柱	年柱	
壬	癸	甲	乙	丙	丁	戊	己	大	戊	癸	庚	戊	여
子	丑	寅	卯	辰	巳	午	未	運	午	巳	申	寅	자

■사주 설명

이 사주는, 절기상 날씨가 서늘해지기 시작한 초가을에 자신을 나타내는 글자를 가을비에 비유해서 해석하는 癸水(계수)로 태어났다.

사주학은 자연의 이치에 맞게 만들어진 학문으로, 자연이 조화와 균형이 잘 맞아 돌아가는 것처럼 사주도 조화와 균형이 잘 맞아야 좋기 때문에 기본적으로 木, 火, 土, 金, 水의 오행이 골고루 들어있어서 조화와 균형을 이룬 가운데 본인한테 필요한 성분이 많아야 좋은데, 이 사주에는 木이 1개, 火가 2개, 土가 2개, 金이 2개, 水가 1개인 구조로 이루어졌으며,

자신을 나타내는 글자가 가을비로 해석하는 癸水(계수)로, 태어난 계절이 초가을이라서 아직 열기가 많은데다가 더운 기운을 가진 火(불)가 많고, 자신인 水(빗물)를 극하는 土(흙)가 많아서 자신의 힘이 매우 약하므로 힘을 키워주는 水운과 찬기운인 金이 더 필요하기 때문에 흘러가는 운에서 이런 기운을 만나야 더욱 발전을 하므로 이름에도 水와 金에 해당하는 글자를 선택하여 이름을 지어서 사주에 필요한 오행을 채워주었으며,

이런 사주로 태어나면 매우 예민해서 조바심을 갖게 되고, 자신 감이 떨어져서 의욕을 잃기 쉽기 때문에 자신감 회복이 절실하게 요구되며,

직업 인연은, 자기 사주에서 어떤 오행이 필요하느냐에 따라서 결 정되기도 하고, 殺(살)을 기준으로 직업을 보는데, 오행으로 보는 직업으로는 일반직장인이나 무역 같은 해외관련 업무, 식품과 관련 직업에 인연이 있고, 살로 보는 직업으로는 생명을 살리는 의료 직종에 인연이 있으며,

운의 흐름은, 태어나서부터 31세까지는 더운기운인 火운이 오므로 약하고, 32세부터 41세까지는 습한 기운을 가진 土운이 오므로 좋으며, 43세부터 61세까지는 木운이 오므로 평범하고, 62세부터 말년은 이 사주에 가장 필요한 추운기운인 水운이 오므로 좋다.

앞에서 설명한 운의 설명은 10년 단위로 본 것인데, 그해 그해마다 운의 흐름이 바뀌기 때문에 자세하게는 그해의 운에 따라 서 변화가 생긴다.

■ 사주

72	62	52	42	32	22	12	2		時柱	日柱	月柱	年柱	
己	戊	丁	丙	乙	甲	癸	壬	大	辛	壬	辛	辛	坤
亥	戌	酉	申	未	午	巳	辰	運	亥	戌	卯	丑	命

■ 사주 설명

이 사주는, 절기상 날씨가 포근한 중 봄에 자신을 나타내는 글자를 강물에 비유해서 해석하는 壬水(임수)로 태어났다.

사주학은 자연의 이치에 맞게 만들어진 학문으로, 자연이 조화와 균형이 잘 맞아 돌아가는 것처럼 사주도 조화와 균형이 잘 맞아야 좋기 때문에 기본적으로 木, 火, 土, 金, 水의 오행이 골고루 들어있어서 조화와 균형을 이룬 가운데 본인한테 필요한 성분이 많아야 좋은데, 이 사주에는 木이 1개, 火가 없고, 土가 2개, 金이 3개, 水가 2개인 구조로 이루어졌으며,

자신을 나타내는 글자가 강물로 해석하는 壬水(임수)인데, 중 봄 이라서 아직 기온이 낮은데다가 사주에 찬 기운을 가진 金(금)과 추운 기운을 가진 水氣(수기)가 강해 기온이 낮아서 생명체인 木(나무)을 기르기에 부적합하므로 더운 기운인 火(불)가 우선 필요하고, 따뜻한 기운을 가진 木(나무)도 필요하므로 흘러가는 운에서 火운과 木운, 그리고 열기를 품은 土(마른 흙)운을 만나야 더욱 발전을 하기 때문에 이름에 이런 성분에 해당하는 글자를 선택하여 이름을 지어서 사주에 필요한 오

행을 채워주었으며,

사주가 이런 구조로 태어나면, 일의 추진력과 아집이 강하고, 분주하며, 지혜롭고, 건강하며,

직업 인연은, 자기 사주에서 어떤 오행이 필요하느냐에 따라서 결 정되기도 하고, 殺(살)을 기준으로 직업을 보는데, 오행으로 보는 직업으로는 금융업종이나 사업에 인연이 있고, 살로 보는 직업으로는 생명을 살리는 보건직종에 인연이 있으며,

운의 흐름은, 태어나서부터 11세까지는 습한 土운이 오므로 평범하고, 12세부터 41세까지는 이 사주에 가장 필요한 火운이 오므로 매우 좋으며, 42세부터 61세까지는 金운이 오므로 기복이 심하고, 62세부터 71세까지는 건조한 土운이 오므로 좋으며, 72세부터 말년은 水운이 오므로 평범하다.

앞에서 설명한 운의 설명은 10년 단위로 본 것인데, 그해 그해마다 운의 흐름이 바뀌기 때문에 자세하게는 그해의 운에 따라서 변화가 생긴다.

⊛04 | 이씨 신생아(남자)

■ 사주

80	70	60	50	40	30	20	10		時柱	日柱	月柱	年柱	
戊	己	庚	辛	壬	癸	甲	乙	大	丙	辛	丙	丁	남
戌	亥	子	丑	寅	卯	辰	巳	運	申	卯	午	酉	자

■ 사주 설명

이 사주는, 절기상 날씨가 무더운 한 여름에 자신을 나타내는 글자를 보석 金에 비유해서 해석하는 辛金(신금)으로 태어났다.

사주학은 자연의 이치에 맞게 만들어진 학문으로, 자연이 조화와 균형이 잘 맞아 돌아가는 것처럼 사주도 조화와 균형이 잘 맞아야 좋기 때문에 기본적으로 木, 火, 土, 金, 水의 오행이 골고루 들어있어서 조화와 균형을 이룬 가운데 본인한테 필요한 성분이 많아야 좋은데, 이 사주에는 木이 1개, 火가 4개, 土가 없고, 金이 3개, 水가 없는 구조로 이루어졌으며,

자신을 나타내는 글자가 보석으로 해석하는 辛金(신금)인데, 辛金은 이미 불(火)에 가공되어진 보석이기 때문에 많은 火(불)가 필요하지 않음에도 불구하고 火(불)가 너무 많아서 자신의 힘이 약한데다 덥고 건조하기 때문에 자신의 힘을 키워주는 金(금)이 더 필요하고, 열기를 식혀주는 水(물)도 필요하므로 흘러가는 운에서 金운과 水운을 만나야 더욱 발전을 하기 때문에 이름에 이런 성분에 해당하는 글자를 선택하여 이름을 지어서 사주에 필요한 오행을 채워주었으며,

자신을 나타내는 글자가 보석이라서 아름답고 정교하기 때문에 성격이 소극적이고, 예민하며, 두뇌가 매우 좋아서 아이큐가 높은 영재형이고, 체력이 다소 약하며,

직업 인연은, 자기 사주에서 어떤 오행이 필요하느냐에 따라서 결정되기도 하고, 殺(살)을 기준으로 직업을 보는데, 특별한 아이디어를 창출할 수 있는 과학자에 맞고, 살로 보는 직업으로는 사람의 생명을 살리는 의료 직종에 인연이 많으며,

운의 흐름은, 태어나서부터 18세까지는 더운 기운을 가진 火운이 오므로 약하고, 19세부터 28세까지는 습한 기운을 가진 土운이 오므로 좋으며, 29세부터 48세까지는 따뜻한 기운을 가진 木운이 오므로 평범하고, 49세부터 78세까지는 열기를 식혀주는 水운이 오므로 매우 좋아서 크게 발전할 것이며, 79세부터 말년은 金운이 오므로 좋다.

앞에서 설명한 운의 설명은 10년 단위로 본 것인데, 그해 그해마다 운의 흐름이 바뀌기 때문에 자세하게는 그해의 운에 따라서 변화가 생긴다.

✿ 05 | 윤씨 신생아(남자)

■ 사주

72	62	52	42	32	22	12	2		時柱	日柱	月柱	年柱	
己	庚	辛	壬	癸	甲	乙	丙	大	乙	辛	丁	丁	남
亥	子	丑	寅	卯	辰	巳	午	運	未	丑	未	酉	자

■ 사주 설명

이 사주는, 절기상 날씨가 무더운 늦여름에 자신을 나타내는 글자를 보석 金에 비유해서 해석하는 辛金(신금)으로 태어났다.

사주학은 자연의 이치에 맞게 만들어진 학문으로, 자연이 조화와 균형이 잘 맞아 돌아가는 것처럼 사주도 조화와 균형이 잘 맞아야 좋기 때문에 기본적으로 木, 火, 土, 金, 水의 오행이 골고루 들어있어서 조화와 균형을 이룬 가운데 본인한테 필요한 성분이 많아야 좋은데, 이 사주에는 木이 1개, 火가 2개, 土가 3개, 金 이 2개, 水가 없는 구조로 이루어졌으며,

자신을 나타내는 글자가 辛金(신금)으로, 辛金은 불(火)에서 정교 하고 아름답게 잘 다듬어진 물건에 비유하기 때문에 많은 火(불)가 불필요함에도 화기가 많은 반면 열기를 식혀주는 水(물)가 없어서 건조하고 더우며, 자신의 힘이 약하기 때문에 균형을 맞춰 줘야 하므로 흘러가는 운에서 金운과 水운을 만나야 더욱 발전을 하기 때문에 이름에 이런 성분에 해당하는 글자를 선택하여 이름을 지어서 사주에 필요한 오행을 채워주었으며,

자신을 나타내는 글자가 辛金이라 정교하기 때문에 까다롭고, 자기 바로 옆에 있는 글자들이 극을 해오기 때문에 아이큐가 매우 높은 영재형이라 총명하나 성격이 예민하고 체력이 약하며,

직업 인연은, 자기 사주에서 어떤 오행이 필요하느냐에 따라서 결 정되기도 하고, 殺(살)을 기준으로 직업을 보는데, 오행으로 보는 직업으로는 아이큐가 높아서 큰 아이디어를 창출하는 과학자나 법관에 적합하고, 살로 보는 직업으로는 생명을 살리는 의료 직종에 인연이 있으며,

운의 흐름은, 태어나서부터 21세까지는 더운 기운을 가진 火운이 오므로 약하고, 22세부터 31세까지는 습한 기운을 가진 土운이 오므로 좋으며, 32세부터 51세까지는 따뜻한 기운을 가진 木운이 오므로 변화가 마음고생이 따르고, 52세부터 말년은 열기를 식혀주는 水운이 오므로 매우 좋다.

앞에서 설명한 운의 설명은 10년 단위로 본 것인데, 그해 그해마다 운의 흐름이 바뀌기 때문에 자세하게는 그해의 운에 따라서 변화가 생긴다.

■ 사주

78	68	58	48	38	28	18	8		時柱	日柱	月柱	年柱	
乙	甲	癸	壬	辛	庚	己	戊	大	乙	壬	丁	丁	여
卯	寅	丑	子	亥	戌	酉	申	運	巳	寅	未	酉	命

■ 사주 설명

이 사주는, 절기상 날씨가 무더운 늦여름에 자신을 나타내는 글자를 강물에 비유해서 해석하는 壬水(임수)로 태어났다.

사주학은 자연의 이치에 맞게 만들어진 학문으로, 자연이 조화와 균형이 잘 맞아 돌아가는 것처럼 사주도 조화와 균형이 잘 맞아야 좋기 때문에 기본적으로 木, 火, 土, 金, 水의 오행이 골고루 들어있어서 조화와 균형을 이룬 가운데 본인한테 필요한 성분이 많아야 좋은데, 이 사주에는 木이 2개, 火가 3개, 土가 1개, 金이 1개, 水가 2개로 구성되었으며,

자신을 나타내는 글자가 여름에 태어난 壬水(임수)로, 壬水는 더위를 식혀주는 생명수와 같은 역할을 하므로 충분한 양의 水(물)이 필요하나, 사주에 火(불)가 많아서 상대적으로 자신의 힘이 약하기 때문에 水(물)가 더 필요하고, 水의 원천으로 작용하는 金도 필요하므로 이런 성분에 해당하는 글자를 선택하여 이름을 지어서 사주에 부족한 부분을 채워주었으며,

자신을 나타내는 壬水(임수)가 여름에 태어난 물이라서 더위를 식혀 주므로 성품은 지혜롭고 성실해서 남들로부터 호감을 살 인물이며, 총명하고, 예민하며,

직업 인연은, 자기 사주에서 어떤 오행이 필요하느냐에 따라서 결정되기도 하고, 殺(살)을 기준으로 직업을 보는데, 기발한 아이디어를 창출할 수 있는 과학자나 교육자, 법을 다루는 공무원에 인연이고, 사람의 생명을 살리는 의료 직종에도 인연이 있으며,

운의 흐름은, 태어나서부터 27세까지는 찬 金운이 오므로 좋고, 28세부터 37세까지는 건조한 土운이 오므로 평범하며, 38세부터 67세까지는 찬 水운이 오므로 좋고, 68세부터 말년은 따뜻한 木운이 오므로 평범하다.

앞에서 설명한 운의 설명은 10년 단위로 본 것인데, 그해 그해마다 운의 흐름이 바뀌기 때문에 실제로는 그해의 운에 따라서 변화가 생긴다.

✿07 | 유씨 신생아(남자)

■사주

75	65	55	45	35	25	15	5		時柱	日柱	月柱	年柱	
戊	己	庚	辛	壬	癸	甲	乙	大	乙	己	丙	丁	남
戌	亥	子	丑	寅	卯	辰	巳	運	亥	卯	午	酉	자

■사주 설명

이 사주는, 절기상 날씨가 무더운 한 여름에 자신을 나타내는 글자를 야산의 흙에 비유해서 해석하는 己土(기토)로 태어났다.

사주학은 자연의 이치에 맞게 만들어진 학문으로, 자연이 조화와 균형이 잘 맞아 돌아가는 것처럼 사주도 조화와 균형이 잘 맞아야 좋기 때문에 기본적으로 木, 火, 土, 金, 水의 오행이 골고루 들어있어서 조화와 균형을 이룬 가운데 본인한테 필요한 성분이 많아야 좋은데, 이 사주에는 木이 2개, 火가 3개, 土가 1개, 金이 1개, 水가 1개인 구조로 오행이 골고루 이루어졌으며,

자신을 나타내는 글자가 야산의 흙로 해석하는 己土(기토)인데, 여름생이고, 더운 기운인 火(불)가 많아서 자신의 힘이 강하고 더우며, 건조하기 때문에 열기를 식혀주는 水(물)가 우선 필요하고, 水의 기운을 키워주는 찬 기운을 가진 金도 필요하므로 흘러가는 운에서 水운과 金운을 만나야 더욱 발전을 하기 때문에 이름에 이런 성분에 해당하는 글자를 선택하여 이름을 지어서 사주에 필요한 오행을 채워주었으며,

자신을 나타내는 글자가 야산의 흙인데, 체력이 강하고, 자기 바로 옆에 직업운과 자식운을 보는 木(나무)이 자라고 있어서 정직 하고 두뇌가 좋으며,

직업 인연은, 자기 사주에서 어떤 오행이 필요하느냐에 따라서 결정되기도 하고, 殺(살)을 기준으로 직업을 보는데, 오행으로 보는 직업으로는 고위 공무원 같은 조직성 직장인이나 금융전문가에 적합하고, 살로 보는 직업으로는 사람의 생명을 살리는 의료 직종에도 인연이 있고,

운의 흐름은, 태어나서부터 14세까지는 더운 기운을 가진 火운이 오므로 평범하고, 15세부터 24세까지는 습한 기운을 가진 土운이 오므로 좋으며, 25세부터 45세까지는 木운이 오므로 좋고, 45세부터 74세까지는 이 사주에 가장 필요한 水운이 오므로 매우 좋아서 크게 발전할 것이며, 75세부터 말년은 건조한 土운이 오므로 평범하다.

앞에서 설명한 운의 설명은 10년 단위로 본 것인데, 그해 그해마다 운의 흐름이 바뀌기 때문에 자세하게는 그해의 운에 따라서 변화가 생긴다.

■사주

80	70	60	50	40	30	20	10		時柱	日柱	月柱	年柱	
戊	己	庚	辛	壬	癸	甲	乙	大	癸	甲	丙	丁	남
戌	亥	子	丑	寅	卯	辰	巳	運	酉	午	午	酉	자

■사주 설명

이 사주는, 절기상 날씨가 무더운 한 여름에 자신을 나타내는 글자를 큰 나무에 비유해서 해석하는 甲木(갑목)으로 태어났다.

사주학은 자연의 이치에 맞게 만들어진 학문으로, 자연이 조화와 균형이 잘 맞아 돌아가는 것처럼 사주도 조화와 균형이 잘 맞아야 좋기 때문에 기본적으로 木, 火, 土, 金, 水의 오행이 골고루 들어있어서 조화와 균형을 이룬 가운데 본인한테 필요한 성분이 많아야 좋은데, 이 사주에는 木이 1개, 火가 4개, 土가 없고, 金이 2개, 水가 1개인 구조로 이루어졌으며,

자신을 나타내는 글자가 큰 나무로 해석하는 甲木(갑목)인데, 여름생이고, 더운 기운인 火(불)가 많아서 자신의 힘이 약한데다 덥고 건조하기 때문에 열기를 식혀주는 水(물)가 우선 필요하고, 水의 기운을 키워주는 찬 기운을 가진 金도 필요하므로 흘러가는 운에서 水운과 金운을 만나야 더욱 발전을 하기 때문에 이름에 이런 성분에 해당하는 글자를 선택하여 이름을 지어서 사주에 필요한 오행을 채워주었으며,

자신을 나타내는 글자가 큰 나무라서 듬직하고 착하며 두뇌가 좋아서 아이디어가 풍부하고, 리더의 기질을 가져 자존심이 강하나 체력이 다소 약하며,

직업 인연은, 자기 사주에서 어떤 오행이 필요하느냐에 따라서 결정되기도 하고, 殺(살)을 기준으로 직업을 보는데, 오행으로 보는 직업으로는 고급 공무원 같은 조직성 직장인이나 교육자에 적합 하고, 경영자적인 소양을 가졌으며, 살로 보는 직업으로는 생명을 살리는 의료 직종에 인연이 있고,

운의 흐름은, 태어나서부터 19세까지는 더운 기운을 가진 火운이 오므로 평범하고, 20세부터 29세까지는 습한 기운을 가진 土운이 오므로 좋으며, 30세부터 49세까지는 자신의 힘을 키워주는 木운이 오므로 좋고, 50세부터 79세까지는 이 사주에 가장 필요한 水운이 오므로 매우 좋아서 크게 발전할 것이며, 80세부터 말년은 건조한 기운을 가진 土운이 오므로 평범하다.

앞에서 설명한 운의 설명은 10년 단위로 본 것인데, 그해 그해마다 운의 흐름이 바뀌기 때문에 자세하게는 그해의 운에 따라서 변화가 생긴다.

09 | 윤씨 신생아(여자)

■ 사주

73	63	53	43	33	23	13	3		時柱	日柱	月柱	年柱	
甲	癸	壬	辛	庚	己	戊	丁	大	壬	丙	丙	丁	여
寅	丑	子	亥	戌	酉	申	未	運	辰	戌	午	酉	자

■ 사주 설명

이 사주는, 절기상 날씨가 무더운 한 여름에 자신을 나타내는 글자를 태양 불에 비유해서 해석하는 丙火(병화)로 태어났다.

사주학은 자연의 이치에 맞게 만들어진 학문으로, 자연이 조화와 균형이 잘 맞아 돌아가는 것처럼 사주도 조화와 균형이 잘 맞아야 좋기 때문에 기본적으로 木, 火, 土, 金, 水의 오행이 골고루 들어있어서 조화와 균형을 이룬 가운데 본인한테 필요한 성분이 많아야 좋은데, 이 사주에는 木이 없고, 火가 4개, 土가 2개, 金이 1개, 水가 1개인 구조로 이루어졌으며,

자신을 나타내는 글자가 태양 불로 해석하는 丙火(병화)인데, 여름생이고, 더운 기운인 火(불)가 많아서 자신의 힘이 매우 강하고 더우며, 건조하기 때문에 열기를 식혀주는 水(물)가 우선 필요하고, 水의 기운을 키워주는 찬 기운을 가진 金도 필요하므로 흘러가는 운에서 水운과 金운을 만나야 더욱 발전을 하기 때문에 이름에 이런 성분에 해당하는 글자를 선택하여 이름을 지어서 사주에 필요한 오행을 채워주었으며,

자신을 나타내는 글자가 태양 불인데, 이 글자의 본성은 리더의 기질을 가져 자존심이 매우 강해서 자신의 뜻을 관철시키려는 의지가 강하고, 두뇌가 좋으며, 정직하고,

직업 인연은, 자기 사주에서 어떤 오행이 필요하느냐에 따라서 결정되기도 하고, 殺(살)을 기준으로 직업을 보는데, 오행으로 보는 직업으로는 고위 공무원 같은 조직성 직장인이나 금융전문가에 적합하고, 경영자적인 소양을 가졌으며, 살로 보는 직업으로는 생명을 살리는 의료 직종에 인연이 있고,

운의 흐름은, 태어나서부터 12세까지는 열기를 가진 土운이 오므로 평범하고, 13세부터 32세까지는 찬 기운을 가진 金운이 오므로 좋으며, 33세부터 42세까지는 건조한 기운을 가진 土운이 오므로 평범하고, 43세부터 72세까지는 이 사주에 가장 필요한 水운이 오므로 매우 좋아서 크게 발전할 것이며, 73세부터 말년은 따뜻한 기운을 가진 木운이 오므로 평범하다.

앞에서 설명한 운의 설명은 10년 단위로 본 것인데, 그해 그해마다 운의 흐름이 바뀌기 때문에 자세하게는 그해의 운에 따라서 변화가 생긴다.

✿10 | 장씨 여자 개명

■사주

72	62	52	42	32	22	12	2		時柱	日柱	月柱	年柱
己	戊	丁	丙	乙	甲	癸	壬	大	甲	甲	辛	乙	여
丑	子	亥	戌	酉	申	未	午	運	子	申	巳	巳	자

■사주 설명

이 사주는, 절기상 날씨가 무더워져가는 초여름에 자신을 나타내는 글자를 큰 나무에 비유해서 해석하는 甲木(갑목)으로 태어났다.

사주학은 자연의 이치에 맞게 만들어진 학문으로, 자연이 조화와 균형이 잘 맞아 돌아가는 것처럼 사주도 조화와 균형이 잘 맞아야 좋기 때문에 기본적으로 木, 火, 土, 金, 水의 오행이 골고루 들어있어서 조화와 균형을 이룬 가운데 본인한테 필요한 성분이 많아야 좋은데, 이 사주에는 木이 3개, 火가 2개, 土가 없고, 金이 2개, 水가 1개인 구조로 이루어졌으며,

자신을 나타내는 글자가 큰 나무로 해석하는 甲木(갑목)인데, 여름생이고 더운 기운인 火(불)가 많아서 더우며 건조하기 때문에 열기를 식혀주는 水(물)가 우선 필요하고, 水의 기운을 키워주는 찬 기운을 가진 金도 필요하므로 흘러가는 운에서 水운과 金운을 만나야 더욱 발전을 하기 때문에 이름에 이런 성분에 해당하는 글자를 선택하여 이름을 지어서 사주에 필요한 오행을 채워주었으며,

자신을 나타내는 글자가 큰 나무라서 리더의 기질을 가져 듬직하고 착하나 자기 바로 옆에 있는 金(쇠)과 상극을 이루므로 예민하고 정직하며 두뇌가 좋고,

직업 인연은, 자기 사주에서 어떤 오행이 필요하느냐에 따라서 결정되기도 하고, 殺(살)을 기준으로 직업을 보는데, 오행으로 보는 직업으로는 고위 공무원이나 경영자적인 직업에 적합하고, 살로 보는 직업으로는 사람의 생명을 살리는 의료 직종에도 인연이 매우 많고,

운의 흐름은, 태어나서부터 21세까지는 더운 기운을 가진 火운이 오므로 약했고, 22세부터 41세까지는 찬 기운을 가진 金운이 오므로 좋으며, 42세부터 51세까지는 건조한 土운이 오므로 약하고, 52세부터 81세까지는 이 사주에 가장 필요한 水운이 오므로 매우 좋아서 크게 발전할 것이며, 82세부터 말년은 따뜻한 木운이 오므로 평범하다.

앞에서 설명한 운의 설명은 10년 단위로 본 것인데, 그해 그해마다 운의 흐름이 바뀌기 때문에 자세하게는 그해의 운에 따라서 변화가 생긴다.

🏵 11 | 지씨 신생아 작명(남자)

■ 사주

76	66	56	46	36	26	16	6		時柱	日柱	月柱	年柱	
己	庚	辛	壬	癸	甲	乙	丙	大	壬	壬	丁	丁	남
亥	子	丑	寅	卯	辰	巳	午	運	寅	子	未	酉	命

■ 사주 설명

이 사주는, 절기상 날씨가 무더운 늦여름에 자신을 나타내는 글자를 강물에 비유해서 해석하는 壬水(임수)로 태어났다.

사주학은 자연의 이치에 맞게 만들어진 학문으로, 자연이 조화와 균형이 잘 맞아 돌아가는 것처럼 사주도 조화와 균형이 잘 맞아야 좋기 때문에 기본적으로 木, 火, 土, 金, 水의 오행이 골고루 들어 있어서 조화와 균형을 이룬 가운데 본인한테 필요한 성분이 많아야 좋은데, 이 사주에는 木이 1개, 火가 2개, 土가 1개, 金이 1개, 水가 3개로, 오행이 골고루 있어서 좋으며,

자신을 나타내는 글자가 여름에 태어난 壬水(임수)로, 壬水는 더위를 식혀주는 생명수와 같은 역할을 하므로 충분한 양의 水(물)가 필요하나, 사주에 火(불)가 많아서 상대적으로 자신의 힘이 약하기 때문에 水(물)가 더 필요하고, 水의 원천으로 작용하는 金도 필요하므로 이런 성분에 해당하는 글자를 선택하여 이름을 지어서 사주에 부족한 부분을 채워주었으며,

자신을 나타내는 壬水(임수)가 여름에 태어난 물이라서 더위를 식혀주므로 성품은 지혜롭고 성실해서 남들로부터 호감을 살 인물이며, 총명하고, 건강하며,

직업 인연은, 자기 사주에서 어떤 오행이 필요하느냐에 따라서 결정되기도 하고, 殺(살)을 기준으로 직업을 보는데, 교육자, 법을 다루는 공무원 사업이나 금융업에 인연이고, 사람의 생명을 살리는 의료 직종에도 인연이 있으며,

운의 흐름은, 태어나서부터 25세까지는 더운 火운이 오므로 평범하고, 26세부터 35세까지는 습한 土운이 오므로 좋으며, 36세부터 55세까지는 따뜻한 木운이 오므로 평범하고, 56세부터 말년은 이 사주에 가장 필요한 水운이 오므로 매우 좋아서 크게 발전할 것이다.

앞에서 설명한 운의 설명은 10년 단위로 본 것인데, 그해 그해마다 운의 흐름이 바뀌기 때문에 실제로는 그해의 운에 따라서 변화가 생긴다.

❀ 12 │ 황씨 남자 개명

■ 사주

71	61	51	41	31	21	11	1		時柱	日柱	月柱	年柱	
癸	甲	乙	丙	丁	戊	己	庚	大	乙	庚	辛	辛	남
巳	午	未	申	酉	戌	亥	子	運	酉	子	丑	亥	자

■ 사주 설명

이 사주는, 절기상 날씨가 추운 늦겨울에 자신을 나타내는 글자를 무쇠에 비유해서 해석하는 庚金(경금)으로 태어났다.

사주학은 자연의 이치에 맞게 만들어진 학문으로, 자연이 조화와 균형이 잘 맞아 돌아가는 것처럼 사주도 조화와 균형이 잘 맞아야 좋기 때문에 기본적으로 木, 火, 土, 金, 水의 오행이 골고루 들어 있어서 조화와 균형을 이룬 가운데 본인한테 필요한 성분이 많아야 좋은데, 이 사주에는 木이 1개, 火가 없고, 土가 1개, 金이 4개, 水가 2개로 구성되있으며,

자신을 나타내는 글자가 겨울에 태어난 庚金(경금, 무쇠)으로, 무쇠는 가공을 필요로 하기 때문에 추운 기운을 가진 水(물)와 찬 기운을 가진 金을 싫어하는데, 사주에 金과 水가 많기 때문에 더운 기운을 가진 火(불)와 따뜻한 기운을 가진 木이 필요하므로 이런 성분에 해당하는 글자를 선택하여 이름을 지어서 사주에 부족한 부분을 채워주었으며,

자신을 나타내는 庚金(경금)은 남성적이고 의리가 있으며, 경쟁심리가 강하고, 두뇌가 좋아서 총명하며,

직업 인연은, 자기 사주에서 어떤 오행이 필요하느냐에 따라서 결정되기도 하고, 殺(살)을 기준으로 직업을 보는데, 컴퓨터 관련분야와 관련인 사업이나 금융업에 인연이고, 사람의 생명을 살리는 의료 직종에도 인연이 있으므로 실버산업에 적격이며,

운의 흐름은, 태어나서부터 20세까지는 추운 기운인 水운이 오므로 약하고, 21세부터 30세까지는 건조한 土운이 오므로 좋으며, 31세부터 50세까지는 찬기운인 金운이 오므로 약하고, 51세부터 말년은 이 사주에 가장 필요한 더운 기운을 가진 火운이 오므로 매우 좋아서 크게 발전할 것이다.

앞에서 설명한 운의 설명은 10년 단위로 본 것인데, 그해 그해마다 운의 흐름이 바뀌기 때문에 실제로는 그해의 운에 따라서 변화가 생긴다.

✿ 13 | 장씨 여자 개명

■ 사주

72	62	52	42	32	22	12	2		時柱	日柱	月柱	年柱	
丁	丙	乙	甲	癸	壬	辛	庚	大	甲 (목)	乙 (을목)	己 (토)	乙 (목)	남
酉	申	未	午	巳	辰	卯	寅	運	申 (금)	丑 (토)	丑 (토)	亥 (수)	자

■ 사주 설명

이 사주는, 절기상 날씨가 추운 늦겨울에 자신을 나타내는 글자를 꽃나무에 비유해서 해석하는 乙木(을목)으로 태어났다.

사주는 자연의 이치에 맞게 만들어진 학문으로, 기본적으로 木, 火, 土, 金, 水가 골고루 들어있어야 좋고, 온도가 조화와 균형을 이루면서 본인한테 필요한 성분이 많아야 좋은 바, 꽃나무는 꽃을 피우는 것이 본연의 임무라서 반드시 더운 기운을 가진 火(불)가 필요하나 나타나지 않았고, 태어난 계절이 늦겨울이라 춥기 때문에 흘러가는 운에서 火(불)운과 따뜻한 기운을 가진 木(나무)운, 그리고, 건조한 土(흙)운을 만나야 더욱 발전하기 때문에 이름에 木과 火에 해당하는 성분을 가진 글자를 선택하여 이름을 지어서 사주에 필요한 오행을 채워주었고,

사주가 이런 구조로 태어나면, 성품이 부드럽고 착하며, 생활력이 강하고, 총명하며,

직업 인연은, 자기 사주에서 어떤 성분을 가장 필요로 하느냐 또는 殺(살)에 의해

결정되는데, 자신인 木은 土(흙)를 다스리려 하는데, 土(흙)가 돈이므로 돈을 다루는 직업에 잘 맞고, 32세 이후부터 사주에 가장 필요한 30년간 火(불)운으로 전개되므로 사업상 크게 성공할 것이고,

운의 흐름은, 태어나서부터 21세까지는 따뜻한 木운이 오므로 좋고, 22세부터 31세까지는 습한 土운이 오므로 평범하며, 32세부터 61세까지는 이 사주에 가장 필요한 水운이 오므로 매우 좋고, 62세 이후부터 말년은 찬 金운이 오므로 평범합니다만 전체적으로 보면 운의 흐름이 좋아서 크게 성공할 것이다.

위에서 설명한 운의 흐름은 10년간씩을 한꺼번에 보는 운이고, 그해 그해의 운의 흐름이 다르기 때문에 실제로는 그해의 운에 따라서 변화가 있다.

✿14 | 남씨 남자 작명

■사주

73	63	53	43	33	23	13	3		時柱	日柱	月柱	年柱	
乙	丙	丁	戊	己	庚	辛	壬	大	壬 (수)	乙 (을목)	癸 (수)	丁 (화)	여
巳	午	未	申	酉	戌	亥	子	運	午 (화)	巳 (화)	丑 (토)	酉 (금)	자

■사주 설명

이 사주는, 절기상 날씨가 추운 늦겨울에 자신을 나타내는 글자를 겨울 꽃나무에 비유해서 해석하는 乙木(을목)으로 태어났다.

사주는 자연의 이치에 맞게 만들어진 학문으로, 기본적으로 木, 火, 土, 金, 水가 골고루 들어있어야 하고, 온도가 조화와 균형을 이룬 가운데 본인한테 필요한 성분이 많아야 좋은데, 오행이 고루 들어있고, 꽃나무는 꽃을 피워야 아름답기 때문에 꽃과 더운 기운으로 해석하는 火(불)가 나타나 있어서 좋으나, 찬 기운을 갖고 있는 金(금)과 추운 기운을 갖고 있는 水(물)의 기운이 강해서 기온이 낮으므로 흘러가는 운에서 더운 기운을 갖고 있는 火운과 자신을 나타내기도 하면서 따뜻한 기운으로 해석하는 木(목)운을 만나야 더욱 발전하기 때문에 이름에도 이런 성분을 가진 글자에 해당하는 이름을 지어서 사주에 필요한 오행을 채워주었고,

사주가 이런 구조로 태어나면, 성품이 온화해서 착하고, 인정이 많으며, 두뇌가 좋아서 총명하고, 재능과 예능이 발달해 있으며, 잘생겼고, 직업 인연은, 자기 사주에서 어떤 성분을 가장 필요로 하느냐 또는 殺(살)에 의해 결정되는데, 이 사주

는 교육자, 예능, 기술직종인 항공이나 전자공학에 잘 맞고, 살로 보는 인연으로
는 의사나 법률가이며,

운의 흐름은, 태어나서부터 22세까지는 추운 기운인 水운이 오므로 평범하고, 23
세부터 32세까지는 건조한 土운이 오므로 좋으며, 33세부터 52세까지는 찬 金운
이 오므로 평범하고, 53세 이후부터 말년까지는 더운 기운을 가진 火운이 오므로
매우 좋다.

위에서 설명한 운의 흐름은 10년간씩을 한꺼번에 보는 운이고, 그해 그해의 운의
흐름이 다르기 때문에 실제로는 그해의 운에 따라서 변화가 있다.

❀ 15 │ 윤씨 여자 작명

■ 사주

71	61	51	41	31	21	11	1		時柱	日柱	月柱	年柱	
庚	己	戊	丁	丙	乙	甲	癸	大	乙 (목)	乙 (을목)	壬 (수)	丁 (화)	여
辰	未	午	巳	辰	卯	寅	丑	運	酉 (금)	未 (토)	子 (수)	酉 (금)	자

■ 사주 설명

이 사주는, 절기상 날씨가 가장 추운 한겨울에 자신을 나타내는 글자를 겨울 꽃나무에 비유해서 해석하는 乙木(을목)으로 태어났다.

사주는 자연의 이치에 맞게 만들어진 학문으로, 기본적으로 木, 火, 土, 金, 水가 골고루 들어있어야 하고, 온도가 조화와 균형을 이룬 가운데 본인한테 필요한 성분이 많아야 좋은데, 오행이 고루 들어있고, 꽃나무는 꽃을 피워야 아름답기 때문에 꽃과 더운 기운으로 해석하는 火(불)가 나타나 있어서 좋으나, 찬 기운을 갖고 있는 金(금)이 두 개이고, 추운 기운을 갖고 있는 水(물)가 두 개라서 기온이 낮으므로 흘러가는 운에서 더운 기운을 갖고 있는 火운과 자신을 나타내기도 하면서 따뜻한 기운으로 해석하는 木(목)운을 만나야 더욱 발전하기 때문에 이름에도 이런 성분을 가진 글자에 해당하는 이름을 지어서 사주에 필요한 오행을 채워주었고,

사주가 이런 구조로 태어나면, 성품이 온화해서 착하고, 인정이 많으며, 두뇌가 좋아서 총명하고, 재능과 예능이 발달해 있으며, 잘생겼고,

직업 인연은, 자기 사주에서 어떤 성분을 가장 필요로 하느냐 또는 殺(살)에 의해 결정되는데, 이 사주는 교육자, 엔터테인먼트나 예능, 기술직종인 항공이나 전자 공학에 잘 맞고, 살로 보는 인연으로는 의사나 법률가이며,

운의 흐름은, 태어나서부터 10세까지는 얼어있는 土운이 오므로 약하고, 11세부터 30세까지는 따뜻한 木운이 오므로 좋으며, 31세부터 40세까지는 습한 土운이 오므로 평범하고, 41세 이후부터 70세까지는 더운 기운을 가진 火운이 오므로 좋으며, 71세부터 말년까지는 찬 기운을 가진 金운이 오므로 평범한데, 활동기운의 흐름이 매우 좋아서 크게 성공할 것이다.

위에서 설명한 운의 흐름은 10년간씩을 한꺼번에 보는 운이고, 그해 그해의 운의 흐름이 다르기 때문에 실제로는 그해의 운에 따라서 변화가 있다.

❀ 16 │ 공씨 여자 개명

■ 사주

77	67	57	47	37	27	17	7		時柱	日柱	月柱	年柱	
乙	丙	丁	戊	己	庚	辛	壬	大	丁 (화)	戊 (무토)	癸 (수)	甲 (목)	여
丑	寅	卯	辰	巳	午	未	申	運	巳 (화)	午 (화)	酉 (금)	戌 (토)	자

■ 사주 설명

이 사주는, 절기상 날씨가 서늘한 한가을에 자신을 나타내는 글자를 큰 산에 비유해서 해석하는 戊土(무토)로 태어났다.

사주는 자연의 이치에 맞게 만들어진 학문으로, 기본적으로 木, 火, 土, 金, 水가 골고루 들어있어야 좋고, 온도가 조화와 균형을 이루면서 본인한테 필요한 성분이 많아야 좋은 바, 오행이 고루 들어있어서 좋으나, 태어난 계절이 가을이라 찬 기운이 강해진다는 점을 감안하더라도 火(불)가 많아서 건조하므로 균형을 잡아주기 위해 水(물)가 더 필요하고, 水(물)를 생해주므로 구름으로 해석하는 金운이 와야 크게 발전하므로 흐르는 운에서 이런 운을 만나야 좋기 때문에 이름에도 이런 성분을 가진 글자에 해당하는 이름을 지어서 사주에 필요한 오행을 채워주었고,

사주가 이런 구조로 태어나면, 성품이 원만하고 일의 추진력이 강해서 밀어붙이는 힘이 강하고, 정직하며, 두뇌가 좋고, 체력이 강하며, 예쁘고,

직업 인연은, 자기 사주에서 어떤 성분을 가장 필요로 하느냐 또는 殺(살)에 의해

결정되는데, 이 사주는 공무원, 금융업종, 식음료 관련 업무에 잘 맞고, 중년이후에는 사업을 해도 성공할 것이며, 살로 보는 인연으로는 의료 직종이며,

운의 흐름은, 태어나서부터 16세까지는 찬 기운을 가진 金운이 오므로 좋고, 17세부터 46세까지는 더운 기운을 가진 火운이 오므로 평범하며, 47세부터 56세까지는 습한 土운이 오므로 좋고, 57세 이후부터 말년까지는 자신인 土를 다스려주는 기운을 가진 木운이 오므로 좋다.

위에서 설명한 운의 흐름은 10년간씩을 한꺼번에 보는 운이고, 그해 그해의 운의 흐름이 다르기 때문에 실제로는 그해의 운에 따라서 변화가 있다.

✿ 17 | 박씨 남자 작명

■ 사주

84 74 64 54 44 34 24 14 4		時柱	日柱	月柱	年柱	
甲 乙 丙 丁 戊 己 庚 辛 壬 大		己 (금)	己 (기토)	癸 (수)	丁 (화)	남
辰 巳 午 未 申 酉 戌 亥 子 運		巳 (화)	酉 (금)	丑 (토)	酉 (금)	자

■ 사주 설명

이 사주는, 절기상 날씨가 추운 늦겨울에 자신을 나타내는 글자를 겨울 산에 비유해서 해석하는 己土(기토)로 태어났다.

사주는 자연의 이치에 맞게 만들어진 학문으로, 기본적으로 木, 火, 土, 金, 水가 골고루 들어있어야 하고, 온도가 조화와 균형을 이룬 가운데 본인한테 필요한 성분이 많아야 좋은데, 늦겨울에 태어난 겨울 산인 己土(기토)는 따뜻한 봄이 오면 생명체인 木(나무)을 기를 수 있기 때문에 더운 기운을 가진 火(불)가 많이 필요하나 사주에 찬 기운을 가진 金(쇠)이 너무 많아서 기온이 낮으므로 흘러가는 운에서 더운 기운을 갖고 있는 火운과 따뜻한 기운을 갖고 있는 木(목)운을 만나야 더욱 발전하기 때문에 이름에 이런 성분을 가진 글자에 해당하는 이름을 지어서 사주에 필요한 오행을 채워주었고,

사주가 이런 구조로 태어나면, 성품이 온화해서 착하고, 인정이 많으며, 두뇌가 좋아서 총명하고,

직업 인연은, 자기 사주에서 어떤 인연을 갖고 태어났느냐에 따라 결정되는데, 이 사주는 교육자나 연구 직종, 그리고 기술 직종인 전자 공학이나 화학 등의 직종에 잘 맞고, 그 외에도 의사와 인연이 많으며,

운의 흐름은, 태어나서부터 23세까지는 추운 水운이 오므로 평범하고, 24세부터 33세까지는 건조한 土운이 오므로 좋으며, 34세 부터 53세까지는 찬 金운이 오므로 평범하고, 54세 이후부터 말년까지 30년 동안 이 사주에 가장 필요한 더운 기운을 가진 火운이 오므로 가장 왕성한 활동기에 운의 흐름이 매우 좋아서 크게 성공할 것이다.

위에서 설명한 운의 흐름은 10년간씩을 한꺼번에 보는 운이고, 그해 그해의 운의 흐름이 다르기 때문에 실제로는 그해의 운에 따라서 변화가 있다.

⑱ 18 | 이씨 여자 작명

■ 사주

71	61	51	41	31	21	11	1		時柱	日柱	月柱	年柱	
庚	己	戊	丁	丙	乙	甲	癸	大	壬 (수)	乙 (을목)	壬 (수)	丁 (화)	여
申	未	午	巳	辰	卯	寅	丑	運	午 (화)	未 (토)	子 (수)	酉 (금)	자

■ 사주 설명

이 사주는, 절기상 날씨가 가장 추운 한겨울에 자신을 나타내는 글자를 겨울 꽃나무에 비유해서 해석하는 乙木(을목)으로 태어났다.

사주는 자연의 이치에 맞게 만들어진 학문으로, 기본적으로 木, 火, 土, 金, 水가 골고루 들어있어야 하고, 온도가 조화와 균형을 이룬 가운데 본인한테 필요한 성분이 많아야 좋은 바, 오행이 고루 들어있으며, 꽃나무는 꽃을 피워야 아름답기 때문에 꽃과 더운 기운으로 해석하는 火(불)가 나타나 있어서 좋으나 태어난 계절이 추우므로 온도를 높여 균형을 잡아주기 위해 흘러가는 운에서 더운 기운을 갖고 있는 火운과 자신을 나타내기도 하면서 따뜻한 기운으로 해석하는 木(목)운을 만나야 더욱 발전하기 때문에 이름에도 이런 성분을 가진 글자에 해당하는 이름을 지어서 사주에 필요한 오행을 채워주었고,

사주가 이런 구조로 태어나면, 성품이 온화해서 착하고 두뇌가 좋아서 총명하며, 재능과 예능이 발달해 있고, 예쁘며,

직업 인연은, 자기 사주에서 어떤 성분을 가장 필요로 하느냐 또는 殺(살)에 의해 결정되는데, 이 사주는 교육자, 엔터테인먼트, 기술직종, 전자공학, 항공분야에 잘 맞고, 중년 이후에는 사업을 해도 성공할 것이며, 살로 보는 인연으로는 의사이며,

운의 흐름은, 태어나서부터 10세까지는 추운 土운이 오므로 평범하고, 11세부터 30세까지는 따뜻한 木운이 오므로 좋으며, 31세부터 40세까지는 습한 土운이 오므로 평범하고, 41세 이후부터 말년까지는 이 사주에 가장 필요한 더운 기운을 가진 火운이 오므로 매우 좋아서 크게 성공할 것이다.

위에서 설명한 운의 흐름은 10년간씩을 한꺼번에 보는 운이고, 그해 그해의 운의 흐름이 다르기 때문에 실제로는 그해의 운에 따라서 변화가 있다.

■사주

73	63	53	43	33	23	13	3		時柱	日柱	月柱	年柱	
乙	丙	丁	戊	己	庚	辛	壬	大	乙 (목)	丁 (정화)	癸 (수)	丁 (화)	남
巳	午	未	申	酉	戌	亥	子	運	巳 (화)	未 (토)	丑 (토)	酉 (금)	자

■사주 설명

이 사주는, 절기상 날씨가 추운 늦겨울에 자신을 나타내는 글자를 인공불에 비유해서 해석하는 丁火(정화)로 태어났다.

사주는 자연의 이치에 맞게 만들어진 학문으로, 기본적으로 木, 火, 土, 金, 水가 골고루 들어있어야 하고, 온도가 조화와 균형을 이룬 가운데 본인한테 필요한 성분이 많아야 좋은데, 오행이 고루 들어있고, 겨울에 태어난 인공불은 자신의 몸을 불태워 세상을 따뜻하고 밝게 해주는 역할을 하므로 남들로부터 환영받는 사람으로, 사주에 추운 기운을 가진 水氣(수기)가 강하기 때문에 자신이 열량을 더 많이 발산해야 하므로 흘러가는 운에서 더운 기운을 갖고 있는 火운과 따뜻한 기운을 갖고 있는 木(목)운을 만나야 더욱 발전하기 때문에 이름에도 이런 성분을 가진 글자에 해당 하는 이름을 지어서 사주에 필요한 오행을 채워주었고,

사주가 이런 구조로 태어나면, 성품이 정스럽고 여리며, 감성이 발달해 있고, 온화해서 착하고, 두뇌가 좋아서 총명하나, 다소 예민하며,

직업 인연은, 자기 사주에서 어떤 성분을 가장 필요로 하느냐 또는 殺(살)에 의해 결정되는데, 이 사주는 교육자, 기술 직종인 항공이나 전자공학에 잘 맞고, 살로 보는 인연으로는 의사나 법률가이며,

운의 흐름은, 태어나서부터 22세까지는 추운 기운인 水운이 오므로 평범하고, 23세부터 32세까지는 건조한 土운이 오므로 좋으며, 33세부터 52세까지는 찬 金운이 오므로 평범하고, 53세 이후부터 말년까지 30년간 더운 기운을 가진 火운이 오므로 매우 좋다.

위에서 설명한 운의 흐름은 10년간씩을 한꺼번에 보는 운이고, 그해 그해의 운의 흐름이 다르기 때문에 실제로는 그해의 운에 따라서 변화가 있다.

✤ 20 | 한씨 남자 작명

■ 사주

84	74	64	54	44	34	24	14	4		時柱	日柱	月柱	年柱	
甲	乙	丙	丁	戊	己	庚	辛	壬	大	辛 (금)	戊 (무토)	癸 (수)	丁 (화)	남
辰	巳	午	未	申	酉	戌	亥	子	運	酉 (금)	申 (금)	丑 (토)	酉 (금)	자

■ 사주 설명

이 사주는, 절기상 날씨가 추운 늦겨울에 자신을 나타내는 글자를 겨울 산에 비유해서 해석하는 戊土(무토)로 태어났다.

사주는 자연의 이치에 맞게 만들어진 학문으로, 기본적으로 木, 火, 土, 金, 水가 골고루 들어있어야 하고, 온도가 조화와 균형을 이룬 가운데 본인한테 필요한 성분이 많아야 좋은데, 늦겨울에 태어난 겨울 산인 戊土(무토)는 따뜻한 봄이 오면 생명체인 木(나무)을 기를 수 있기 때문에 더운 기운을 가진 火(불)가 많이 필요하나 사주에 찬 기운을 가진 金(쇠)이 너무 많아서 기온이 낮으므로 흘러가는 운에서 더운 기운을 갖고 있는 火운과 따뜻한 기운을 갖고 있는 건조한 土(토)운을 만나야 더욱 발전하기 때문에 이름에 이런 성분을 가진 글자에 해당하는 이름을 지어서 사주에 필요한 오행을 채워주었고,

사주가 이런 구조로 태어나면, 성품이 온화해서 착하고, 인정이 많으며, 두뇌가 좋아서 총명하고,

직업 인연은, 자기 사주에서 어떤 인연을 갖고 태어났느냐에 따라 결정되는데, 이 사주는 교육자나 연구 직종, 그리고 기술 직종인 전자공학이나 화학 등의 직종에 잘 맞고, 그 외에도 의사와 인연이 많으며,

운의 흐름은, 태어나서부터 23세까지는 추운 水운이 오므로 평범하고, 24세부터 33세까지는 건조한 土운이 오므로 좋으며, 34세부터 53세까지는 찬 金운이 오므로 평범하고, 54세 이후부터 말년까지는 이 사주에 가장 필요한 더운 기운을 가진 火운이 오므로 가장 왕성한 활동기에 운의 흐름이 매우 좋아서 크게 성공할 것이다.

위에서 설명한 운의 흐름은 10년간씩을 한꺼번에 보는 운이고, 그해 그해의 운의 흐름이 다르기 때문에 실제로는 그해의 운에 따라서 변화가 있다.

❀ 21 | 유씨 남자 작명

■ 사주

79	69	59	49	39	29	19	9		時柱	日柱	月柱	年柱	
甲	乙	丙	丁	戊	己	庚	辛	大	庚 (금)	乙 (을목)	壬 (수)	丁 (화)	여
辰	巳	午	未	申	酉	戌	亥	運	辰 (토)	未 (토)	子 (수)	酉 (금)	자

■ 사주 설명

이 사주는, 절기상 날씨가 가장 추운 한겨울에 자신을 나타내는 글자를 겨울 꽃나무에 비유해서 해석하는 乙木(을목)으로 태어났다.

사주는 자연의 이치에 맞게 만들어진 학문으로, 기본적으로 木, 火, 土, 金, 水가 골고루 들어있어야 하고, 온도가 조화와 균형을 이룬 가운데 본인한테 필요한 성분이 많아야 좋은 바, 오행이 고루 들어있으며, 꽃나무는 꽃을 피워야 아름답기 때문에 꽃과 더운 기운으로 해석하는 火(불)가 나타나 있어서 좋으나, 찬 기운을 갖고 있는 金(금)이 두 개이고, 추운 기운을 갖고 있는 水(물)가 두 개라서 기온이 낮아서 추우므로 흘러가는 운에서 더운 기운을 갖고 있는 火운과 자신을 나타내기도 하면서 따뜻한 기운으로 해석하는 木(목)운을 만나야 더욱 발전하기 때문에 이름에도 이런 성분을 가진 글자에 해당하는 이름을 지어서 사주에 필요한 오행을 채워주었고,

사주가 이런 구조로 태어나면, 성품이 온화해서 착하나 다소 예민하고, 두뇌가 좋아서 총명하며, 재능과 예능이 발달해 있고, 잘생겼으며,

직업 인연은, 자기 사주에서 어떤 성분을 가장 필요로 하느냐 또는 殺(살)에 의해 결정되는데, 이 사주는 교육자, 엔터테인먼트, 기술직종 또는 전자공학에 잘 맞고, 중년 이후에는 사업을 해도 성공할 것이며, 살로 보는 인연으로는 의사이며,

운의 흐름은, 태어나서부터 18세까지는 추운 水운이 오므로 평범하고, 19세부터 28세까지는 건조한 土운이 오므로 좋으며, 29세부터 48세까지는 찬 金운이 오므로 평범하고, 49세 이후부터 말년까지는 이 사주에 가장 필요한 더운 기운을 가진 火운이 오므로 매우 좋아서 크게 성공할 것이다.

위에서 설명한 운의 흐름은 10년간씩을 한꺼번에 보는 운이고, 그해 그해의 운의 흐름이 다르기 때문에 실제로는 그해의 운에 따라서 변화가 있다.

❀ 22 | 박씨 남자 작명

■ 사주

73	63	53	43	33	23	13	3		時柱	日柱	月柱	年柱	
乙	丙	丁	戊	己	庚	辛	壬	大	丁 (화)	丁 (정화)	癸 (수)	丁 (화)	남
巳	午	未	申	酉	戌	亥	子	運	未 (토)	未 (토)	丑 (토)	酉 (금)	자

■ 사주 설명

이 사주는, 절기상 날씨가 가장 추운 늦겨울에 자신을 나타내는 글자를 인공불에 비유해서 해석하는 丁火(정화)로 태어났다.

사주는 자연의 이치에 맞게 만들어진 학문으로, 기본적으로 木, 火, 土, 金, 水가 골고루 들어있어야 하고, 온도가 조화와 균형을 이룬 가운데 본인한테 필요한 성분이 많아야 좋은 바, 겨울에 태어난 인공불은 자신의 몸을 불태워 세상을 따뜻하고 밝게 해주는 역할을 하므로 남들로부터 환영받는 사람인데, 사주에 火(불)가 3개나 있으나 추운 기운을 갖고 있는 水氣(수기)가 강하기 때문에 자신이 열량을 더 많이 발산해야 하므로 흘러가는 운에서 더운 기운을 갖고 있는 火운과 따뜻한 기운을 갖고 있는 木(목)운을 만나야 더욱 발전하기 때문에 이름에도 이런 성분을 가진 글자에 해당하는 이름을 지어서 사주에 필요한 오행을 채워주었고,

사주가 이런 구조로 태어나면, 성품이 온화해서 착하나 다소 예민하고, 두뇌가 좋아서 총명하며,

직업 인연은, 자기 사주에서 어떤 성분을 가장 필요로 하느냐 또는 殺(살)에 의해 결정되는데, 이 사주는 교육자, 연구 직종, 기술 직종인 전자공학에 잘 맞고, 중년 이후에는 사업을 해도 성공할 것이며, 살로 보는 인연으로는 의사이며,

운의 흐름은, 태어나서부터 22세까지는 추운 水운이 오므로 평범하고, 23세부터 32세까지는 건조한 土운이 오므로 좋으며, 33세부터 52세까지는 찬 金운이 오므로 평범하고, 53세 이후부터 말년까지 30여년 동안 이 사주에 가장 필요한 더운 기운을 가진 火운이 오므로 매우 좋아서 크게 성공할 것이다.

위에서 설명한 운의 흐름은 10년간씩을 한꺼번에 보는 운이고, 그해 그해의 운의 흐름이 다르기 때문에 실제로는 그해의 운에 따라서 변화가 있다.

✿23 | 조씨 여자 개명

■ 사주

73	63	53	43	33	23	13	3		時柱	日柱	月柱	年柱	
辛	壬	癸	甲	乙	丙	丁	戊	大	乙 (목)	壬 (임수)	己 (토)	庚 (금)	여
未	申	酉	戌	亥	子	丑	寅	運	巳 (화)	申 (금)	卯 (목)	辰 (토)	자

■ 사주 설명

이 사주는, 절기상 날씨가 포근한 중 봄에 자신을 나타내는 글자를 강물에 비유해서 해석하는 壬水(임수)로 태어났다.

사주는 자연의 이치에 맞게 만들어진 학문으로, 기본적으로 木, 火, 土, 金, 水가 골고루 들어있어야 좋고, 온도가 조화와 균형을 이루면서 본인한테 필요한 성분이 많아야 좋은 바, 오행이 고루 들어있으며, 태어난 계절이 중 봄이라 생명체인 木(나무)을 기르기 위해 바쁜데, 아직 기온이 낮은데다가 습한 기운이 많으므로 더워져야 나무(木)가 잘 자라기 때문에 더운 기운을 갖고 있는 火(불)운과 火를 생해주는 따뜻한 기운을 갖고 있는 木운을 만나야 더욱 발전하기 때문에 이름에도 이런 성분을 가진 글자에 해당하는 이름을 지어서 사주에 필요한 오행을 채워주었고,

사주가 이런 구조로 태어나면, 성품이 예민하기도 하고 성실하며, 두뇌가 좋아서 아이큐가 높으며,

직업 인연은, 자기 사주에서 어떤 성분을 가장 필요로 하느냐 또는 殺(살)에 의해 결정되는데, 이 사주는 자격증을 가진 직장인이나 교육 직종, 금융업종에 잘 맞고, 중년이후에는 사업을 해도 성공할 것이며, 살로 보는 인연으로는 의사이며,

운의 흐름은, 태어나서부터 12세까지는 따뜻한 기운을 가진 木운이오므로 좋고, 13세부터 42세까지는 추운 기운을 가진 水운이 오므로 평범하며, 43세부터 52세까지는 건조한 土운이 오므로 좋고, 53세 이후부터 72세까지는 찬 金운이 오므로 평범하며, 73세부터 말년까지는 더운 기운을 가진 火운이 오므로 매우 좋다.

위에서 설명한 운의 흐름은 10년간씩을 한꺼번에 보는 운이고, 그해 그해의 운의 흐름이 다르기 때문에 실제로는 그해의 운에 따라서 변화가 있다.

■사주

74	64	54	44	34	24	14	4		時柱	日柱	月柱	年柱	
己	庚	辛	壬	癸	甲	乙	丙	大	辛 (금)	甲 (갑목)	丁 (화)	戊 (토)	여
酉	戌	亥	子	丑	寅	卯	辰	運	未 (토)	子 (수)	巳 (화)	寅 (목)	자

■사주 설명

이 사주는, 절기상 날씨가 더워지기 시작한 초여름에 자신을 나타내는 글자를 큰 나무에 비유해서 해석하는 甲木(갑목)으로 태어났다.

사주는 자연의 이치에 맞게 만들어진 학문으로, 기본적으로 木, 火, 土, 金, 水가 골고루 들어있어야 좋고, 온도가 조화와 균형을 이루면서 본인한테 필요한 성분이 많아야 좋은 바, 오행이 고루 들어있으며, 태어난 계절이 초여름이라 더워지고 건조하기 때문에 나무(木)가 잘 자라려면 水(물)가 가장 필요할 뿐만 아니라 균형을 잡아주기 위해서도 추운 기운을 갖고 있는 水(물)운과 水를 생해주는 찬 기운을 갖고 있는 金운을 만나야 더욱 발전하기 때문에 이름에도 이런 성분을 가진 글자에 해당하는 이름을 지어서 사주에 필요한 오행을 채워주었고,

사주가 이런 구조로 태어나면, 성품이 리더형으로 듬직한 것 같으나 예민하기도 하고 두뇌가 좋아서 아이큐가 높으며,

직업 인연은, 자기 사주에서 어떤 성분을 가장 필요로 하느냐 또는 殺(살)에 의해

결정되는데, 이 사주는 자격증을 가진 직장인이나 교육자, 식생활과 관련 업종이나 해외와 관련된 직업군에 잘 맞고, 중년 이후에는 사업을 해도 성공할 것이며, 살로 보는 인연으로는 의사이며,

운의 흐름은, 태어나서부터 13세까지는 습한 기운을 가진 土운이 오므로 좋고, 14세부터 33세까지는 자신과 같은 기운을 가진 木운이 오므로 평범하며, 34세부터 63세까지는 이 사주에 가장 필요한 水운이 오므로매우 좋고, 64세 이후부터 73세까지는 건조한 土운이 오므로 평범하며, 74세부터 말년까지는 水를 생성시켜주는 기운을 가진 金운이 오므로 좋고, 전체적인 운의 흐름이 좋아서 크게 성공할 것이다.

위에서 설명한 운의 흐름은 10년간씩을 한꺼번에 보는 운이고, 그해 그해의 운의 흐름이 다르기 때문에 실제로는 그해의 운에 따라서 변화가 있다.

❀ 25 | 박씨 여자 개명

■ 사주

79	69	59	49	39	29	19	9		時柱	日柱	月柱	年柱	
辛	庚	己	戊	丁	丙	乙	甲	大	辛	乙	癸	乙	여
卯	寅	丑	子	亥	戌	酉	申	運	巳	巳	未	亥	자

■ 사주 설명

이 사주는, 절기상 날씨가 더운 늦여름에 자신을 나타내는 글자를 꽃나무에 비유해서 해석하는 乙木(을목)으로 태어났다.

사주에는 기본적으로 木, 火, 土, 金, 水가 골고루 들어있어서 조화와 균형을 이룬 가운데 본인한테 필요한 성분이 많아야 좋은 바, 꽃나무의 임무는 아름다운 꽃을 피우는 것인데, 꽃이 활짝 피어서 아름다우나 여름생이고 더운 기운이 강해서 기온이 높아 갈증을 느끼고 있으므로 추운 기운을 갖고 있는 水(물)와 물(水)을 생해주는 金(구름)이 더 필요하므로, 흘러가는 운에서 水운과 金운을 만나야 더욱 발전하기 때문에 이름에도 이런 성분을 넣어 이름을 지어 사주에 필요한 오행을 채워주었고,

사주가 이런 구조로 태어나면, 성품이 부드럽고 착하며 인정이 많으나, 예민하고, 두뇌가 좋아서 총명하며, 결혼을 안 하거나 해도 애로사항이 많고,

직업 인연은, 자기 사주에서 어떤 인연을 갖고 태어났느냐와 흘러가는 운에 의해

서 결정되는데, 이 사주는 교육, 연구 직종에 잘 맞고, 사람의 생명을 다루는 의료 계와도 인연이 있는 좋은 사주이고,

운의 흐름은, 태어나서부터 28세까지는 찬 기운을 가진 金운이 오므로 좋고, 29세부터 38세까지는 건조한 土운이 오므로 약하며, 49세부터 68세까지는 이 사주에 가장 필요한 추운 기운을 가진 水(물)운이 오므로 매우 좋고, 69세 이후부터 말년까지는 따뜻한 기운을 갖고 있는 木(나무)운이 오므로 평범하다.

위에서 설명한 운의 흐름은 10년간씩을 한꺼번에 보는 운이고, 그해 그해의 운의 흐름이 다르기 때문에 실제로는 그해의 운에 따라서 변화가 있다.

❀ 26 | 이씨 여자 개명

■ 사주

79	69	59	49	39	29	19	9		時柱	日柱	月柱	年柱	
癸	壬	辛	庚	己	戊	丁	丙	大	丙	乙	乙	己	여
未	午	巳	辰	卯	寅	丑	子	運	戌	丑	亥	卯	자

■ 사주 설명

이 사주는, 절기상 날씨가 추워지기 시작한 초겨울에 자신을 나타내는 글자를 꽃나무에 비유해서 해석하는 乙木(을목)으로 태어났다.

사주에는 기본적으로 木, 火, 土, 金, 水가 골고루 들어있어서 조화와 균형을 이룬 가운데 본인한테 필요한 성분이 많아야 좋은 바, 꽃나무의 임무는 아름다운 꽃을 피우는 것인데, 꽃이 활짝 피어서 아름다우나 겨울생이고 추운기운이 강해서 추위에 떨고 있는 형국으로, 지속적으로 꽃을 피우려면 더 따뜻해야 하므로 더운 기운을 갖고 있는 火(불)와 추위를 막아주는 土(흙)가 더 필요하기 때문에 흘러가는 운에서 火운과 土운을 만나야 더욱 발전하고, 이름에도 이런성분을 넣어 이름을 지어 사주에 필요한 오행을 채워주었고,

사주가 이런 구조로 태어나면, 성품이 부드럽고 활달하며 인정이 많고, 두뇌가 좋아서 총명하며, 예능 감각이 발달해 있고, 결혼 후 부부관계에 애로사항이 많으며,

직업 인연은, 자기 사주에서 어떤 인연을 갖고 태어났느냐와 흘러가는 운에 의해서 결정되는데, 이 사주는 방송인, 방송, 항공, 전기 전자 또는 교육 직종에 잘 맞고, 사람의 생명을 다루는 의료계와도 인연이 있는 좋은 사주이고,

운의 흐름은, 태어나서부터 28세까지는 추운 기운을 가진 水운이 오므로 약하고, 29세부터 48세까지는 따뜻한 木운이 오므로 좋으며, 49세부터 58세까지는 습한 기운을 가진 土운이 오므로 평범하고, 59세 이후부터 말년까지는 이 사주에 가장 좋은 더운 기운을 가진 火운이 오므로 매우 좋다.

위에서 설명한 운의 흐름은 10년간씩을 한꺼번에 보는 운이고, 그해 그해의 운의 흐름이 다르기 때문에 실제로는 그해의 운에 따라서 변화가 있다.

■사주

71	61	51	41	31	21	11	1		時柱	日柱	月柱	年柱	
辛	庚	己	戊	丁	丙	乙	甲	大	甲	丙	癸	丁	여
酉	申	未	午	巳	辰	卯	寅	運	午	寅	丑	酉	자

■사주 설명

이 사주는, 절기상 날씨가 추운 늦겨울에 자신을 나타내는 글자를 태양불에 비유해서 해석하는 丙火(병화)로 태어났다.

사주에는 기본적으로 木, 火, 土, 金, 水가 골고루 들어있어서 조화와 균형을 이룬 가운데 본인한테 필요한 성분이 많아야 좋은 바, 이 사주는 늦겨울에 태양불로 태어나 세상을 밝고 따뜻하게 해주기 위해서 태어났는데, 태어난 계절이 추우므로 자신이 더 많은 열량을 발산해야 하기 때문에 더운 기운을 가진 火와 따뜻한 기운을 가진 木이 더 필요하므로, 흘러가는 운에서 火운과 木운을 만나야 더욱 발전하기 때문에 이름에도 이런 성분을 넣어 이름을 지어 사주에 필요한 오행을 채워주었고,

사주가 이런 구조로 태어나면, 리더형으로 자존심이 강하고, 가정과 사회에서 중추적인 역할을 할 인물이며, 그릇이 크고 건강하며, 두뇌가 좋아서 영재형이라 총명하고, 잘생겼으며,

직업 인연은, 자기 사주에서 어떤 인연을 갖고 태어났느냐와 흘러가는 운에 의해서 결정되는데, 이 사주는 법관 등 고급 공무원이나 방송인, 금융인 또는 경영자에 잘 맞고, 사람의 생명을 살리는 의사와도 인연이며, 능력있는 사업가로도 성공할 수 있는 좋은 사주이고,

운의 흐름은, 태어나서부터 20세까지는 따뜻한 기운을 가진 木운이 오므로 좋고, 21세부터 30세까지는 습한 土운이 오므로 평범하며, 31세부터 60세까지는 이 사주에 가장 좋은 더운 기운을 가진 火운이 오므로 매우 좋고, 61세 이후부터 말년까지는 찬 기운을 가진 金운이 오므로 평범한데, 전체적인 운의 흐름이 매우 좋다.

위에서 설명한 운의 흐름은 10년간씩을 한꺼번에 보는 운이고, 그해 그해의 운의 흐름이 다르기 때문에 실제로는 그해의 운에 따라서 변화가 있다.

⊛ 28 | 정씨 여자 개명

■ 사주

80	70	60	50	40	30	20	10		時柱	日柱	月柱	年柱	
甲	乙	丙	丁	戊	己	庚	辛	大	甲	壬	壬	壬	여
午	未	申	酉	戌	亥	子	丑	運	辰	申	寅	午	자

■ 사주 설명

이 사주는, 절기상 날씨가 포근해지기 시작한 초봄에 자신을 나타내는 글자를 강물에 비유해서 해석하는 壬水(임수)로 태어났다.

사주에는 기본적으로 木, 火, 土, 金, 水가 골고루 들어있어서 조화와 균형을 이룬 가운데 본인한테 필요한 성분이 많아야 좋은 바, 봄에 태어난 壬水(임수)가 생명체인 나무(木)를 기르고 있으므로 성실하고 착하며 부지런하나, 태어난 계절이 초봄이라서 아직 기온이 낮은 데다가 물(水)은 충분히 있으므로 더욱더 질 좋은 나무를 기르기 위해서는 더운 기운을 갖고 있는 火(불)와 따뜻한 기운을 갖고 있는 木(나무)이 더 필요하기 때문에 흘러가는 운에서 火운과 木운을 만나야 더욱 발전하므로 이름에도 이런 성분을 넣어 이름을 지어 사주에 필요한 오행을 채워주었고,

사주가 이런 구조로 태어나면, 성품이 성실하고 착하며 부지런하고 인정이 많으며 합리적이고, 두뇌가 좋아서 총명하며,

직업 인연은, 자기 사주에서 어떤 인연을 갖고 태어났느냐와 흘러가는 운에 의해

서 결정되는데, 이 사주는 방송 및 예능, 교육, 금융업종에 잘 맞고, 사람의 생명을 다루는 의료계와도 인연이 있는 좋은 사주이고,

운의 흐름은, 태어나서부터 39세까지는 추운 기운을 가진 水운이 오므로 평범하고, 40세부터 49세까지는 건조한 土운이 오므로 좋으며, 50세부터 69세까지는 찬 기운을 가진 金운이 오므로 평범하고, 70세 이후부터 말년까지는 이 사주에 가장 필요한 더운 기운을 갖고 있는 火운이 오므로 좋다.

위에서 설명한 운의 흐름은 10년간씩을 한꺼번에 보는 운이고, 그해 그해의 운의 흐름이 다르기 때문에 실제로는 그해의 운에 따라서 변화가 있다.

❀29 | 나씨 남자 작명

■ 사주

71	61	51	41	31	21	11	1		時柱	日柱	月柱	年柱	
乙	丙	丁	戊	己	庚	辛	壬	大	壬	戊	癸	丁	남
巳	午	未	申	酉	戌	亥	子	運	戌	戌	丑	酉	자

■ 사주 설명

이 사주는, 절기상 날씨가 가장 추운 늦겨울에 자신을 나타내는 글자를 큰 산에 비유해서 해석하는 戊土(무토)로 태어났다.

사주는 자연의 이치에 맞게 만들어진 학문으로, 기본적으로 木, 火, 土, 金, 水가 골고루 들어있어야 하고, 온도가 조화와 균형을 이룬 가운데 본인한테 필요한 성분이 많아야 좋은 바, 土(산)는 원래 나무(木)를 기르는 것이 목적인데, 나무를 기르기 위해서는 火(불)가 충분해야 하나 이 사주는 겨울에 태어난데다 추운 기운을 갖고 있는 水(물)와 찬 기운을 갖고 있는 金(구름)의 기운이 강해서 상대적으로 火(불)가 약하므로 흘러가는 운에서 더운 기운을 갖고 있는 火운과 따뜻한 기운을 갖고 있는 木(목)운을 만나야 더욱 발전하기 때문에 이름에도 이런 성분을 가진 글자를 선택하여 이름을 지어서 사주에 필요한 오행을 채워주었고,

사주가 이런 구조로 태어나면, 성품이 원만하고 온화하며 성실하고, 두뇌가 좋아서 총명하며, 잘생겼으며,

직업 인연은, 자기 사주에서 어떤 인연을 타고났느냐와 운의 흐름에 따라서 결정되는데, 이 사주는 교육자, 연구 직종, 그리고 기술 직종인 전자공학에 잘 맞고, 의료분야와 인연이며,

운의 흐름은, 태어나서부터 20세까지는 추운 水운이 오므로 평범하고, 21세부터 30세까지는 건조한 土운이 오므로 좋으며, 31세부터 50세까지는 찬 金운이 오므로 평범하고, 51세 이후부터 말년까지는 이 사주에 가장 필요한 더운 기운을 가진 火운이 오므로 매우 좋아서 크게 성공할 것이다.

위에서 설명한 운의 흐름은 10년간씩을 한꺼번에 보는 운이고, 그해 그해의 운의 흐름이 다르기 때문에 실제로는 그해의 운에 따라서 변화가 있다.

⊛30 | 남씨 여자 개명

■사주

76	66	56	46	36	26	16	6		時柱	日柱	月柱	年柱	
壬	癸	甲	乙	丙	丁	戊	己	大	辛	乙	庚	丙	여
辰	巳	午	未	申	酉	戌	亥	運	巳	未	子	子	자

■사주 설명

이 사주는, 절기상 날씨가 추운 한겨울에 자신을 나타내는 글자를 꽃나무에 비유해서 해석하는 乙木(을목)으로 태어났다.

사주에는 기본적으로 木, 火, 土, 金, 水가 골고루 들어있어서 조화와 균형을 이룬 가운데 본인한테 필요한 성분이 많아야 좋은 바, 꽃나무는 아름다운 꽃을 피우기 위해서 태어났는데 火(불)가 나타나 있어서 꽃이 피었으나, 태어난 계절이 겨울이고, 추운 기운이 강해서 추위에 떨고 있는 형상이므로 더욱 더 아름다운 꽃을 지속적으로 피워야 하고, 성공한 삶을 살기 위해서 더운 기운을 갖고 있는 火(불)와 따뜻한 기운을 갖고 있는 木(나무)이 더 많이 필요하기 때문에 흘러가는 운에서 火운과 木운을 만나야 더욱 발전하므로 이름에도 이런 성분을 넣어 이름을 지어서 사주에 필요한 오행을 채워주었고, 자신인 꽃나무 바로 양옆에 木(나무)을 극(공격)하는 金(쇠)이 존재해 있어서 성품이 기본적으로는 부드럽고 착하나 내면에는 예민하고 두뇌가 좋아서 총명하며,

직업 인연은, 자기 사주에서 어떤 인연을 갖고 태어났느냐와 흘러가는 운에 의해

서 결정되는데, 이 사주는 교육, 전기, 전자, 화학, 금융업종에 인연이고, 사람의 생명과 관련된 의료 직종과도 인연이 있는 좋은 사주이고,

운의 흐름은, 태어나서부터 15세까지는 추운 기운을 가진 水운이 오므로 평범하고, 16세부터 25세까지는 건조한 土운이 오므로 좋으며, 26세부터 45세까지는 찬 기운을 가진 金운이 오므로 평범하고, 46세 이후부터 말년까지는 이 사주에 가장 필요한 더운 기운을 갖고 있는 火운이 오므로 매우 좋다.

위에서 설명한 운의 흐름은 10년간씩을 한꺼번에 보는 운이고, 그해 그해의 운의 흐름이 다르기 때문에 실제로는 그해의 운에 따라서 변화가 있다.

✿31 | 김씨 여자 작명

■ 사주

73	63	53	43	33	23	13	3			時柱	日柱	月柱	年柱	
丙	丁	戊	己	庚	辛	壬	癸	大		丙	丙	甲	戊	여
午	未	申	酉	戌	亥	子	丑	運		申	子	寅	戌	아

■ 사주 설명

이 사주는, 절기상 날씨가 포근해지기 시작한 초봄에 자신을 나타내는 글자를 태양불에 비유해서 해석하는 丙火(병화)로 태어났다.

사주에는 기본적으로 木, 火, 土, 金, 水가 골고루 들어있어서 조화와 균형을 이룬 가운데 본인한테 필요한 성분이 많아야 좋은 바, 봄에 태어난 태양 불(火)은 자신의 몸을 불태워서 세상을 밝고 따뜻하게 만들어 생명체인 木(나무)을 기르므로 성실한데, 아직 기온이 낮으므로 더운 기운을 갖고 있는 火와 따뜻한 기운을 가진 木이 더 필요하므로, 흘러가는 운에서 火운과 木운을 만나야 더욱 발전하기 때문에 이름에도 이런 성분을 넣어 이름을 지어 사주에 필요한 오행을 채워주었고,

사주가 이런 구조로 태어나면, 리더형으로 자존심이 강하고, 가정과 사회에서 중추적인 역할을 할 인물이며, 그릇이 크고 건강하고, 두뇌가 좋아서 총명하며,

직업 인연은, 자기 사주에서 어떤 인연을 갖고 태어났느냐와 흘러가는 운에 의해서 결정되는데, 이 사주는 공무원이나 방송인 또는 언론인, 경영자에 잘 맞고, 사

람의 생명을 살리는 의사와도 인연이 있는 좋은 사주이고,

운의 흐름은, 태어나서부터 32세까지는 추운 기운을 가진 水운이 오므로 평범하고, 33세부터 42세까지는 건조한 土운이 오므로 좋으며, 43세부터 62세까지는 찬 기운을 가진 金운이 오므로 평범하고, 63세 이후부터 말년까지는 이 사주에 가장 좋은 더운 기운을 가진 火운이 오므로 매우 좋다.

위에서 설명한 운의 흐름은 10년간씩을 한꺼번에 보는 운이고, 그해 그해의 운의 흐름이 다르기 때문에 실제로는 그해의 운에 따라서 변화가 있다.

■ 사주

74	64	54	44	34	24	14	4		時柱	日柱	月柱	年柱	
辛	庚	己	戊	丁	丙	乙	甲	大	辛	乙	癸	丁	여
酉	申	未	午	巳	辰	卯	寅	運	巳	卯	丑	酉	자

■ 사주 설명

이 사주는, 절기상 날씨가 가장 추운 늦겨울에 자신을 나타내는 글자를 꽃나무에 비유해서 해석하는 乙木(을목)으로 태어났다.

사주는 자연의 이치에 맞게 만들어진 학문으로, 기본적으로 木, 火, 土, 金, 水가 골고루 들어있어야 하고, 온도가 조화와 균형을 이룬 가운데 본인한테 필요한 성분이 많아야 좋은 바, 겨울에 태어난 꽃나무(木)는 따뜻한 기운을 받아서 꽃을 피우는 것이 목적이므로 火(불)가 우선 필요하고, 자신의 힘을 강화시켜주는 木(나무)도 필요한데, 이 사주는 겨울에 태어난데다 추운 기운을 갖고 있는 水(물)와 찬 기운을 갖고 있는 金의 기운이 강해서 상대적으로 火(불)가 약하므로 흘러가는 운에서 더운 기운을 갖고 있는 火운과 따뜻한 기운을 갖고 있는 木(목)운을 만나야 더욱 발전하기 때문에 이름에도 이런 성분을 가진 글자를 선택하여 이름을 지어서 사주에 필요한 오행을 채워주었고,

사주가 이런 구조로 태어나면, 성품이 부드럽고 착한 것 같으나 매우 예민하고, 두뇌가 좋아서 총명하며, 잘생겼고,

직업인연은, 자기 사주에서 어떤 인연을 타고났느냐와 운의 흐름에 따라서 결정되는데, 이 사주는 교육자나 기술 직종인 전자공학 그리고, 항공분야나 예능에 소질이 있고, 의료분야와도 인연이며,

운의 흐름은, 태어나서부터 23세까지는 따뜻한 기운을 가진 木운이 오므로 좋고, 24세부터 33세까지는 습한 土운이 오므로 평범하며, 34세부터 63세까지 30년 동안은 이 사주에 가장 필요한 火운이 오므로 매우 좋아서 크게 발전할 것이고, 64세 이후부터 말년까지는 찬 기운을 가진 金운이 오므로 평범하다.

위에서 설명한 운의 흐름은 10년간씩을 한꺼번에 보는 운이고, 그해 그해의 운의 흐름이 다르기 때문에 실제로는 그해의 운에 따라서 변화가 있다.

❀33 | 유씨 여자 작명

■ 사주

72	62	52	42	32	22	12	2		時柱	日柱	月柱	年柱	
丁	戊	己	庚	辛	壬	癸	甲	大	丙	甲	乙	戊	여
未	申	酉	戌	亥	子	丑	寅	運	子	辰	卯	戌	자

■ 사주 설명

이 사주는, 절기상 날씨가 포근한 중봄에 자신을 나타내는 글자를 큰 나무에 비유해서 해석하는 甲木(갑목)으로 태어났다.

사주에는 기본적으로 木, 火, 土, 金, 水가 골고루 들어있어서 조화와 균형을 이룬 가운데 본인한테 필요한 성분이 많아야 좋은 바, 봄에 태어난 큰 나무인 甲木(갑목)이 火(불)를 봐서 꽃을 피웠으므로 아름답고 좋으나, 태어난 계절이 아직 기온이 낮기 때문에 더 많은 火(불)를 만나서 기온이 높아져야 하므로 더운 기운을 가진 火(불)운과 따뜻한 기운을 가진 木(나무)운을 만나야 좋으므로 이름에도 이런 성분을 넣어서 이름을 지어 사주에 필요한 오행을 채워주었고,

사주가 이런 구조로 태어나면, 성품이 리더격으로 태어났기 때문에 가정과 사회에서 리더쉽을 발휘할 것이고, 꽃을 피웠으므로 잘생겼으며, 두뇌가 좋아서 총명하고, 건강하며,

직업 인연은, 자기 사주에서 어떤 인연을 갖고 태어났느냐와 흘러 가는 운에 의해

서 결정되는데, 이 사주는 교육자나 기술성 전문 직종, 금융업종과 인연이고, 기획력이 탁월하며, 전자분야나 방송과 관계되는 일에도 맞고, 사람의 생명을 살리는 의사와도 인연이 있는 좋은 사주이며,

운의 흐름은, 태어나서부터 11세까지는 木운이 오므로 좋고, 12세부터 31세까지는 추운 기운을 가진 水(물)운이 오므로 평범하 며, 42세부터 51세까지는 건조한 기운을 가진 土운이 오므로 좋고, 52세 이후부터 71세까지는 찬 金(쇠)운이 오므로 평범하며, 72세부터 말년까지는 더운 기운을 가진 火운이 오므로 좋다.

위에서 설명한 운의 흐름은 10년간씩을 한꺼번에 보는 운이고, 그해 그해의 운의 흐름이 다르기 때문에 실제로는 그해의 운에 따라서 변화가 있다.

■ 사주

78	68	58	48	38	28	18	8		時柱	日柱	月柱	年柱	
癸	壬	辛	庚	己	戊	丁	丙	大	丁	癸	乙	戊	남
亥	戌	酉	申	未	午	巳	辰	運	巳	卯	卯	戌	자

■ 사주 설명

이 사주는, 절기상 날씨가 포근한 중봄에 자신을 나타내는 글자를 봄비에 비유해서 해석하는 癸水(계수)로 태어났다.

사주에는 기본적으로 木, 火, 土, 金, 水가 골고루 들어있어서 조화와 균형을 이룬 가운데 본인한테 필요한 성분이 많아야 좋은 바, 봄에 태어난 봄비인 癸水(계수)는 생명체인 木(나무)을 기르기 위해서 태어났는데, 자신(水)을 도와주는 水(물)나 水를 도와주는 金이 전혀 없기 때문에 水로서의 기능을 하지 않고, 강한 세력을 형성하고 있는 火(불)로 변신을 한 좋은 사주이므로 흘러가는 운에서 火운과 火를 돕는 木(나무)운, 그리고 건조한 土(흙)운을 만나야 더욱 발전하기 때문에 이름에도 이런 성분을 넣어서 이름을 지어 사주에 필요한 오행을 채워주었고,

사주가 이런 구조로 태어나면, 성품이 두뇌가 좋아서 총명하고, 돈과 현실에 대한 감각이 발달해 있으며, 정직하고 예민하며,

직업 인연은, 자기 사주에서 어떤 인연을 갖고 태어났느냐와 흘러 가는 운에 의해

서 결정되는데, 이 사주는 공무원이나 금융업종, 방송이나 전자분야와 관계되는 일에 잘 맞고, 사업에도 인연이 있는 좋은 사주이며,

운의 흐름은, 태어나서부터 17세까지는 습한 기운을 가진 土(흙) 운이 오므로 평범하고, 18세부터 47세까지는 더운 기운을 가진 火운이 오므로 매우 좋으며, 48세부터 67세까지는 찬 기운을 가진 金운이 오므로 평범하고, 68세 이후부터 말년까지는 건조한 기운을 가진 土운이 오므로 좋다.

위에서 설명한 운의 흐름은 10년간씩을 한꺼번에 보는 운이고, 그해 그해의 운의 흐름이 다르기 때문에 실제로는 그해의 운에 따라서 변화가 있다.

🏵 35 | 우씨 여자 작명

■사주

77	67	57	47	37	27	17	7		時柱	日柱	月柱	年柱	
丙	丁	戊	己	庚	辛	壬	癸	大	乙	己	甲	戊	여
午	未	申	酉	戌	亥	子	丑	運	亥	丑	寅	戌	자

■사주 설명

이 사주는, 절기상 날씨가 포근해지기 시작한 초봄에 자신을 나타내는 글자를 야산에 비유해서 해석하는 己土(기토)로 태어났다.

사주에는 기본적으로 木, 火, 土, 金, 水가 골고루 들어있어서 조화와 균형을 이룬 가운데 본인한테 필요한 성분이 많아야 좋은 바, 봄에 태어난 넓고 큰 산(土)에 생명체인 木(나무)을 기르는 것이 가장 좋은데, 이 사주는 자신의 세력은 약한데 나무가 너무 많아서 기르기 벅찬 구조이고, 태어난 계절이 초봄인데다 기온이 낮아 냉해서 더운 기운을 가진 火운과 자신과 같은 성분인 土운을 만나야 발전하므로 흘러가는 운에서 火운과 土운을 만나야 더욱 발전하기 때문에 이름에도 이런 성분을 넣어서 이름을 지어 사주에 필요한 오행을 채워주었고,

사주가 이런 구조로 태어나면, 성품이 예민하고, 정직하며, 영재형으로 두뇌가 좋아서 총명하고, 잘생겼으며,

직업 인연은, 자기 사주에서 어떤 인연을 갖고 태어났느냐와 흘러가는 운에 의해

서 결정되는데, 이 사주는 교육자나 연구 직종에 잘 맞고, 사람의 생명을 살리는 의사와도 인연이 있는 사주이며,

운의 흐름은, 태어나서부터 36세까지는 추운 기운을 가진 水(물)운이 오므로 평범하고, 37세부터 46세까지는 건조한 기운을 가진 운이 오므로 좋은 점이 있으면서도 마음고생이 따르며, 47세부터 66세까지는 찬 기운을 가진 金운이 오므로 평범하고, 67세 이후부터 말년까지는 더운 기운을 가진 火운이 오므로 좋다.

위에서 설명한 운의 흐름은 10년간씩을 한꺼번에 보는 운이고, 그해 그해의 운의 흐름이 다르기 때문에 실제로는 그해의 운에 따라서 변화가 있다.

✿36 | 김씨 남자 작명

■사주

77	67	57	47	37	27	17	7		時柱	日柱	月柱	年柱	
壬	辛	庚	己	戊	丁	丙	乙	大	乙	丁	甲	戊	남
戌	酉	申	未	午	巳	辰	卯	運	巳	丑	寅	戌	자

■사주 설명

이 사주는, 절기상 날씨가 포근해지기 시작한 초봄에 자신을 나타내는 글자를 인공 불에 비유해서 해석하는 丁火(정화)로 태어났다.

사주에는 기본적으로 木, 火, 土, 金, 水가 골고루 들어있어서 조화와 균형을 이룬 가운데 본인한테 필요한 성분이 많아야 좋은 바, 봄에 태어난 인공 불(火)은 자신의 몸을 불태워서 세상을 밝고 따뜻하게 만들어 생명체인 木(나무)을 기르므로 성실한데, 사주에 木이 많이 나타나 있으나, 水(물)와 물의 원천인 金이 없어서 건조하므로 흘러가는 운에서 水운과 水를 돕는 金운을 만나야 더욱 발전하기 때문에 이름에도 이런 성분을 넣어서 이름을 지어 사주에 필요한 오행을 채워주었고,

사주가 이런 구조로 태어나면, 성품이 여리고 감성적이며, 착하고, 총명하며,

직업 인연은, 자기 사주에서 어떤 인연을 갖고 태어났느냐와 흘러 가는 운에 의해서 결정되는데, 이 사주는 공무원이나 방송과 관계 되는 일에 잘 맞고, 사람의 생명을 살리는 의사와도 인연이 있는 좋은 사주이고,

운의 흐름은, 태어나서부터 16세까지는 따뜻한 木운이 오므로 평범하고, 17세부터 26세까지는 습한 土운이 오므로 좋으며, 27세부터 56세까지는 더운 기운을 가진 金운이 오므로 평범하고, 57세 이후부터 말년까지는 찬 기운을 가진 金운이 오므로 매우 좋다.

위에서 설명한 운의 흐름은 10년간씩을 한꺼번에 보는 운이고, 그해 그해의 운의 흐름이 다르기 때문에 실제로는 그해의 운에 따라서 변화가 있다.

❀ 37 | 진씨 남자 작명

■ 사주

76	66	56	46	36	26	16	6		時柱	日柱	月柱	年柱	
癸	壬	辛	庚	己	戊	丁	丙	大	戊	戊	乙	戊	남
亥	戌	酉	申	未	午	巳	辰	運	午	申	卯	戌	자

■ 사주 설명

이 사주는, 절기상 날씨가 포근한 중봄에 자신을 나타내는 글자를 큰 산에 비유해서 해석하는 戊土(무토)로 태어났다.

사주에는 기본적으로 木, 火, 土, 金, 水가 골고루 들어있어서 조화와 균형을 이룬 가운데 본인한테 필요한 성분이 많아야 좋은 바, 봄에 태어난 크고 넓은 산인 戊土(무토)는 생명체인 나무(木)를 기르는 것이 본분으로, 건강한 木(나무)이 나타나 있어서 아름답고 값어치 있는 산(흙)이라서 좋은데, 더 좋은 환경을 만들어 값진 土(산)가 되기 위해서 木(나무)이 더 필요하고, 온도를 높여주는 火(불)도 필요하므로 흘러가는 운에서 木운과 火운을 만나야 더욱 발전하기 때문에 이름에도 이런 성분을 넣어서 이름을 지어 사주에 필요한 오행을 채워주었고,

사주가 이런 구조로 태어나면, 성품이 원만하고, 곧고 정직하며, 체력이 강하고, 두뇌가 좋아 총명하며,

직업 인연은, 자기 사주에서 어떤 인연을 갖고 태어났느냐와 흘러가는 운에 의해

서 결정되는데, 이 사주는 공무원 같은 조직성 직업이나 법조인에 잘 맞고, 사람의 생명을 살리는 의사와도 인연이 있는 좋은 사주이고,

운의 흐름은, 태어나서부터 15세까지는 습한 土운이 오므로 평범하고, 16세부터 45세까지는 더운 火운이 오므로 좋으며, 46세부터 65세까지는 찬 기운을 가진 金운이 오므로 평범하고, 66세 이후부터 75세까지는 건조한 土운이 오므로 좋으며, 76세부터 말년까지는 추운 기운을 가진 水운이 오므로 평범하다.

위에서 설명한 운의 흐름은 10년간씩을 한꺼번에 보는 운이고, 그해 그해의 운의 흐름이 다르기 때문에 실제로는 그해의 운에 따라서 변화가 있다.

■ 사주

77	67	57	47	37	27	17	7		時柱	日柱	月柱	年柱	
戊	己	庚	辛	壬	癸	甲	乙	大	甲	乙	丙	壬	여
戌	亥	子	丑	寅	卯	辰	巳	運	申	丑	午	午	자

■ 사주 설명

이 사주는, 절기상 날씨가 무더운 한 여름에 자신을 나타내는 글자를 꽃나무에 비유해서 해석하는 乙木(을목)으로 태어났다.

사주에는 기본적으로 木, 火, 土, 金, 水가 골고루 들어있어서 조화와 균형을 이룬 가운데 본인한테 필요한 성분이 많아야 좋은 바, 더운 여름에 태어난 꽃나무인 乙木(을목)이 꽃으로 해석하는 火(불)가 나타나 있어 아름다운 꽃이 활짝피어 좋으나, 火(불) 너무 많아 덥고 건조하기 때문에 물(水)이 많이 필요하므로 흘러가는 운에서 水운을 만나야 좋고, 水(물)를 생성시켜주는 金운이 와야 발전을 하기 때문에 이름에도 이런 성분을 넣어서 이름을 지어 사주에 필요한 오행을 채워주었고,

사주가 이런 구조로 태어나면, 성품이 부드럽고 착하고, 개성이 강하며, 정이 많고, 잘생겼으며, 두뇌가 좋아서 총명하고,

직업 인연은, 자기 사주에서 어떤 인연을 갖고 태어났느냐와 흘러 가는 운에 의해서 결정되는데, 이 사주는 교육자나 예능, 기술성 전문 직종에 인연이고, 아이디

어가 풍부하며, 사람의 생명을 살리는 의료직종에도 인연이 있는 좋은 사주이며,

운의 흐름은, 태어나서부터 16세까지는 더운 火운이 오므로 약하고, 17세부터 26세까지는 습한 土운이 오므로 좋으며, 27세부터 46세까지는 따뜻한 기운을 가진 木운이 오므로 평범하고, 47세 이후부터 말년까지는 이 사주에 가장 필요한 水운이 오므로 매우 좋다.

위에서 설명한 운의 흐름은 10년간씩을 한꺼번에 보는 운이고, 그해 그해의 운의 흐름이 다르기 때문에 실제로는 그해의 운에 따라서 변화가 있다.

■ 사주

80	70	60	50	40	30	20	10		時柱	日柱	月柱	年柱	
庚	辛	壬	癸	甲	乙	丙	丁	大	戊	己	戊	甲	여
申	酉	戌	亥	子	丑	寅	卯	運	辰	亥	辰	子	자

■ 사주 설명

이 사주는, 절기상 날씨가 따뜻한 늦봄에 자신을 나타내는 글자를 야산에 비유해서 해석하는 己土(기토)로 태어났다.

사주에는 기본적으로 木, 火, 土, 金, 水가 골고루 들어있어서 조화와 균형을 이룬 가운데 본인한테 필요한 성분이 많아야 좋은 바, 봄에 태어난 야산인 己土(기토)는 생명체인 木(나무)을 기르는 일을 하므로 성실하고, 정직한데, 나무(木)를 기르기 위해서는 조건과 환경이 잘 맞아야 하지만 태어난 계절이 늦봄이지만 아직 기온이 낮고, 기온을 낮게 하는 추운 기운인 水(물)가 2개가 있으며, 습기를 많이 함유한 土(흙)가 2개 있는 대신 가장 필요한 火(불)가 없어 기온이 낮고 습해서 나무를 기르는 조건이 맞지 않기 때문에 온도를 높여줘야 하므로 흘러가는 운에서 더운 성분인 火(불)운과 火를 생해주는 木(나무)운을 만나야 더욱 발전하기 때문에 이름에도 이런 성분을 넣어서 이름을 지어 사주에 필요한 오행을 채워주었고,

사주가 이런 구조로 태어나면, 성품이 성실하고, 원만하며, 정직하고, 두뇌가 좋으며,

직업 인연은, 자기 사주에서 어떤 인연을 갖고 태어났느냐와 흘러가는 운에 의해서 결정되는데, 이 사주는 사람의 생명을 살리는 의료계와 인연이 가장 많고, 교육, 연구 직종, 미디어, 전자 직종에 잘 맞고,

운의 흐름은, 태어나서부터 19세까지는 습한 木운이 오므로 평범하고, 20세부터 건조한 木운이 오므로 좋으며, 30세부터 59세까지는 추운 水(물)운이 약하며, 60세부터 69세까지는 건조한 기운을 가진 土(흙)운이 좋고, 70세 이후부터 말년까지는 찬 기운을 가진 金(쇠)운이 평범하다.

위에서 설명한 운의 흐름은 10년간씩을 한꺼번에 보는 운이고, 그해 그해의 운의 흐름이 다르기 때문에 실제로는 그해의 운에 따라서 변화가 있다.

❀40 | 하씨 여자 개명

■ 사주

75	65	55	45	35	25	15	5		時柱	日柱	月柱	年柱	
己	庚	辛	壬	癸	甲	乙	丙	大	庚	乙	丁	壬	여
亥	子	丑	寅	卯	辰	巳	午	運	辰	巳	未	戌	자

■ 사주 설명

이 사주는, 절기상 날씨가 더운 늦여름에 자신을 나타내는 글자를 꽃나무에 비유해서 해석하는 乙木(을목)으로 태어났다.

사주에는 기본적으로 木, 火, 土, 金, 水가 골고루 들어있어서 조화와 균형을 이룬 가운데 본인한테 필요한 성분이 많아야 좋은 바, 여름에 태어난 꽃나무인 乙木(을목)이 火(불)가 나타나 있어서 아름다운 꽃을 피웠으나 덥고 건조한 기운을 가진 土(흙)와 火(불)가 너무 많은데 水(물)가 1개 밖에 없어 건조하기 때문에 자신의 힘이 매우? 연약하기 때문에 자신의 힘이 강해져야 하므로 자신과 같은 성분인 木(나무)운을 만나야 좋고, 더운 火氣(불기운) 식혀주는 추운 기운을 가진 水(물)운을 만나야 좋기 때문에 흘러가는 운에서 木(나무)운과 水(물)운을 만나야 더욱 발전하므로 이름에도 이런 성분을 넣어서 이름을 지어 사주에 필요한 오행을 채워주었고,

사주가 이런 구조로 태어나면, 성품이 착하나 예민하고, 차분함이 필요하며, 두뇌가 좋으나, 체력이 약하고,

직업 인연은, 자기 사주에서 어떤 인연을 갖고 태어났느냐와 흘러가는 운에 의해서 결정되는데, 이 사주는 일반 직장인에 잘 맞고, 교육 직종 또는 사업에 잘 맞으며,

운의 흐름은, 태어나서부터 24세까지는 더운 火(불)운이 와서 자신의 힘을 감소시키므로 약하고, 25세부터 34세까지는 습한 土(흙)운이 오므로 좋으며, 35세부터 54세까지는 자신의 힘을 키워주는 木(나무)운이 오므로 좋고, 55세 이후부터 말년 추운 기운을 가진 水(물)운이 와서 더위를 식혀주므로 매우 좋다.

위에서 설명한 운의 흐름은 10년간씩을 한꺼번에 보는 운이고, 그해 그해의 운의 흐름이 다르기 때문에 실제로는 그해의 운에 따라서 변화가 있다.

✿41 │ 우씨 남자 개명

■ 사주

79	69	59	49	39	29	19	9		時柱	日柱	月柱	年柱	
丁	丙	乙	甲	癸	壬	辛	庚	大	辛	乙	己	庚	남
亥	戌	酉	申	未	午	巳	辰	運	巳	丑	卯	辰	자

■ 사주 설명

이 사주는, 절기상 날씨가 포근한 중봄에 자신을 나타내는 글자를 꽃나무에 비유해서 해석하는 乙木(을목)으로 태어났다.

사주에는 기본적으로 木, 火, 土, 金, 水가 골고루 들어있어서 조화와 균형을 이룬 가운데 본인한테 필요한 성분이 많아야 좋은 바, 봄에 태어난 꽃나무인 乙木(을목)은 아름다운 꽃을 피우기 위해서 태어났는데, 자신의 힘이 약하고, 연약해서 추위에도 약하기 때문에 자신의 힘이 강해져야 하고, 더운 火(불)가 많아야 하나 사주에 서리나 칼로 해석하는 찬 기운을 가진 金(쇠)이 2개 있고, 습기를 많이 가진 습토가 2개 있으며, 태어난 계절이 아직 기온이 낮으므로 火(불)가 많이 필요하기 때문에 흘러가는 운에서 덥게 해주는 火(불)운과 火(불)를 도와주는 木(나무)운을 만나야 더욱 발전하기 때문에 이름에도 이런 성분을 넣어서 이름을 지어 사주에 필요한 오행을 채워주었고,

사주가 이런 구조로 태어나면, 성품이 착하나 매우 예민하고, 두려움이 많으며, 두뇌가 좋으나, 체력이 약하고,

직업 인연은, 자기 사주에서 어떤 인연을 갖고 태어났느냐와 흘러가는 운에 의해서 결정되는데, 이 사주는 일반 직장인에 잘 맞고, 예능성이 있고, 교육 직종 또는 기술성 사업에 잘 맞으며, 의료분야에도 인연이 있으며,

운의 흐름은, 태어나서부터 18세까지는 습한 土(흙)운이 와서 자신의 힘을 감소시키므로 약하고, 19세부터 48세까지는 더운 火(불)운이 오므로 좋으며, 49세부터 68세까지는 찬 기운을 가진 金(쇠)운이 오므로 약하고, 69세 이후부터 말년까지는 건조한 기운을 가진 土(흙)운이 오므로 좋은 점도 있으나, 마음고생이 따른다.

위에서 설명한 운의 흐름은 10년간씩을 한꺼번에 보는 운이고, 그해 그해의 운의 흐름이 다르기 때문에 실제로는 그해의 운에 따라서 변화가 있다.

✿42 | 박씨 여자 개명

■사주

77	67	57	47	37	27	17	7		時柱	日柱	月柱	年柱	
己	戊	丁	丙	乙	甲	癸	壬	大	庚	丁	辛	辛	여
亥	戌	酉	申	未	午	巳	辰	運	戌	丑	卯	巳	자

■사주 설명

이 사주는, 절기상 날씨가 따뜻한 중봄에 자신을 나타내는 글자를 인공 불에 비유해서 해석하는 丁火(정화)로 태어났다.

사주에는 기본적으로 木, 火, 土, 金, 水가 골고루 들어있어서 조화와 균형을 이룬 가운데 본인한테 필요한 성분이 많아야 좋은 바, 봄에 태어난 인공 불인 丁火(정화)는 생명체인 木(나무)을 기르는 일을 하므로 성실하고, 착한데, 나무(木)를 기르기 위해서는 조건과 환경이 잘 맞아야 하지만 태어난 계절이 중봄이라서 아직 기온이 낮고, 기온을 낮게 하는 요소인 찬 기운인 金(금)이 3개가 있고, 얼어있는 土(흙)가 하나 있어서 결국 자신인 火(불)의 열량이 낮아 추우므로 온도를 높여줘야 좋기 때문에 흘러가는 운에서 자신과 같은 성분인 火(불)운과 火를 생해주는 木(나무)운을 만나야 더욱 발전하므로 이름에도 이런 성분을 넣어서 이름을 지어 사주에 필요한 오행을 채워주었고,

사주가 이런 구조로 태어나면, 성품이 성실하고, 착하며, 두뇌가 좋으나, 체력이 약하고, 조심성이 많으며,

직업 인연은, 자기 사주에서 어떤 인연을 갖고 태어났느냐와 흘러가는 운에 의해서 결정되는데, 이 사주는 사람의 생명을 살리는 의료계와 인연이 가장 많고, 교육, 연구 직종, 미디어, 전자 직종에 잘 맞고,

운의 흐름은, 태어나서부터 16세까지는 추운 水운이 와서 자신인 火(불)를 끄므로 약하고, 17세부터 46세까지는 더운 火(불)운이 와서 자신을 도와주므로 좋으며, 47세부터 66세까지는 찬 기운을 가진 金(쇠)운이 와서 열량을 떨어뜨리므로 평범하고, 67세 이후부터 77세까지는 건조한 土(흙)운이 오므로 다소 좋은 것 같으나 마음고생이 따르며, 78세부터 말년까지는 추운 기운을 가진 水(물)운이 와서 자신의 힘을 약화시키므로 약해진다.

위에서 설명한 운의 흐름은 10년간씩을 한꺼번에 보는 운이고, 그해 그해의 운의 흐름이 다르기 때문에 실제로는 그해의 운에 따라서 변화가 있다.

❀43 | 진씨 남자 개명

■사주

74	64	54	44	34	24	14	4		時柱	日柱	月柱	年柱	
辛	壬	癸	甲	乙	丙	丁	戊	大	壬	庚	己	癸	남
亥	子	丑	寅	卯	辰	巳	午	運	午	戌	未	亥	자

■사주 설명

이 사주는, 절기상 날씨가 더운 늦여름에 자신을 나타내는 글자를 무쇠에 비유해서 해석하는 庚金(경금)으로 태어났다.

사주에는 기본적으로 木, 火, 土, 金, 水가 골고루 들어있어서 조화와 균형을 이룬 가운데 본인한테 필요한 성분이 많아야 좋은 바, 여름에 태어난 무쇠인 庚金(경금)은 자신의 힘이 강해야 더운 火氣(불기운)에 견딜 수 있을 것이나, 태어난 계절이 덥고, 화기가 강하기 때문에 열기를 식혀주기 위해서 우선 자신인 金(쇠)의 힘이 강해져야 하므로 金운을 만나야 하고, 또 더위를 식혀주는 기운을 갖고 있는 水(물)가 더 필요하므로 흘러가는 운에서 자신과 같은 성분인 金(쇠)운과 火(불)를 꺼주는 水(물)운을 만나야 더욱 발전하기 때문에 이름에도 이런 성분을 넣어서 이름을 지어 사주에 필요한 오행을 채워주었고,

사주가 이런 구조로 태어나면, 성품이 총명하고, 착하며, 두뇌가 좋으나, 체력이 약하고, 조심성이 많으며,

직업 인연은, 자기 사주에서 어떤 인연을 갖고 태어났느냐와 흘러가는 운에 의해서 결정되는데, 이 사주는 일반 직장인에 잘 맞고, 교육 또는 외국과 관련된 일이나, 기술성 직업에 잘 맞으며,

운의 흐름은, 태어나서부터 23세까지는 더운 火운이 와서 자신인 金(쇠)를 녹이려 하므로 약하고, 24세부터 33세까지는 습한 土(흙)운이 와서 더운 기운을 흡수하면서 金(쇠)을 도와주므로 좋으며, 34세부터 53세까지는 따뜻한 기운을 가진 木(나무)운이 오므로 평범하고, 54세 이후부터 말년까지는 추운 기운을 가진 水(물)운이 열기를 식혀주므로 매우 좋다.

위에서 설명한 운의 흐름은 10년간씩을 한꺼번에 보는 운이고, 그해 그해의 운의 흐름이 다르기 때문에 실제로는 그해의 운에 따라서 변화가 있다.

❀ 44 | 옥씨 여자 작명

■사주

78	68	58	48	38	28	18	8		時柱	日柱	月柱	年柱	
丁	戊	己	庚	辛	壬	癸	甲	大	甲	辛	乙	戊	여
未	申	酉	戌	亥	子	丑	寅	運	午	酉	卯	戌	자

■사주 설명

이 사주는, 절기상 날씨가 따뜻한 중봄에 자신을 나타내는 글자를 보석 金에 비유해서 해석하는 辛金(신금)으로 태어났다.

사주에는 기본적으로 木, 火, 土, 金, 水가 골고루 들어있어서 조화와 균형을 이룬 가운데 본인한테 필요한 성분이 많아야 좋은 바, 봄에 태어난 보석인 辛金(신금)은 이미 불(火) 속에서 아름답고 정교하게 가공이 된 치장용 보석에 비유하므로 아름답고 단단한데, 사주에 木이 너무 많아서 상대적으로 자신의 세력이 약하므로 흘러가는 운에서 자신에게 도움을 주는 습한 土(흙)운과 金운을 만나야 더욱 발전하기 때문에 이름에도 이런 성분을 넣어서 이름을 지어 사주에 필요한 오행을 채워주었고,

사주가 이런 구조로 태어나면, 성품이 까칠하고 매우 예민하며, 두뇌가 좋아서 영재형이나, 체력이 약하고, 조심성이 많으며,

직업 인연은, 자기 사주에서 어떤 인연을 갖고 태어났느냐와 흘러 가는 운에 의해

서 결정되는데, 이 사주는 사람의 생명을 살리는 의료계와 인연이 가장 많으며, 그 외에도 법조계, 교육, 연구 직종, 보석류를 다루는 직종에 잘 맞고,

운의 흐름은, 태어나서부터 17세까지는 따뜻한 木운이 오므로 평범하고, 18세부터 27세까지는 습한 土(흙)운이 와서 자신에게 도움을 주므로 좋으며, 28세부터 47세까지는 추운 기운을 가진 水(물)운이 와서 火(불)로부터 자신을 보호해 주므로 좋고, 48세 이후부터 57세까지는 건조한 土(흙)운이 오므로 평범하며, 58세부터 말년까지는 자신에게 도움을 주는 金운이 오므로 매우 좋다.

위에서 설명한 운의 흐름은 10년간씩을 한꺼번에 보는 운이고, 그해 그해의 운의 흐름이 다르기 때문에 실제로는 그해의 운에 따라서 변화가 있다.

❀45 | 홍씨 남자 작명

■ 사주

84	74	64	54	44	34	24	14	4		時柱	日柱	月柱	年柱	
丙	乙	甲	癸	壬	辛	庚	己	戊	大	丁	癸	丁	戊	남
寅	丑	子	亥	戌	酉	申	未	午	運	巳	卯	巳	戌	자

■ 사주 설명

이 사주는, 절기상 날씨가 더워지기 시작한 초여름에 자신을 나타내는 글자를 여름비에 비유해서 해석하는 癸水(계수)로 태어났다.

사주에는 기본적으로 木, 火, 土, 金, 水가 골고루 들어있어서 조화와 균형을 이룬 가운데 본인한테 필요한 성분이 많아야 좋은 바, 여름에 태어난 비(水)는 날씨가 더운 계절이고, 생명체인 木(나무)이 자라는 계절이라서 충분한 양의 水(물)가 있어야 하나 이 사주에는 水(물)는 자신 혼자뿐이고, 水를 돕는 구름으로 작용하는 金(금)도 없는데다가 더운 기운을 갖고 있는 火(불)가 4개이고, 火를 돕는 木(나무)이 1개이며, 건조한 기운을 갖고 있는 土(흙)가 2개라서 결국 약한 자신의 힘으로는 도저히 강한 火(불)에 대항할 수 없기 때문에 돈으로 해석하는 火(불)로 변신을 從財格(종재격)으로 좋은 사주라서 흘러가는 운에서 火운과 木운 그리고 건조한 土운을 만나야 더욱 발전하므로 이름에도 이런 필요한 성분을 넣어서 이름을 지어 사주에 필요한 오행을 채워주었고,

사주가 이런 구조로 태어나면, 성품이 예민하나 두뇌가 매우 좋아서 영재형이고,

돈에 대한 감각이 특별히 발달해 있고, 처복도 있으며,

직업 인연은, 자기 사주에서 어떤 인연을 갖고 태어났느냐와 흘러가는 운에 의해서 결정되는데, 이 사주는 금융업종에 가장 잘 맞고, 그 외에도 공무원이나 법률가 그리고 사람의 생명을 살리는 의사와 같은 의료 직종에 맞는 인연이며,

운의 흐름은, 태어나서부터 28세까지는 더운 기운 가진 火(불)운이 오므로 매우 좋고, 29세부터 48세까지는 찬 기운을 가진 金(금)운이 오므로 평범하며, 49세부터 58세까지는 건조한 土(흙)운이 오므로 좋으며, 59세부터 말년까지는 水(물)운이 오므로 평범하다.

위에서 설명한 운의 흐름은 10년간씩을 한꺼번에 보는 운이고, 그해 그해의 운의 흐름이 다르기 때문에 실제로는 그해의 운에 따라서 변화가 있다.

✿46 | 우씨 여자 작명

■사주

79	69	59	49	39	29	19	9		時柱	日柱	月柱	年柱	
戊	己	庚	辛	壬	癸	甲	乙	大	己	癸	丙	戊	여
申	酉	戌	亥	子	丑	寅	卯	運	未	巳	辰	戌	자

■사주 설명

이 사주는, 절기상 날씨가 따뜻한 늦봄에 자신을 나타내는 글자를 봄비에 비유해서 해석하는 癸水(계수)로 태어났다.

사주에는 기본적으로 木, 火, 土, 金, 水가 골고루 들어있어서 조화와 균형을 이룬 가운데 본인한테 필요한 성분이 많아야 좋은 바, 봄에 태어난 봄비인 癸水(계수)는 생명체인 木(나무)을 기르기 위해서 태어났기 때문에 성실하고 부지런히 움직이는 운명이라 적당한 양의 水(물)가 필요하나 이 사주에는 土(흙)가 5개, 火(불)가 2개로 결국 자신인 水(물)의 양이 너무 적으므로 흘러가는 운에서 자신과 같은 성분인 水(물)운과 水를 생해주므로 구름으로 작용하는 金(물)운을 만나야 더욱 발전하고, 土의 기운을 억제시켜주는 木(나무)운이와도 발전하기 때문에 이름에도 이런 성분을 넣어서 이름을 지어 사주에 필요한 오행을 채워주었고,

사주가 이런 구조로 태어나면, 성품이 성실하고, 예민하며, 두뇌가 매우 좋아서 영재형이며,

직업 인연은, 자기 사주에서 어떤 인연을 갖고 태어났느냐와 흘러가는 운에 의해서 결정되는데, 이 사주는 법률, 교육, 연구 직종이나 사람의 생명을 살리는 의료계와 인연이고,

운의 흐름은, 태어나서부터 28세까지는 많은 土(흙)의 기운을 억제시켜주는 木(나무)운이 오므로 좋고, 29세부터 58세까지는 자신과 같은 성분인 水(물)운이 와서 자신에게 도움을 주므로 좋으며, 59세부터 68세까지는 간조한 기운을 가진 土(흙)운이 오므로 약하고, 69세 이후부터 말년은 구름으로 작용하여 水(물)를 도와주는 金(물)운이 좋다.

위에서 설명한 운의 흐름은 10년간씩을 한꺼번에 보는 운이고, 그해 그해의 운의 흐름이 다르기 때문에 실제로는 그해의 운에 따라서 변화가 있다.

✽ 47 | 김씨 여자 작명

■ 사주

86	76	66	56	46	36	26	16	6		時柱	日柱	月柱	年柱	
戊	己	庚	辛	壬	癸	甲	乙	丙	大	丙	丙	丁	戊	여
申	酉	戌	亥	子	丑	寅	卯	辰	運	申	辰	巳	戌	자

■ 사주 설명

이 사주는, 절기상 날씨가 더워지기 시작한 초여름에 자신을 나타내는 글자를 태양불에 비유해서 해석하는 丙火(병화)로 태어났다.

사주에는 기본적으로 木, 火, 土, 金, 水가 골고루 들어있어서 조화와 균형을 이룬 가운데 본인한테 필요한 성분이 많아야 좋은 바, 날씨가 더워지기 시작한 여름에 태어난 태양 불인 丙火(병화)이고, 火(불)가 4개이며, 건조한 土(흙)가 2개 있어 무덥고 건조하므로 조화와 균형을 맞추기 위해서 시원하게 해주는 水(물)가 우선 필요한데 없어서 아쉽지만 그 대용으로 水(물)를 품고 있는 申金(신금)과 辰土(진토)가 각 1개씩 있어서 좋으며, 흘러가는 운에서 위에서 설명드린 水(물)운과 金(금)운을 만나야 더욱 발전하므로 이름에도 이런 성분을 넣어서 이름을 지어 사주에 필요한 오행을 채워주었고,

사주가 이런 구조로 태어나면, 리더형으로 가정과 사회를 이끌어 갈 운명으로 자존심이 강하고, 체면을 중시하며, 두뇌가 좋아 총명하고 건강하며,

직업 인연은, 자기 사주에서 어떤 인연을 갖고 태어났느냐와 흘러가는 운에 의해서 결정되는데, 이 사주는 사람의 생명을 살리는 의사와 인연이 가장 많고, 그 외에도 경영자, 무역업종, 금융업종, 또는 외국과 관련된 직업군에 잘 맞으며,

운의 흐름은, 태어나서부터 15세까지는 水(물)를 품고 있는 습한 土(흙)운이 오므로 좋고, 16세부터 35세까지는 따뜻한 기운을 가진 木(나무)운이 오므로 평범하며, 36세부터 65세까지는 이 사주에 가장 필요한 水(물)운이 오므로 매우 좋고, 66세부터 75세까지는 건조한 기운을 가진 土(흙)운이 오므로 평범하며, 76세부터 말년은 水(물)를 공급해주는 金(금)운이 좋다.

위에서 설명한 운의 흐름은 10년간씩을 한꺼번에 보는 운이고, 그해 그해의 운의 흐름이 다르기 때문에 실제로는 그해의 운에 따라서 변화가 있다.

✥48 | 이씨 여자 작명

■ 사주

76	66	56	46	36	26	16	6		時柱	日柱	月柱	年柱	
戊	己	庚	辛	壬	癸	甲	乙	大	戊	甲	丙	戊	여
申	酉	戌	亥	子	丑	寅	卯	運	辰	申	辰	戌	자

■ 사주 설명

이 사주는, 절기상 날씨가 따뜻한 늦봄에 자신을 나타내는 글자를 큰 나무에 비유해서 해석하는 甲木(갑목)으로 태어났다.

사주에는 기본적으로 木, 火, 土, 金, 水가 골고루 들어있어서 조화와 균형을 이룬 가운데 본인한테 필요한 성분이 많아야 좋은 바, 봄에 태어난 큰 나무인 甲木(갑목)은 생명체라서 우람하게 더 자라야 하므로 환경 조건이 잘 맞아야 좋은데, 사주에 火(불)가 1개 있고, 水(물)를 생해주는 金(금)은 1개 있으나, 水(물)가 없으며, 土(흙)가 너무 많기 때문에 자신인 木(나무)의 세력이 약하므로 흘러가는 운에서 자신과 같은 성분인 木(나무)운과 木을 생해주는 水(물)운을 만나야 더욱 발전하므로 이름에도 이런 성분을 넣어서 이름을 지어 사주에 필요한 오행을 채워주었고,

사주가 이런 구조로 태어나면, 성품이 온화하고, 착하며, 보수적이고, 두뇌가 좋으나, 체력이 약하며,

직업 인연은, 자기 사주에서 어떤 인연을 갖고 태어났느냐와 흘러가는 운에 의해

서 결정되는데, 이 사주는 사람의 생명을 살리는 의사와 인연이 가장 많고, 그 외에도 일반 직장인, 금융, 교육, 연구 직종, 사업(토목, 건축)에 잘 맞으며,

운의 흐름은, 태어나서부터 25세까지는 자신의 힘을 강화시켜주는 木운이 오므로 좋고, 26세부터 55세까지는 나무가 성장하는 데 필요한 水(물)운이 와서 자신을 도와주므로 좋으며, 56세부터 65세까지는 건조한 기운을 가진 土(흙)운이 오므로 평범하고, 66세 이후부터 말년은 水(물)를 공급해주는 金(물)운이 평범하다.

위에서 설명한 운의 흐름은 10년간씩을 한꺼번에 보는 운이고, 그해 그해의 운의 흐름이 다르기 때문에 실제로는 그해의 운에 따라서 변화가 있다.

✵49 | 정씨 여자 작명

■ 사주

78	68	58	48	38	28	18	8		時柱	日柱	月柱	年柱	
己	庚	辛	壬	癸	甲	乙	丙	大	辛	壬	丁	甲	여
未	申	酉	戌	亥	子	丑	寅	運	丑	戌	卯	子	자

■ 사주 설명

이 사주는, 절기상 날씨가 포근한 중봄에 자신을 나타내는 글자를 강물에 비유해서 해석하는 壬水(임수)로 태어났다.

사주에는 기본적으로 木, 火, 土, 金, 水가 골고루 들어있어서 조화와 균형을 이룬 가운데 본인한테 필요한 성분이 많아야 좋은 바, 봄에 태어난 강물은 생명체인 木(나무)을 기르기 때문에 성실하고 착하나 나무(木)를 잘 기르기 위해서는 환경과 조건이 잘 맞아야 좋은데, 이 사주에는 火와 木이 나타나 있지만 태어난 계절이 아직 냉기가 많은데다가 사주가 습하고 냉한 글자들이 많아서 기온이 낮아 나무가 건실하게 자라지 않으므로 잘 자라게 해주는 火운과 木운을 만나 균형과 조화를 맞춰줘야 하므로 흘러가는 운에서 이런 운을 만나야 더욱 발전하기 때문에 이름에도 필요한 성분을 넣어서 이름을 지어 사주에 필요한 오행을 채워주었고,

사주가 이런 구조로 태어나면, 성품이 원만하고, 착하며, 머리가 좋아서 총명하며,

직업 인연은, 자기 사주에서 어떤 인연을 갖고 태어났느냐와 흘러가는 운에 의해서 결정되는데, 이 사주는 火를 필요로 하므로 火와 관련된 직업을 택하게 되는데, 火(불)는 시각적, 열적, 빛적인 것으로 미디어, 전자, 항공, 광고, 디자인 같은 업종에 가장 잘 맞고, 그 외에도 금융업종이나 의료분야에도 인연이며,

운의 흐름은, 태어나서부터 17세까지는 따뜻한 기운 가진 木(목)운이 오므로 좋았고, 18세부터 47세까지는 추운 水(물)운이 오므로 평범하며, 48세부터 57세까지는 건조한 土(흙)운이 오므로 좋으며, 58세부터 말년까지는 찬 金(금)운이 오므로 매우 평범하다.

위에서 설명한 운의 흐름은 10년간씩을 한꺼번에 보는 운이고, 그해 그해의 운의 흐름이 다르기 때문에 실제로는 그해의 운에 따라서 변화가 있다.

❀50 | 윤씨 여자 작명

■ 사주

81	71	61	51	41	31	21	11	1		時柱	日柱	月柱	年柱	
戊	己	庚	辛	壬	癸	甲	乙	丙	大	乙	庚	丁	戊	여
申	酉	戌	亥	子	丑	寅	卯	辰	運	酉	子	巳	戌	자

■ 사주 설명

이 사주는, 절기상 날씨가 더워지기 시작한 초여름에 자신을 나타내는 글자를 무쇠 金에 비유해서 해석하는 庚金(경금)으로 태어났다.

사주에는 기본적으로 木, 火, 土, 金, 水가 골고루 들어있어서 조화와 균형을 이룬 가운데 본인한테 필요한 성분이 많아야 좋은 바, 庚金(경금)은 가공되어 있지 않는 쇠라서 기본적으로 불(火)를 필요로 한데 이 사주는 더운 기운이 강해지기 시작한 여름생이고, 火氣(화기)가 강해서 자신인 庚金(경금)의 세력이 다소 약하기 때문에 火(불)에 비례해서 金(쇠)의 세력도 커야 하므로 조화와 균형을 맞춰주는 金과 水(물) 그리고 습기를 많이 가진 土(흙)가 필요하므로 흘러가는 운에서 이런 운을 만나야 더욱 발전하기 때문에 이름에도 이런 필요한 성분에 해당하는 글자로 이름을 지어 사주에 필요한 오행을 채워주었고,

사주가 이런 구조로 태어나면, 성품이 다소 예민하나 두뇌가 매우 좋은 영재형이고,

직업 인연은, 자기 사주에서 어떤 인연을 갖고 태어났느냐와 흘러가는 운에 의해서 결정되는데, 이 사주는 공무원이나 법률가, 해외 또는 무역과 관련된 업종 그리고, 사람의 생명을 살리는 의사와 같은 의료 직종에 맞는 인연이며,

운의 흐름은, 태어나서부터 10세까지는 습한 기운 가진 土(흙)운이 오므로 매우 좋고, 11세부터 30세까지는 따뜻한 기운을 가진 木(목)운이 오므로 평범하며, 31세부터 60세까지는 열기를 식혀 주는 水(물)운이 오므로 매우 좋으며, 61세부터 70세까지는 건조한 土(흙)운이 오므로 평범하며, 81세부터 말년까지는 자신과 같은 성분인 金(금)운이 오므로 좋다.

위에서 설명한 운의 흐름은 10년간씩을 한꺼번에 보는 운이고, 그해 그해의 운의 흐름이 다르기 때문에 실제로는 그해의 운에 따라서 변화가 있다.

❀51 | 이씨 여자 작명

■사주

81	71	61	51	41	31	21	11	1		時柱	日柱	月柱	年柱	
戊	己	庚	辛	壬	癸	甲	乙	丙	大	甲	庚	丁	戊	여
申	酉	戌	亥	子	丑	寅	卯	辰	運	申	子	巳	戌	자

■사주 설명

이 사주는, 절기상 날씨가 더워지기 시작한 초여름에 자신을 나타내는 글자를 무쇠 金에 비유해서 해석하는 庚金(경금)으로 태어났다.

사주에는 기본적으로 木, 火, 土, 金, 水가 골고루 들어있어서 조화와 균형을 이룬 가운데 본인한테 필요한 성분이 많아야 좋은 바, 庚金(경금)은 가공되어 있지 않는 쇠라서 기본적으로 불(火)를 필요로 한데 이 사주는 더운 기운이 강해지기 시작한 여름생이고, 火氣(화기)가 강해서 자신인 庚金(경금)의 세력이 다소 약하기 때문에 火(불)에 비례해서 金(쇠)의 세력도 커야 하므로 조화와 균형을 맞춰주는 金과 水(물) 그리고 습기를 많이 가진 土(흙)가 필요하므로 흘러가는 운에서 이런 운을 만나야 더욱 발전하기 때문에 이름에도 이런 필요한 성분에 해당하는 글자로 이름을 지어 사주에 필요한 오행을 채워주었고,

사주가 이런 구조로 태어나면, 성품이 다소 예민하나 두뇌가 매우 좋은 영재형이고,

직업 인연은, 자기 사주에서 어떤 인연을 갖고 태어났느냐와 흘러가는 운에 의해서 결정되는데, 이 사주는 공무원이나 법률가, 해외 또는 무역과 관련된 업종 그리고, 사람의 생명을 살리는 의사와 같은 의료 직종에 맞는 인연이며,

운의 흐름은, 태어나서부터 10세까지는 습한 기운 가진 土(흙)운이 오므로 매우 좋고, 11세부터 30세까지는 따뜻한 기운을 가진 木(목)운이 오므로 평범하며, 31세부터 60세까지는 열기를 식혀 주는 水(물)운이 오므로 매우 좋으며, 61세부터 70세까지는 건조한 土(흙)운이 오므로 평범하며, 81세부터 말년까지는 자신과 같은 성분인 金(금)운이 오므로 좋다.

위에서 설명한 운의 흐름은 10년간씩을 한꺼번에 보는 운이고, 그해 그해의 운의 흐름이 다르기 때문에 실제로는 그해의 운에 따라서 변화가 있다.

✤52 | 김씨 남자 작명

■ 사주

73	63	53	43	33	23	13	3		時柱	日柱	月柱	年柱	
甲	癸	壬	辛	庚	己	戊	丁	大	丙	戊	丙	戊	남
子	亥	戌	酉	申	未	午	巳	運	辰	子	辰	戌	자

■ 사주 설명

이 사주는, 절기상 날씨가 따뜻한 늦봄에 자신을 나타내는 글자를 큰 산에 비유해서 해석하는 戊土(무토)로 태어났다.

사주에는 기본적으로 木, 火, 土, 金, 水가 골고루 들어있어서 조화와 균형을 이룬 가운데 본인한테 필요한 성분이 많아야 좋은 바, 봄에는 생명체인 木(나무)이 돋아나는 계절이고 더군다나 큰 산에는 생명체인 나무(木)가 있어야 좋으나 이 사주에는 水(물)가 있어 木을 기를 준비는 되어 있으나 木이 없고, 자신과 같은 성분인 土(흙)가 5개로 너무 많고, 火(불)도 2개가 있어 火生土(화생 토)를 해주어 결국 자신에게 힘이 편중되어 있으므로 균형을 잡아주는 木(나무)운과 水(물)운을 만나야 좋으므로 흘러가는 운에서 이런 운을 만나야 더욱 발전하기 때문에 이름에도 필요한 성분을 넣어서 이름을 지어 사주에 필요한 오행을 채워주었고,

사주가 이런 구조로 태어나면, 성품이 원만하고, 착하며, 일의 추진력이 강하고, 돈복과 처복이 있으며,

직업 인연은, 자기 사주에서 어떤 인연을 갖고 태어났느냐와 흘러가는 운에 의해서 결정되는데, 이 사주는 금융업종에 가장 잘 맞고, 그 외에도 무역과 같은 해외와 관련된 직업이나 식품류와 관련된 사업에 인연이며,

운의 흐름은, 태어나서부터 32세까지는 더운 기운을 가진 火(불)운이 오므로 평범하고, 33세부터 52세까지는 水(물)를 생해주는 金(금)운이 오므로 좋으며, 53세부터 62세까지는 건조한 土(흙)운이 오므로 평범하며, 63세부터 말년까지는 돈으로 해석하는 水(물)운이 오므로 매우 좋아서 큰 富(부)를 이룰 것이다.

위에서 설명한 운의 흐름은 10년간씩을 한꺼번에 보는 운이고, 그해 그해의 운의 흐름이 다르기 때문에 실제로는 그해의 운에 따라서 변화가 있다.

❀53 │ 이씨 여자 작명

■ 사주

87	77	67	57	47	37	27	17	7		時柱	日柱	月柱	年柱	
戊	己	庚	辛	壬	癸	甲	乙	丙	大	乙	戊	丁	戊	여
申	酉	戌	亥	子	丑	寅	卯	辰	運	卯	午	巳	戌	자

■ 사주 설명

이 사주는, 절기상 날씨가 더워지기 시작한 초여름에 자신을 나타내는 글자를 큰 산에 비유해서 해석하는 戊土(무토)로 태어났다.

사주에는 기본적으로 木, 火, 土, 金, 水가 골고루 들어있어서 조화와 균형을 이룬 가운데 본인한테 필요한 성분이 많아야 좋은 바, 여름에 태어난 土(흙)는 기본적으로 생명체인 나무(木)를 기르기 때문에 나무를 기르는 데 좋은 환경을 가져야 좋은데, 이 사주에는 무덥고 건조한 기운을 갖고 있는 火(불)가 3개이고, 건조한 土(흙)가 3개이며, 木(나무)이 2개 있어서 좋긴 하나 더위를 식혀주면서 나무가 먹고 살 水(물)가 없고, 찬 기운을 가진 金(금)도 없어서 결국 무덥고 건조하기 때문에 흘러가는 운에서 木(나무) 운과 水(물)운을 만나야 더욱 발전하므로 이름에도 이런 성분을 넣어 사주에 필요한 오행을 채워주었고,

사주가 이런 구조로 태어나면, 성품이 원만하면서도 정직하고, 성실하며, 체력이 좋고, 일의 추진력이 강하며,

직업 인연은, 자기 사주에서 어떤 인연을 갖고 태어났느냐와 흘러가는 운에 의해서 결정되는데, 이 사주는 공무원, 법조인, 금융업종에 맞는 인연이고, 사람의 생명을 살리는 의사와도 인연이 있으며, 나이 들어서는 사업을 해도 성공하는 사주이며,

운의 흐름은, 태어나서부터 16세까지는 습한 土(흙)운이 오므로 좋고, 17세부터 26세까지는 습한 木(나무)운이 오므로 좋으며, 27세부터 36세까지는 건조한 木(나무)운이 오므로 평범하며, 37세부터 66세까지는 이 사주에 가장 필요한 水(물)운이 오므로 매우 좋으며, 67세부터 76세까지는 건조한 기운을 가진 土(흙)운이 오므로 평범하고, 77세 이후부터 말년은 찬 기운을 가진 金(금)운이 오므로 평범하다.

위에서 설명한 운의 흐름은 10년간씩을 한꺼번에 보는 운이고, 그해 그해의 운의 흐름이 다르기 때문에 실제로는 그해의 운에 따라서 변화가 있다.

❀54 | 최씨 남자 작명

■사주

86	76	66	56	46	36	26	16	6		時柱	日柱	月柱	年柱	
丁	丙	乙	甲	癸	壬	辛	庚	己	大	乙	壬	戊	戊	乾
卯	寅	丑	子	亥	戌	酉	申	未	運	巳	午	午	戌	命

■사주 설명

이 사주는, 절기상 날씨가 무더운 한여름에 자신을 나타내는 글자를 강물에 비유해서 해석하는 壬水(임수)로 태어났다.

사주에는 기본적으로 木, 火, 土, 金, 水가 골고루 들어있어서 조화와 균형을 이룬 가운데 본인한테 필요한 성분이 많아야 좋은 바, 여름에 태어난 강물인 壬水(임수)는 무덥고 건조함을 다스려서 시원하게 해주는 것이지만 이 사주는 일반 사주와는 다르게 자신인 水(물)를 도와주는 또 다른 水나 金이 전혀 없고, 그 대신 더운 기운을 갖고 있는 火(불)와 土(건조한 흙)가 많아서 도저히 水(물)로서의 역할을 할 수 없기 때문에 강한 세력을 형성하고 있는 土(흙)로 변신을 한 전문용어로 "종격 사주"라서 오히려 土와 火를 더 많이 필요로 하기 때문에 흘러가는 운에서 이런 기운을 만나야 크게 발전하므로 이름에도 필요한 성분을 가진 글자를 넣어서 이름을 지어 사주에 필요한 오행을 채워주었고,

사주가 이런 구조로 태어나면, 성품이 정직하고 두뇌가 좋으며, 공명정대함을 추구하는 형이고, 리더의 기질을 가졌으며,

직업 인연은, 자기 사주에서 어떤 인연을 갖고 태어났느냐와 흘러가는 운에 의해서 결정되는데, 이 사주는 공무원 같은 조직체계를 갖춘 직업에 잘 맞고, 사람의 생명을 살리는 의료계와도 인연이 있으며, 나이가 들어서는 사업을 할 수도 있고,

운의 흐름은, 태어나서부터 15세까지는 더운 기운을 가진 土(흙)운이 오므로 좋고, 16세부터 35세까지는 水(물)를 생해주는 金(금)운이 오므로 평범하며, 36세부터 45세까지는 건조한 土(흙)운이 오므로 좋고, 46세부터 말년까지는 水(물)운이 오므로 평범하다.

위에서 설명한 운의 흐름은 10년간씩을 한꺼번에 보는 운이고, 그해 그해의 운의 흐름이 다르기 때문에 실제로는 그해의 운에 따라서 변화가 있다.

■ 사주

85	75	65	55	45	35	25	15	5		時柱	日柱	月柱	年柱	
丁	丙	乙	甲	癸	壬	辛	庚	己	大	壬	甲	戊	戊	남
卯	寅	丑	子	亥	戌	酉	申	未	運	申	申	午	戌	자

■ 사주 설명

이 사주는, 절기상 날씨가 무더운 한여름에 자신을 나타내는 글자를 큰 나무에 비유해서 해석하는 甲木(갑목)으로 태어났다.

사주에는 기본적으로 木, 火, 土, 金, 水가 골고루 들어있어서 조화와 균형을 이룬 가운데 본인한테 필요한 성분이 많아야 좋은 바, 여름에 태어난 木(나무)은 무덥고 건조함 때문에 우선적으로 필요한 성분이 물(水)이라서 물이 충분해야만 건강하고 우람하게 자랄 수 있는데, 이 사주에는 건조하고 무더운 기운이 강하기 때문에 木을 돕는 기운을 가진 水(물)운과 직업운을 나타내면서 水를 돕는 기운을 가진 金(금)운을 만나야 크게 발전하므로 이름에도 필요한 성분을 가진 글자를 넣어서 이름을 지어 사주에 필요한 오행을 채워주었고,

사주가 이런 구조로 태어나면, 성품이 리더형이라서 가정과 사회를 이끌어가는 지도자가 될 사람이고, 원만하며, 착하고, 보수적이며,

직업 인연은, 자기 사주에서 어떤 인연을 갖고 태어났느냐와 흘러가는 운에 의해

서 결정되는데, 이 사주는 사람의 생명을 살리는 의사와 가장 큰 인연을 갖었고, 그 외에도 공무원, 교육자, 법조인 등에 잘 맞으며, 무역업과 같은 해외와 관련된 사업에도 인연이 있고,

운의 흐름은, 태어나서부터 14세까지는 더운 기운을 가진 土(흙)운이 오므로 평범하고, 15세부터 34세까지는 水(물)를 생해주는 金(금)운이 오므로 좋으며, 35세부터 44세까지는 건조한 土(흙)운이 오므로 평범하며, 45세부터 말년까지는 이 사주에 가장 필요한 水(물)운이 오므로 매우 좋아서 큰 명예와 富(부)를 이룰 것이다.

위에서 설명한 운의 흐름은 10년간씩을 한꺼번에 보는 운이고, 그해 그해의 운의 흐름이 다르기 때문에 실제로는 그해의 운에 따라서 변화가 있다.

✿56 | 오씨 여자 작명

■ 사주

87	77	67	57	47	37	27	17	7		時柱	日柱	月柱	年柱	
己	庚	辛	壬	癸	甲	乙	丙	丁	大	乙	辛	戊	戊	여
酉	戌	亥	子	丑	寅	卯	辰	巳	運	未	卯	午	戌	자

■ 사주 설명

이 사주는, 절기상 날씨가 무더운 한여름에 자신을 나타내는 글자를 보석에 비유해서 해석하는 辛金(신금)으로 태어났다.

사주에는 기본적으로 木, 火, 土, 金, 水가 골고루 들어있어서 조화와 균형을 이룬 가운데 본인한테 필요한 성분이 많아야 좋은 바, 보석인 辛金(신금)은 무쇠를 불(火)로 가공해서 아름답고 정교하게 만들어 놓은 귀중하고 아름다운 사물에 비유하므로 기본적으로 물(水)로 깨끗하게 씻어주는 것을 좋아하기 때문에 사주에 水(물)가 들어있어야 좋으나 없어서 아쉽고, 이 사주는 더운 한여름에 태어난 데다 태어난 시간도 더운 시간에 태어났으며, 더운 기운들이 많아서 무덥고 건조하므로 열기를 식혀주는 기운을 갖고 있는 金(쇠)과 水(물)가 많이 필요하기 때문에 흘러가는 운에서 이런 기운들을 만나야 크게 발전하므로 이름에도 이런 기운을 가진 글자를 선택해서 이름을 지어 사주에 부족한 오행을 채워주었고,

사주가 이런 구조로 태어나면, 성품이 예민하고, 까칠하며, 영재형으로 아이큐가 매우 높으며, 미인형이라 예쁘고,

직업 인연은, 자기 사주에서 어떤 인연을 갖고 태어났느냐와 흘러가는 운에 의해서 결정되는데, 이 사주는 사람의 생명을 살리는 의료직종이나 조직성 체계를 갖춘 공무원, 식품류를 다루는 직종, 쥬얼리 같은 귀금속을 다루는 직종에도 인연이 있으며,

운의 흐름은, 태어나서부터 16세까지는 더운 火(불)운이 오므로 약하고, 17세부터 26세까지는 습한 土(흙)운이 오므로 좋으며, 27세부터 46세까지는 따뜻한 木(나무)운이 오므로 평범하고, 47세부터 76세까지는 이 사주에 가장 필요한 水(물)운으로 매우 좋으며, 77세부터 86세까지는 건조한 土(흙)운이 오므로 평범하고, 87세부터 말년까지는 金(쇠)운이 오므로 운의 흐름이 좋다.

위에서 설명한 운의 흐름은 10년간씩을 한꺼번에 보는 운이고, 그해 그해의 운의 흐름이 다르기 때문에 실제로는 그해의 운에 따라서 변화가 있다.

❀57 | 김씨 여자 작명

■사주

85	75	65	55	45	35	25	15	5		時柱	日柱	月柱	年柱	
乙	丙	丁	戊	己	庚	辛	壬	癸	大	乙	丁	甲	壬	坤
未	申	酉	戌	亥	子	丑	寅	卯	運	巳	巳	辰	午	命

■사주 설명

이 사주는, 절기상 날씨가 따뜻한 늦봄에 자신을 나타내는 글자를 인공불에 비유해서 해석하는 丁火(정화)로 태어났다.

사주에는 기본적으로 木, 火, 土, 金, 水가 골고루 들어있어서 조화와 균형을 이룬 가운데 본인한테 필요한 성분이 많아야 좋은 바, 봄에 태어난 丁火(정화)는 생명체인 나무(木)를 기르는 것이 본분이기 때문에 사주에 적정량의 불(火)과 물(水)이 있어야 하나, 이 사주에는 자신과 같은 성분인 불(火)이 너무 많고, 불을 지펴주는 나무(木)도 많아서 결국 자신에게 힘이 몰려 불균형이 심하므로 균형을 잡아주는 水(물)와 水를 도와주는 金이 필요하므로 흘러가는 운에서 이런 기운들을 만나야 크게 발전하기 때문에 이 름에도 이런 기운을 가진 글자를 선택해서 이름을 지어 사주에 부족한 오행을 채워주었고,

사주가 이런 구조로 태어나면, 성품이 본성은 착하고 감성적이나, 지나치게 자기중심적이라 주변사람들과 소통을 하지 않고 자기가 하고 싶은 데로 행동하는 경향을 보이며,

직업 인연은, 자기 사주에서 어떤 인연을 갖고 태어났느냐와 흘러가는 운에 의해서 결정되는데, 이 사주는 사람의 생명을 살리는 의료직종과 인연이 있고, 조직성 체계를 갖춘 공무원, 식품류를 다루는 직종, 쥬얼리 같은 귀금속을 다루는 직종에도 인연이 있고,

운의 흐름은, 태어나서부터 24세까지는 불을 지펴주는 木(나무)운이 오므로 약하고, 25세부터 54세까지는 이 사주에 가장 필요한 水(물)운이 오므로 좋으며, 55세부터 64세까지는 건조한 土(흙)운이 오므로 약하며, 65세부터 말년까지는 水(물)를 도와주는 金운이 오므로 좋아서 전체적으로는 초년과 중년 일부분을 제외하고는 운의 흐름이 좋은 편이다.

위에서 설명한 운의 흐름은 10년간씩을 한꺼번에 보는 운이고, 그해 그해의 운의 흐름이 다르기 때문에 실제로는 그해의 운에 따라서 변화가 있다.

❀58 | 황씨 남자 작명

■ 사주

84	74	64	54	44	34	24	14	4		時柱	日柱	月柱	年柱	
丙	丁	戊	己	庚	辛	壬	癸	甲	大	甲	丁	乙	乙	乾
子	丑	寅	卯	辰	巳	午	未	申	運	辰	未	酉	酉	命

■ 사주 설명

이 사주는, 절기상 날씨가 서늘한 한가을에 자신을 나타내는 글자를 인공 불에 비유해서 해석하는 丁火(정화)로 태어났다.

사주에는 기본적으로 木, 火, 土, 金, 水가 골고루 들어있어서 조화와 균형을 이룬 가운데 본인한테 필요한 성분이 많아야 좋은 바, 가을에 태어난 丁火(정화)는 자신의 몸을 불태워 세상을 따뜻하게 해주기 위해서 존재하므로 적정량의 불(火)과 불을 지펴주는 나무(木)가 필요하지만 이 사주에는 찬 기운을 가진 金과 습한 기운을 가진 土(흙)가 자리 잡고 있어 자신인 火(불)의 힘이 다소 약하므로 흘러가는 운에서 이런 기운들을 만나야 크게 발전하기 때문에 이름에도 이런 기운을 가진 글자를 선택해서 이름을 지어 사주에 부족한 오행을 채워주었고,

사주가 이런 구조로 태어나면, 성품이 착하고 감성적이며, 합리적이기 때문에 교유관계가 좋고 남을 배려할 줄 알며,

직업 인연은, 자기 사주에서 어떤 인연을 갖고 태어났느냐와 흘러가는 운에 의해

서 결정되는데, 이 사주는 사람의 생명을 살리는 의료 직종과 인연이 있고, 법조인이나 경찰, 교육공무원, 컴퓨터공학에 인연이 있으며,

운의 흐름은, 태어나서부터 13세까지는 찬 기운을 가진 金(쇠)운이 오므로 평범하고, 14세부터 43세까지는 이 사주에 가장 필요한 더운 기운을 가진 火(불)운이 오므로 매우 좋으며, 44세부터 53세까지는 습한 土(흙)운이 오므로 평범하며, 54세부터 말년까지는 불을 지펴주는 木(나무)운이 오므로 좋아서 전체적으로 운의 흐름이 매우 좋아서 크게 성공할 것이다.

위에서 설명한 운의 흐름은 10년간씩을 한꺼번에 보는 운이고, 그해 그해의 운의 흐름이 다르기 때문에 실제로는 그해의 운에 따라서 변화가 있다.

✿59 │ 유씨 남자 작명

■사주

85 75 65 55 45 35 25 15 5		時柱	日柱	月柱	年柱	
丁 丙 乙 甲 癸 壬 辛 庚 己　大		壬	丙	戊	戊	남
卯 寅 丑 子 亥 戌 酉 申 未　運		辰	戌	午	戌	자

■사주 설명

이 사주는, 절기상 날씨가 무더운 한여름에 자신을 나타내는 글자를 태양에 비유해서 해석하는 丙火(병화)로 태어났다.

사주에는 기본적으로 木, 火, 土, 金, 水가 골고루 들어있어서 조화와 균형을 이룬 가운데 본인한테 필요한 성분이 많아야 좋은 바, 태양인 丙火(병화)는 기본적으로 강한 火(불)의 성분인 데다가 무더운 여름에 태어났고, 건조한 기운을 갖고 있는 土(흙)가 많아서 매우 건조하므로 이를 해결해줄 水(물)가 많이 필요한데 1개가 있어 좋긴하나, 水(물)를 도와줄 찬 기운을 가진 金(쇠)이 없어서 아쉽고, 木(나무)이 없어 오행이 편중되어있기 때문에 흘러가는 운에서 水운과 金운을 기운들을 만나야 크게 발전하므로 이름에도 이런 기운을 가진 글자를 선택해서 이름을 지어 사주에 부족한 오행을 채워주었고,

사주가 이런 구조로 태어나면, 성품이 리더의 기질을 가져 자존심이 강하고 다소 예민하며, 아이큐가 높아 총명하고,

직업 인연은, 자기 사주에서 어떤 인연을 갖고 태어났느냐와 흘러가는 운에 의해서 결정되는데, 이 사주는 조직성 체계를 갖춘 직종인 공무원이나 법을 다루는 직업, 금융업종, 의료 직종에 인연이 있으며,

운의 흐름은, 태어나서부터 14세까지는 더운 土(흙)운이 오므로 약하고, 15세부터 34세까지는 水(물)를 도와주는 찬 기운을 가진 金(쇠)운이 오므로 매우 좋으며, 35세부터 44세까지는 건조한 기운을 가진 土(흙)운이 오므로 약해서 마음고생이 따르고, 45세부터 74세까지는 이 사주에 가장 필요한 水(물)운으로 매우 좋으며, 75세부터 말년까지는 따뜻한 기운을 가진 木(나무)운이 오므로 평범하나, 종합적으로 보면 운의 흐름이 매우 좋다.

위에서 설명한 운의 흐름은 10년간씩을 한꺼번에 보는 운이고, 그해 그해의 운의 흐름이 다르기 때문에 실제로는 그해의 운에 따라서 변화가 있다.

✿60 | 진씨 남자 작명

■ 사주

84 74 64 54 44 34 24 14 4		時柱	日柱	月柱	年柱	
丙 丁 乙 甲 癸 壬 辛 庚 己 大		丁	丁	戊	戊	乾
寅 卯 丑 子 亥 戌 酉 申 未 運		未	亥	午	戌	命

■ 사주 설명

이 사주는, 절기상 날씨가 무더운 한여름에 자신을 나타내는 글자를 인공 불에 비유해서 해석하는 丁火(정화)로 태어났다.

사주에는 기본적으로 木, 火, 土, 金, 水가 골고루 들어있어서 조화와 균형을 이룬 가운데 본인한테 필요한 성분이 많아야 좋은 바, 여름에 태어난 丁火(정화)는 자신이 더운 성분인데, 무더운 계절에 태어난데다가 화기를 돕는 나무(木)는 없으나 건조한 기운을 갖고 있는 土(흙)가 많아 무덥고 건조하기 때문에 열기를 식히기 위해서 水(물)가 많이 필요하나 1개가 있고, 찬 기운을 가지고 있어 水(물)를 돕는 金이 없기 때문에 흘러가는 운에서 이런 기운들을 만나야 크게 발전하므로 이름에도 이런 기운을 가진 글자를 선택해서 이름을 지어 사주에 부족한 오행을 채워주었고,

사주가 이런 구조로 태어나면, 성품이 착하고 감성적이며, 합리적이기 때문에 교유관계가 좋고 남을 배려할 줄 알며,

직업 인연은, 자기 사주에서 어떤 인연을 갖고 태어났느냐와 흘러가는 운에 의해서 결정되는데, 이 사주는 외국과 인연이며, 공무원이나 식품류, 철강업종, 바이오산업, 해운업종과 인연이 있고,

운의 흐름은, 태어나서부터 13세까지는 더운 기운을 가진 土(흙)운이 오므로 평범하고, 14세부터 33세까지는 찬 기운을 가지고 있으면서 水(물)를 도와주는 金운이 오므로 좋으며, 34세부터 43세까지는 건조한 土(흙)운이 오므로 평범하며, 44세부터 73세까지는 이 사주에 가장 필요한 水(물)운이 오므로 매우 좋고, 74세부터 말년까지는 木(나무)운이 오므로 평범한데 종합적으로는 운의 흐름이 매우 좋다.

위에서 설명한 운의 흐름은 10년간씩을 한꺼번에 보는 운이고, 그해 그해의 운의 흐름이 다르기 때문에 실제로는 그해의 운에 따라서 변화가 있다.

❀61 | 이씨 여자 작명

■ 사주

85	75	65	55	45	35	25	15	5		時柱	日柱	月柱	年柱	
甲	乙	丙	丁	戊	己	庚	辛	壬	大	甲	庚	癸	甲	여
子	丑	寅	卯	辰	巳	午	未	申	運	申	申	酉	子	자

■ 사주 설명

이 사주는, 절기상 날씨가 서늘한 한가을에 자신을 나타내는 글자를 무쇠에 비유해서 해석하는 庚金(경금)으로 태어났다.

사주에는 기본적으로 木, 火, 土, 金, 水가 골고루 들어있어서 조화와 균형을 이룬 가운데 본인한테 필요한 성분이 많아야 좋은 바, 무쇠인 庚金(경금)은 가공되지 않는 철로, 사주에 다른 金들이 많이 있어 커다란 무쇠라서 남자로 해석하는 강한 불(火)로 녹여야 하지만 나타나지 않아서 아쉽고, 불을 피우는데 장작으로 쓰일 木(나무)이 나타나 있으나, 火가 없기 때문에 그 쓰임새가 퇴색되었으며, 소통시켜줄 水(물)가 나타나 있고, 金과 木이 상극을 하므로 두뇌가 좋으며, 균형을 잡아주기 위해서 火(불)와 木(나무)이 필요하므로, 흘러가는 운에서 이런 기운을 만나야 크게 발전하므로 이름에도 이런 기운을 가진 글자를 선택해서 이름을 지어 사주에 부족한 오행을 채워주었고,

사주가 이런 구조로 태어나면, 성품이 예민하고, 와일드하며, 리더의 기질을 가졌고, 일의 추진력이 강하며, 두뇌가 총명하고, 남자와 인연이 박하며, 보는 눈이 까

다로워 결혼이 늦고,

직업 인연은, 자기 사주에서 어떤 인연을 갖고 태어났느냐와 흘러가는 운에 의해서 결정되는데, 이 사주는 사람의 생명을 살리는 의료 직종에 가장 큰 인연을 가졌고, 그 외에도 조직성 체계를 갖춘 공무원이나 금융업종 또는 사업에도 인연이 있으며,

운의 흐름은, 태어나서부터 14세까지는 차가운 金(쇠)운이 오므로 약하고, 15세부터 44세까지는 이 사주에 가장 필요한 더운 기운을 가진 火(흙)운이 오므로 매우 좋으며, 45세부터 54세까지는 습한 土(흙)운이 오므로 평범하고, 55세부터 74세까지는 따뜻한 기운을 가진 木(나무)운으로 좋으며, 75세부터 말년까지는 추운 기운을 가진 水(물)운이 오므로 평범하다.

위에서 설명한 운의 흐름은 10년간씩을 한꺼번에 보는 운이고, 그해 그해의 운의 흐름이 다르기 때문에 실제로는 그해의 운에 따라서 변화가 있다.

❀62 | 장씨 남자 작명

■ 사주

80	70	60	50	40	30	20	10		時柱	日柱	月柱	年柱	
壬	癸	甲	乙	丙	丁	戊	己	大	己	戊	庚	癸	남
子	丑	寅	卯	辰	巳	午	未	運	未	辰	申	亥	자

■ 사주 설명

이 사주는, 절기상 날씨가 서늘해지기 시작한 초가을에 자신을 나타내는 글자를 큰 산에 비유해서 해석하는 戊土(무토)로 태어났다.

사주에는 기본적으로 木, 火, 土, 金, 水가 골고루 들어있어서 조화와 균형을 이룬 가운데 본인한테 필요한 성분이 많아야 좋은 바, 큰 산인 戊土(무토)는 기본적으로 생명체인 木(나무)를 길러야 하므로 木(나무)과 더운 기운을 가진 火(불)가 나타나 있어야 좋으나 없어서 아쉽고, 찬 기운을 가진 金(쇠)과 추운 기운을 가진 水(물)가 너무 많아서 자신인 土(흙)의 힘을 약하기 때문에 균형을 잡아주는 火(불)와 화기를 가진 土(마른 흙)가 필요하므로 흘러가는 운에서 이런 운을 만나야 크게 발전하므로 이름에도 이런 기운을 가진 글자를 선택해서 이름을 지어 사주에 부족한 오행을 채워주었고,

사주가 이런 구조로 태어나면, 성품이 원만해서 주변 사람들과 소통을 잘하고, 일의 추진력이 다소 약하며, 두뇌가 총명하고, 여자를 나타내는 水(물)가 불리하게 작용하므로 여자를 보는 눈이 까다로와 결혼이 늦고,

직업 인연은, 자기 사주에서 어떤 인연을 갖고 태어났느냐와 흘러가는 운에 의해서 결정되는데, 이 사주는 사람의 생명을 살리는 의료 직종에 인연이 있고, 그 외에 일반 직장인으로 전자분야, 광고 홍보분야, 교육 직종에도 인연이있으며,

운의 흐름은, 태어나서부터 39세까지는 이 사주에 가장 필요한 더운 기운을 가진 火(불)운이 오므로 매우 좋고, 40세부터 49세까지는 습한 기운을 가진 土(흙)운이 오므로 평범하며, 50세부터 69세까지는 따뜻한 기운을 가진 木(나무) 土(흙)운이 오므로 역시 평범하고, 70세부터 말년까지는 추운 기운을 가진 水(물)운이 오므로 약해진다.

위에서 설명한 운의 흐름은 10년간씩을 한꺼번에 보는 운이고, 그해 그해의 운의 흐름이 다르기 때문에 실제로는 그해의 운에 따라서 변화가 있다.

❀ 63 | 이씨 여자 작명

■ 사주

73	63	53	43	33	23	13	3		時柱	日柱	月柱	年柱	
己	庚	辛	壬	癸	甲	乙	丙	大	癸	戊	丁	戊	여
酉	戌	亥	子	丑	寅	卯	辰	運	亥	寅	巳	辰	자

■ 사주 설명

이 사주는, 절기상 날씨가 무더워지기 시작한 초여름에 자신을 나타내는 글자를 큰 산에 비유해서 해석하는 戊土(무토)로 태어났다.

사주에는 기본적으로 木, 火, 土, 金, 水가 골고루 들어있어서 조화와 균형을 이룬 가운데 본인한테 필요한 성분이 많아야 좋은 바, 여름에 태어난 큰 산인 戊土(무토)는 나무(木)를 기르는 것이 본분으로, 나무가 나타나 있어서 좋고, 여름이라서 덥기 때문에 물(水)도 필요한데, 물도 나타나 있어서 좋으나, 물을 생해주는 金이 없어서 아쉽고, 균형적인 측면에서 보면 水(물)가 가장 필요하고 金(쇠)도 필요하므로 흘러가는 운에서 이런 운을 만나야 크게 발전하므로 이름에도 이런 기운을 가진 글자를 선택해서 이름을 지어 사주에 부족한 오행을 채워주었고,

사주가 이런 구조로 태어나면, 성품이 원만하고, 일의 추진력과 체력도 강하며, 돈에 대한 감각이 발달해 있고, 두뇌가 좋아서 총명하며,

직업 인연은, 자기 사주에서 어떤 인연을 갖고 태어났느냐와 흘러가는 운에 의해

서 결정되는데, 이 사주는 돈을 추구하는 형이라서 사업에 인연이 크고,

운의 흐름은, 태어나서부터 15세까지는 습한 기운을 가진 土(흙)운이 오므로 좋고, 16세부터 25세까지는 습한 기운을 가진 木(나무)운이 오므로 평범하며, 26세부터 35세까지는 건조한 기운을 가진 木(나무)운이 오므로 약하며, 46세부터 65세까지는 이 사주에 가장 필요한 水(물)운이 오므로 매우 좋아서 부자가 될 것이고, 66세부터 75세까지는 건조한 土(흙)운이 오므로 평범하며, 76세부터 말년까지는 水(물)를 공급해주는 金(쇠)운이 오므로 좋기 때문에 종합적으로 보면 운의 흐름이 매우 좋아서 크게 성공할 사주다.

위에서 설명한 운의 흐름은 10년간씩을 한꺼번에 보는 운이고, 그해 그해의 운의 흐름이 다르기 때문에 실제로는 그해의 운에 따라서 변화가 있다.

■ 사주

83	73	63	53	43	33	23	13	3		時柱	日柱	月柱	年柱	
己	戊	丁	丙	乙	甲	癸	壬	辛	大	庚	戊	庚	丙	남
酉	申	未	午	巳	辰	卯	寅	丑	運	申	辰	子	申	자

■ 사주 설명

이 사주는, 절기상 날씨가 추운 한겨울에 자신을 나타내는 글자를 큰 산에 비유해서 해석하는 戊土(무토)로 태어났다.

사주에는 기본적으로 木, 火, 土, 金, 水가 골고루 들어있어서 조화와 균형을 이룬 가운데 본인한테 필요한 성분이 많아야 좋은 바, 겨울에 태어난 큰 산이라는 戊土(무토)가 사주에 생명체인 木(나무)이 없어 나무를 기르는 구조가 아니고, 추운 기운 기운을 갖고 있는 水(물)가 1개 있고, 찬 기운을 내뿜는 金(쇠)이 4개나 있어 자신을 힘들게 하는 水를 도와주고 있으며, 본인의 조력자가 되어야 할 습한 土(흙)인 辰土(진토)는 申金(신금)과 子水(자수)와 합세하여 나에게 가장 불리한 물바다(큰물)를 만드므로 자신이 이 많은 물을 막는 저수지의 둑 역할을 해야 하나 본인의 힘만으로는 역부족이라서 모친으로 해석하는 丙火(병화)의 조력을 받고자 하지만 이 丙火도 아무 힘이 없으므로 큰 도움이 되지 않으며, 이러한 이유로 土(흙)와 火(불)를 더 필요로 하기 때문에 이런 운이 올때 크게 발전을 하므로 이름에도 이런 기운을 가진 글자를 선택해서 이름을 지어 사주에 부족한 오행을 채워주었고,

.

사주가 이런 구조로 태어나면, 성품이 원만하나 불의에 저항하는 기질을 가졌고, 일에 대한 추진력이 약하고 신중한 편이며, 아이디어 뱅크라서 두뇌가 좋아 총명하며, 공상이 많고,

직업 인연은, 자기 사주에서 어떤 인연을 갖고 태어났느냐와 흘러가는 운에 의해서 결정되는데, 이 사주는 밝은 불로 해석하는 丙火(병화)를 필요로 하기 때문에 시각과 관련된 직업과 관련이므로 화가와 맞고, 교육 직종에도 맞으며, 사람의 생명을 살리는 의료분야에도 인연이고,

운의 흐름은, 태어나서부터 12세까지는 얼어 있는 土(흙)운이 오므로 약하고, 13세부터 22세까지는 건조한 기운을 가진 木(나무)운이 오므로 평범하며, 23세부터 32세까지는 습한 木(나무)운이 오므로 약하고, 33세부터 42세까지는 습한 土(흙)운이 오므로 약하며, 43세부터 말년까지는 자신의 힘을 강하게 해주는 더운 火(불)운이 오므로 좋다.

위에서 설명한 운의 흐름은 10년간씩을 한꺼번에 보는 운이고, 그해 그해의 운의 흐름이 다르기 때문에 실제로는 그해의 운에 따라서 변화가 있다.

❀65 | 황씨 여자 작명

■ 사주

78	68	58	48	38	28	18	8		時柱	日柱	月柱	年柱	
辛	壬	癸	甲	乙	丙	丁	戊	大	庚	癸	己	戊	여
亥	子	丑	寅	卯	辰	巳	午	運	申	亥	未	戌	자

■ 사주 설명

이 사주는, 절기상 날씨가 무더운 늦여름에 자신을 나타내는 글자를 여름비에 비유해서 해석하는 癸水(계수)로 태어났다.

사주에는 기본적으로 木, 火, 土, 金, 水가 골고루 들어있어서 조화와 균형을 이룬 가운데 본인한테 필요한 성분이 많아야 좋은 바, 여름 비인 癸水(계수)는 자신의 힘으로 덥고 건조한 세상을 시원하게 해주면서 생명체인 木(나무)에 물(水)을 공급하기 위해서 존재하기 때문에 水(물)의 양이 충분해야 함에도 건조하고 무더운 기운을 갖고 있는 土(흙)가 너무 많아 상대적으로 水(물)의 양이 적으므로 균형을 맞추기 위해서 자신을 도와주는 金(쇠)과 水(물)가 더 많이 필요하기 때문에 흘러가는 운에서 金운과 水운을 만나야 크게 발전하므로 이름에도 이런 기운을 가진 글자를 선택해서 이름을 지어 사주에 부족한 오행을 채워주었고,

사주가 이런 구조로 태어나면, 성품이 잘생겼고, 매우 예민하며, 올곧고, 두뇌가 좋아서 총명하나 조심성이 많으며,

직업 인연은, 자기 사주에서 어떤 인연을 갖고 태어났느냐와 흘러가는 운에 의해서 결정되는데, 이 사주는 사람의 생명을 살리는 의료 직종에도 가장 인연이 많고 법조인이나 교육 직종, 기술성 전문 직종에도 인연이 있으며,

운의 흐름은, 태어나서부터 27세까지는 더운 火(불)운이 오므로 약하고, 28세부터 37세까지는 습한 기운을 가진 土(흙)운이 오므로 좋으며, 38세부터 47세까지는 습한 木(나무)운이 오므로 좋고, 48세부터 57세까지는 건조한 木(나무)운이 오므로 평범하며, 58세부터 말년까지는 이 사주에 가장 필요한 水(물)운이 오므로 매우 좋아서 종합적으로 보면 초년을 제외하고 운의 흐름이 좋아서 크게 성공할 사주다.

위에서 설명한 운의 흐름은 10년간씩을 한꺼번에 보는 운이고, 그해 그해의 운의 흐름이 다르기 때문에 실제로는 그해의 운에 따라서 변화가 있다.

❀ 66 │ 황씨 여자 작명

■ 사주

78	68	58	48	38	28	18	8		時柱	日柱	月柱	年柱	
戊	丁	丙	乙	甲	癸	壬	辛	大	癸	己	庚	戊	남
辰	卯	寅	丑	子	亥	戌	酉	運	酉	卯	申	戌	자

■ 사주 설명

이 사주는, 절기상 날씨가 서늘해지기 시작한 초가을에 자신을 나타내는 글자를 야산에 비유해서 해석하는 己土(기토)로 태어났다.

사주에는 기본적으로 木, 火, 土, 金, 水가 골고루 들어있어서 조화와 균형을 이룬 가운데 본인한테 필요한 성분이 많아야 좋은 바, 己土(기토)라는 산의 임무는 생명 체인 나무(木)를 기를 것이 좋은데 木(나무)이 나타나 있어 좋으나 태어난 계절이 가을이라 기온이 낮아졌고, 찬 기운을 가진 金(금)이 3개 있고, 추운 기운을 가진 水(물)가 1개 있어 결과적으로 자신인 土(흙)의 힘이 다소 약하므로 양질의 나무를 기르기 위해서는 충분한 양의 火(불)가 나타나 있어야 좋으나 나타나지 않아 아쉽 고, 이런 이유로 균형을 잡아주는 火(불)와 土(흙)가 더 필요하기 때문에 흘러가는 운에서 이런 기운을 보충 받아야 더욱 크게 발전하므로 이름에도 이런 기운을 가 진 글자를 선택해서 이름을 지어 사주에 필요한 오행을 채워주었고,

사주가 이런 구조로 태어나면, 성품이 원만하고 착하며, 인정이 많으며, 창의력이 발달해 있고, 두뇌가 좋아 총명하며,

직업 인연은, 자기 사주에서 어떤 인연을 갖고 태어났느냐와 흘러가는 운에 의해서 결정되는데, 이 사주는 사람이 생명을 살리는 의료 직종에 인연이 가장 크고, 그 밖에 기술성 전문 직종과 사업에 인연이며,

운의 흐름은, 태어나서부터 17세까지는 金(금)운이 오므로 평범하고, 18세부터 27세까지는 건조한 기운을 가진 土(마른 흙)운이 오므로 좋으며, 28세부터 57세까지는 水(물)운이 오므로 평범하며, 58세부터 말년까지는 木(나무)운이 오므로 좋다.

위에서 설명한 운의 흐름은 10년간씩을 한꺼번에 보는 운이고, 그해 그해의 운의 흐름이 다르기 때문에 실제로는 그해의 운에 따라서 변화가 있다.

❀67 | 어씨 여자 작명

■ 사주

83	73	63	53	43	33	23	13	3		時柱	日柱	月柱	年柱	
庚	辛	壬	癸	甲	乙	丙	丁	戊	大	乙	己	己	戊	여
戌	亥	子	丑	寅	卯	辰	巳	午	運	亥	酉	未	戌	자

■ 사주 설명

이 사주는, 절기상 날씨가 무더운 늦여름에 자신을 나타내는 글자를 야산에 비유해서 해석하는 己土(기토)로 태어났다.

사주에는 기본적으로 木, 火, 土, 金, 水가 골고루 들어있어서 조화와 균형을 이룬 가운데 본인한테 필요한 성분이 많아야 좋은 바, 여름에 태어난 己土(기토)인 산에는 반드시 나무(木)가 있어야 좋은데, 태어난 시간에 나무가 나타나 있고, 또 태어난 계절이 덥고 건조하기 때문에 물(水)이 있어야 좋은데, 역시 태어난 시간에 水(물)가 나타나 있어서 좋으나, 더 좋은 균형을 이루기 위해서는 水(물)와 木(나무)이 더 필요하기 때문에 흘러가는 운에서 水운과 木운을 만나야 크게 발전하므로 이름에도 이런 기운을 가진 글자를 선택해서 이름을 지어 사주에 부족한 오행을 채워주었고,

사주가 이런 구조로 태어나면, 성품이 정직하고 올곧으며, 일의 추진력도 강하고 두뇌가 좋아서 총명하며,

직업 인연은, 자기 사주에서 어떤 인연을 갖고 태어났느냐와 흘러가는 운에 의해서 결정되는데, 이 사주는 조직성 체계를 갖춘 직종인 공무원이나 법을 다루는 직업, 금융업종, 사람의 생명을 살리는 의료 직종에도 인연이 있으며,

운의 흐름은, 태어나서부터 22세까지는 더운 火(불)운이 오므로 평범하고, 23세부터 32세까지는 습한 기운을 가진 土(흙)운이 오므로 좋으며, 33세부터 52세까지는 산에 자랄 木(나무)운이 오므로 좋고, 53세부터 72세까지는 이 사주에 가장 필요한 水(물)운으로 매우 좋으며, 73세부터 말년까지는 건조한 기운을 가진 土(흙)운이 오므로 평범하나, 종합적으로 보면 운의 흐름이 매우 좋다.

위에서 설명한 운의 흐름은 10년간씩을 한꺼번에 보는 운이고, 그해 그해의 운의 흐름이 다르기 때문에 실제로는 그해의 운에 따라서 변화가 있다.

✿68 | 김씨 여자 작명

■사주

81	71	61	51	41	31	21	11	1	時柱	日柱	月柱	年柱	
辛	庚	己	戊	丁	丙	乙	甲	癸 大	丁	壬	壬	己	여
巳	辰	卯	寅	丑	子	亥	戌	酉 運	未	辰	申	亥	자

■사주 설명

이 사주는, 절기상 날씨가 서늘해지기 시작한 초가을에 자신을 나타내는 글자를 강물에 비유해서 해석하는 壬水(임수)로 태어났다.

사주에는 기본적으로 木, 火, 土, 金, 水가 골고루 들어있어서 조화와 균형을 이룬 가운데 본인한테 필요한 성분이 많아야 좋은 바, 가을에 태어난 壬水(임수)라는 물은 기본적으로 차고, 水(물)가 많은데, 남편으로 해석하는 土(흙)가 잘 막아주고 있어 남편 덕이 있고, 또 이 土(흙)를 튼튼하게 해주는 돈으로 해석하는 火(불)가 있어서 돈복이 있으며, 이러한 이유로 土(흙)운과 火(불)이 올 때 발전을 하므로 흘러가는 운과 이름에서 이런 기운을 보충받아야 더욱 크게 발전하기 때문에 이름에도 이런 기운을 가진 글자를 선택해서 이름을 지어 사주에 부족한 오행을 채워주었고,

사주가 이런 구조로 태어나면, 성품이 정직하고, 합리적이며, 총명하고,

직업 인연은, 자기 사주에서 어떤 인연을 갖고 태어났느냐와 흘러가는 운에 의해

서 결정되는데, 이 사주는 공무원 같은 조직성 직업이나 금융업종, 그리고, 사람의 생명을 살리는 의료 직종에 인연이 있으며,

운의 흐름은, 태어나서부터 10세까지는 찬 金(쇠)운이 오므로 평범하고, 11세부터 20세까지는 건조한 기운을 가진 마른 土(흙)운이 오므로 좋으며, 21세부터 50세까지는 水(물)운이 오므로 평범하며, 51세부터 70세까지는 火(불)를 생해주는 木(나무)운이 오므로 좋고, 71세부터 79세까지는 습한 土(흙)운이 오므로 평범하며, 80세부터 말년까지는 더운 기운을 가진 火(불)운이 오므로 좋아서 경제적으로 풍요롭고 행복한 삶을 영위할 것이다.

위에서 설명한 운의 흐름은 10년간씩을 한꺼번에 보는 운이고, 그해 그해의 운의 흐름이 다르기 때문에 실제로는 그해의 운에 따라서 변화가 있다.

🏵 69 | 신씨 남자 작명

■ 사주

78	68	58	48	38	28	18	8		時柱	日柱	月柱	年柱	
戊	丁	丙	乙	甲	癸	壬	辛	大	甲	庚	庚	戊	남
辰	卯	寅	丑	子	亥	戌	酉	運	申	辰	申	戌	자

■ 사주 설명

이 사주는, 절기상 날씨가 서늘해지기 시작한 초가을에 자신을 나타내는 글자를 무쇠 金에 비유해서 해석하는 庚金(경금)으로 태어났다.

사주에는 기본적으로 木, 火, 土, 金, 水가 골고루 들어있어서 조화와 균형을 이룬 가운데 본인한테 필요한 성분이 많아야 좋은 바, 무쇠인 庚金(경금)은 火(불)를 이용해 제련을 해서 사람들에게 필요한 도구로 만들어짐을 좋아하나 이 사주의 경우에는 火가 나타나지 않은 대신 돈으로 해석하는 木(나무)이 나타나있어 이 나무(木)를 길러야 하므로 더 많은 木(나무)도 필요하고, 水(물)도 필요하기 때문에 흘러가는 운에서 木운과 水운을 만나야 크게 발전을 하므로 이름에도 이런 기운을 가진 글자를 선택해서 이름을 지어 사주에 필요한 오행을 채워주었고,

사주가 이런 구조로 태어나면, 성품이 남성적이고 의리가 있으며, 와일드하며, 일의 추진력이 강해서 밀어붙이는 형이고, 두뇌가 좋아서 총명하며,

직업 인연은, 자기 사주에서 어떤 인연을 갖고 태어났느냐와 흘러가는 운에 의해

서 결정되는데, 이 사주는 사람의 생명을 살리는 의료 직종에 인연이 많으며, 그 밖에도 금융업종, 경영학, 사업, 체력이 강하고 끈기가 있어 스포츠와도 인연이 있고,

운의 흐름은, 태어나서부터 17세까지는 金(쇠)이 많은데 또 金(쇠)운이 오므로 평범하고, 18세부터 27세까지는 건조한 기운을 가진 土(흙)운이 오므로 약하며, 28세부터 47세까지는 나무에 물을 줄 水(물)운이 오므로 좋고, 48세부터 57세까지는 얼어있는 土(흙)운이 오므로 평범하며, 58세부터 77세까지는 木(나무)운이 오므로 좋고, 77세 이후부터 말년은 습한 土(흙)운이 오므로 평범해서 종합적으로 보면 초년부터 운의 흐름이 매우 좋아서 크게 성공할 것이다.

위에서 설명한 운의 흐름은 10년간씩을 한꺼번에 보는 운이고, 그해 그해의 운의 흐름이 다르기 때문에 실제로는 그해의 운에 따라서 변화가 있다.

✸70 | 박씨 남자 작명

■사주

79 69 59 49 39 29 19 9	時柱	日柱	月柱	年柱	
戊 丁 丙 乙 甲 癸 壬 辛 大	乙	乙	庚	戊	남
辰 卯 寅 丑 子 亥 戌 酉 運	酉	亥	申	戌	자

■사주 설명

이 사주는, 절기상 날씨가 서늘해지기 시작한 초가을에 자신을 나타내는 글자를 가을 꽃나무에 비유해서 해석하는 乙木(을목)으로 태어났다.

사주에는 기본적으로 木, 火, 土, 金, 水가 골고루 들어있어서 조화와 균형을 이룬 가운데 본인한테 필요한 성분이 많아야 좋은 바, 乙木(을목)이라는 꽃나무는 아름다운 꽃을 피우기 위해서 태어났으므로 자신의 힘이 강해야 하고, 꽃으로도 해석하는 더운 기운을 가진 火(불)를 좋아하나 나타나지 않아 아쉽고, 아버지와 여자와 돈으로 해석하는 마른 土(흙)가 힘을 가지고 있어 좋지만 찬 기운을 가지고 있어 자신인 木(나무)의 성장을 방해하는 金(쇠)이 3개나 있어 공격(극)을 당하고 있는 형국이라 자신의 힘이 약할 뿐만 기온이 낮아 꽃나무의 생육환경이 불리하므로 흘러가는 운과 이름에서 火(불)와 木(나무)의 기운을 보충을 받아야 하기 때문에 이런 운을 만나야 크게 발전하므로 이름에도 이런 기운을 가진 글자를 선택해서 이름을 지어 사주에 부족한 오행을 채워주었고,

사주가 이런 구조로 태어나면, 성품이 부드럽고, 착하나 예민하며, 조심성이 많아

신중하나 두뇌가 좋아서 총명하며,

직업 인연은, 자기 사주에서 어떤 인연을 갖고 태어났느냐와 흘러가는 운에 의해서 결정되는데, 이 사주는 사람이 생명을 살리는 의료 직종에 인연이 가장 크고, 그 밖에 일반 직장인, 교육자, 금융업종에도 인연이 있으며,

운의 흐름은, 태어나서부터 18세까지는 찬 기운을 가진 金(쇠)운이 오므로 약하고, 19세부터 28세까지는 건조한 기운을 가진 土(마른 흙)운이 오므로 좋으며, 29세부터 48세까지는 추운 기운을 가진 水(물)운이 오므로 평범하며, 49세부터 58세까지는 얼어 있는 土(흙)운이 오므로 약하며, 59세부터 말년까지는 자신의 힘을 강하게 해주는 木(나무)운이 오므로 매우 좋다.

위에서 설명한 운의 흐름은 10년간씩을 한꺼번에 보는 운이고, 그해 그해의 운의 흐름이 다르기 때문에 실제로는 그해의 운에 따라서 변화가 있다.

⊛71 | 김씨 여자 작명

■ 사주

86	76	66	56	46	36	26	16	6		時柱	日柱	月柱	年柱	
丁	丙	乙	甲	癸	壬	辛	庚	己	大	壬	丁	戊	庚	남
酉	申	未	午	巳	辰	卯	寅	丑	運	寅	巳	子	午	자

■ 사주 설명

이 사주는, 절기상 날씨가 무더운 늦여름에 자신을 나타내는 글자를 인공 불에 비유해서 해석하는 丁火(정화)로 태어났다.

사주에는 기본적으로 木, 火, 土, 金, 水가 골고루 들어있어서 조화와 균형을 이룬 가운데 본인한테 필요한 성분이 많아야 좋은 바, 겨울에 태어난 丁火(정화)라는 인공 불은 자신의 몸을 불태워 추운 세상을 따뜻하게 해주려 하므로 다른 사람들로 환영받는 인물로, 사주에 火(불)가 2개 더 있고, 火(불)를 지펴주는 나무(木)도 1개 있어 좋지만 한겨울에 태어났고, 추운 기운을 갖고 있는 水(물)와 金(쇠)이 3개 있어 자신의 힘이 다소 약하기 때문에 火와 木이 더 필요하므로 흘러가는 운과 이름에서 이런 기운을 보충받아야 더욱 크게 발전하기 때문에 이름에도 이런 기운을 가진 글자를 선택해서 이름을 지어 사주에 부족한 오행을 채워주었고,

사주가 이런 구조로 태어나면, 성품이 여리고 감성적이며 착하고, 신중한 편이고, 다소 예민하며, 총명하고,

직업 인연은, 자기 사주에서 어떤 인연을 갖고 태어났느냐와 흘러가는 운에 의해서 결정되는데, 이 사주는 火와 木이 필요하기 때문에 이와 관련된 직업군에 인연으로, 교육자, 연구 직종, 컴퓨터나 전자, 그리고 시각적인 관련 직업군에 인연이고, 46세 이후부터 사업가로도 크게 성공할 것이며,

운의 흐름은, 태어나서부터 15세까지는 얼어있는 土(흙)운이 오므로 약하고, 16세부터 35세까지는 火(불)를 생해주는 木(나무)운이 오므로 좋으며, 36세부터 45세까지는 습한 기운을 갖고 있는 土(흙)운이 오므로 평범하고, 46세부터 말년까지는 이 사주에 가장 필요한 火(불)운이 오므로 매우 좋으며, 전체적으로 보면 운의 흐름이 좋아서 크게 성공할 것이다.

위에서 설명한 운의 흐름은 10년간씩을 한꺼번에 보는 운이고, 그해 그해의 운의 흐름이 다르기 때문에 실제로는 그해의 운에 따라서 변화가 있다.

❀72 | 황씨 남자 개명

■ 사주

88	78	68	58	48	38	28	18	8		時柱	日柱	月柱	年柱	
己	戊	丁	丙	乙	甲	癸	壬	辛	大	庚	壬	庚	丙	남
酉	申	未	午	巳	辰	卯	寅	丑	運	子	辰	子	寅	자

■ 사주 설명

이 사주는, 절기상 날씨가 추운 한겨울에 자신을 나타내는 글자를 강물에 비유해서 해석하는 壬水(임수)로 태어났다.

사주에는 기본적으로 木, 火, 土, 金, 水가 골고루 들어있어서 조화와 균형을 이룬 가운데 본인한테 필요한 성분이 많아야 좋은 바, 壬水(임수)라는 강물은 기본적으로 찬데 사주에 찬 기운을 가진 水(물)와 金(금)이 많아서 매우 추우므로 시급히 火(불)를 피워 따뜻하게 해줘야 하는데 이 火(불)가 부친이요, 부인이며 돈이라서 이런 부분에 덕이 많고, 불(火)을 피우기 위해서 장작으로 작용해주는 木(나무)도 필요하므로 흘러가는 운과 이름에서 이런 기운을 보충 받아야 더욱 크게 발전하기 때문에 이름에도 이런 기운을 가진 글자를 선택해서 이름을 지어 사주에 부족한 오행을 채워주었고,

사주가 이런 구조로 태어나면, 성품이 아집이 강해서 밀어붙이는 형이고, 돈이나 사업에 관심이 많으며, 두뇌가 총명하고,

직업 인연은, 자기 사주에서 어떤 인연을 갖고 태어났느냐와 흘러가는 운에 의해서 결정되는데, 이 사주는 금융업종, 항공 운수업, 방송관련 사업에 인연이 있고, 48세 이후부터는 사업가로도 크게 성공할 것이며,

운의 흐름은, 태어나서부터 18세까지는 얼어있는 土(흙)운이 오므로 평범하고, 18세부터 37세까지는 火(불)를 생해주는 기운을 가진 木(나무)운이 오므로 좋으며, 38세부터 47세까지는 습한 기운을 가진 土(흙)운이 오므로 평범하며, 48세부터 말년까지는 이 사주에 가장 필요한 더운 기운을 가진 火(불)운이 오므로 매우 좋아서 전체적으로 보면 운의 흐름이 매우 좋고, 부모 복과 부인 복, 돈복이 있어 행복할 것이다.

위에서 설명한 운의 흐름은 10년간씩을 한꺼번에 보는 운이고, 그해 그해의 운의 흐름이 다르기 때문에 실제로는 그해의 운에 따라서 변화가 있다.

❀73 │ 박씨 남자 작명

■ 사주

81	71	61	51	41	31	21	11	1		時柱	日柱	月柱	年柱	
戊	丁	丙	乙	甲	癸	壬	辛	庚	大	壬	己	己	戊	남
辰	卯	寅	丑	子	亥	戌	酉	申	運	申	巳	未	戌	자

■ 사주 설명

이 사주는, 절기상 날씨가 무더운 늦여름에 자신을 나타내는 글자를 야산에 비유해서 해석하는 己土(기토)로 태어났다.

사주에는 기본적으로 木, 火, 土, 金, 水가 골고루 들어있어서 조화와 균형을 이룬 가운데 본인한테 필요한 성분이 많아야 좋은 바, 여름에 태어난 己土(기토)라는 산이 기본적으로 덥고 건조한데 덥고 건조한 기운을 가지고 있는 土(흙)가 많고, 더운 기운을 가지고 있는 火(불)도 있어서 크고 넓은 산이지만 생명체인 木(나무)가 나타나지 않아서 아쉽고, 그 대신 더위와 건조함을 해결해 주는 水(물)와 水(물)를 생해주는 金(쇠)이 태어난 시간에 나타나 있어서 좋으나, 균형적인 측면에서 상대적으로 水(물)와 金(쇠)이 부족하기 때문에 흘러가는 운과 이름에서 이런 기운을 보충받아야 하므로 이런 운을 만나야 크게 발전하기 때문에 이름에도 이런 기운을 가진 글자를 선택해서 이름을 지어 사주에 부족한 오행을 채워주었고,

사주가 이런 구조로 태어나면, 성품이 원만한 것 같으나 아집이 강해서 밀어붙이는 형이고, 돈 욕심이 많으며, 총명하고,

직업 인연은, 자기 사주에서 어떤 인연을 갖고 태어났느냐와 흘러가는 운에 의해서 결정되는데, 이 사주는 사람이 생명을 살리는 의료 직종에 인연이 가장 크고, 그 밖에 금융계통, 회계학에도 인연이며, 31세 이후 나이가 들어서는 사업가로도 크게 성공할 수 있고,

운의 흐름은, 태어나서부터 20세까지는 水(물)를 생해주는 金(쇠)운이 오므로 좋고, 21세부터 30세까지는 건조한 기운을 가진 土(마른 흙)운이 오므로 약하며, 31세부터 60세까지는 이 사주에 가장 필요한 水(물)운이 오므로 매우 좋으며, 61세부터 말년까지는 따뜻한 기운을 가진 木(나무)운이 오므로 평범하나 전체적으로 보면 운의 흐름이 좋고, 돈복이 있어 큰 부자가 될 것이다.

위에서 설명한 운의 흐름은 10년간씩을 한꺼번에 보는 운이고, 그해 그해의 운의 흐름이 다르기 때문에 실제로는 그해의 운에 따라서 변화가 있다.

✿74 | 홍씨 여자 작명

■사주

87 77 67 57 47 37 27 17 7				時柱	日柱	月柱	年柱	
庚 辛 壬 癸 甲 乙 丙 丁 戊 大				丁	辛	己	戊	여
戌 亥 子 丑 寅 卯 辰 巳 午 運				酉	酉	未	戌	자

■사주 설명

이 사주는, 절기상 날씨가 무더운 늦여름에 자신을 나타내는 글자를 보석 金에 비유해서 해석하는 辛金(신금)으로 태어났다.

사주에는 기본적으로 木, 火, 土, 金, 水가 골고루 들어있어서 조화와 균형을 이룬 가운데 본인한테 필요한 성분이 많아야 좋은 바, 보석인 辛金(신금)은 아름답고 정교하게 제련이 되어 있는 상태라서 사람들한테 사랑받는 치장용 물건에 비유하기 때문에 가장 중요하게 생각하는 것이 자신의 아름다움을 보존하고 자랑하는 것이라서 깨끗하게 씻어주면서 火(불)로부터 자신을 지켜주는 水(물)가 필요하나 이 사주에는 水가 없어 아쉽고, 건조하고 더운 기운을 갖고 있는 火와 土(흙)가 너무 많아서 더 이상의 火와 土를 필요로 하지 않고, 자신인 金(보석)이 더 커져야 하기 때문에 흘러가는 운에서 金운과 水운을 만나야 크게 발전하므로 이름에도 이런 기운을 가진 글자를 선택해서 이름을 지어 사주에 부족한 오행을 채워주었고,

사주가 이런 구조로 태어나면, 성품이 잘생겼고, 예민하며, 올곧고, 두뇌가 좋아서 총명하나 조심성이 많으며,

직업 인연은, 자기 사주에서 어떤 인연을 갖고 태어났느냐와 흘러가는 운에 의해서 결정되는데, 이 사주는 사람의 생명을 살리는 의료 직종에도 기장 인연이 많고 법조인이나 교육 직종, 기술성 전문직종에도 인연이 있으며,

운의 흐름은, 태어나서부터 26세까지는 더운 火(불)운이 오므로 약하고, 27세부터 36세까지는 습한 기운을 가진 土(흙)운이 오므로 좋으며, 37세부터 46세까지는 습한 木(나무)운이 오므로 좋은 가운데 마음고생이 따르고, 47세부터 56세까지는 건조한 木(나무)운이 오므로 평범하며, 57세부터 말년까지는 이 사주에 가장 필요한 水(물)운이 오므로 매우 좋아서 종합적으로 보면 초년을 제외하고 운의 흐름이 좋아서 크게 성공할 사주다.

위에서 설명한 운의 흐름은 10년간씩을 한꺼번에 보는 운이고, 그해 그해의 운의 흐름이 다르기 때문에 실제로는 그해의 운에 따라서 변화가 있다.

⊛75 | 홍씨 여자 작명

■사주

90	80	70	60	50	40	30	20	10		時柱	日柱	月柱	年柱	
丁	丙	乙	甲	癸	壬	辛	庚	己	大	癸	丙	戊	戊	남
卯	寅	丑	子	亥	戌	酉	申	未	運	巳	辰	午	戌	자

■사주 설명

이 사주는, 절기상 날씨가 더운 한여름에 자신을 나타내는 글자를 태양불에 비유해서 해석하는 丙火(병화)로 태어났다.

사주에는 기본적으로 木, 火, 土, 金, 水가 골고루 들어있어서 조화와 균형을 이룬 가운데 본인한테 필요한 성분이 많아야 좋은 바, 丙火(병화)는 덥고 위대한 존재로, 여름에 태어난 데다 火(불)와 건조한 기운을 갖고 있는 土(흙)가 많아서 덥고 건조하므로 온도를 낮춰서 균형을 잡아야 하므로 차게 해주는 水(물)가 필요한데 태어난 시간에 1개가 나타나 있어서 좋고, 또 水를 생해 주는 金(쇠)이 필요하나 나타나지 않았으며, 균형을 맞추기 위해서 水(물)와 金(쇠)이 더 많이 필요하므로 흘러가는 운과 이름에서 이런 기운을 보충 받아야 더욱 크게 발전하기 때문에 이름에도 이런 기운을 가진 글자를 선택해서 이름을 지어 사주에 부족한 오행을 채워주었고,

사주가 이런 구조로 태어나면, 성품이 리더격으로 태어났기 때문에 자존심이 강하고 체면을 중시하며, 가정과 사회에서 지도자적인 역할을 해야하며, 일의 추진

력이 강하고, 두뇌가 총명하며,

직업 인연은, 자기 사주에서 어떤 인연을 갖고 태어났느냐와 흘러가는 운에 의해서 결정되는데, 이 사주는 공무원 대기업 같은 조직성 직업이나 금융계통, 사업에도 인연이며, 특히 50세 이후부터 크게 성공할 것이고,

운의 흐름은, 태어나서부터 19세까지는 火氣(화기)를 갖고 있는 마른 土(흙)운이 오므로 약하고, 20세부터 39세까지는 水(물)를 생해주면서 돈으로 해석하는 金(쇠)운이 오므로 좋으며, 40세부터 49세까지는 건조한 기운 가지고 있는 土(마른 흙)운이 약하며, 50세부터 79세까지는 사주에 가장 필요한 水(물)운이 오므로 매우 좋으며, 80세부터 말년까지는 따뜻한 기운을 가진 木(나무)운이 오므로 평범하나 전체적으로 보면 운의 흐름이 좋고, 돈복과 명예가 따를 것이다.

위에서 설명한 운의 흐름은 10년간씩을 한꺼번에 보는 운이고, 그해 그해의 운의 흐름이 다르기 때문에 실제로는 그해의 운에 따라서 변화가 있다.

❀ 76 | 장씨 남자 작명

■ 사주

82	72	62	52	42	32	22	12	2		時柱	日柱	月柱	年柱	
戊	丁	丙	乙	甲	癸	壬	辛	庚	大	壬	甲	己	戊	남
辰	卯	寅	丑	子	亥	戌	酉	申	運	申	子	未	戌	자

■ 사주 설명

이 사주는, 절기상 날씨가 무더운 늦여름에 자신을 나타내는 글자를 큰 나무에 비유해서 해석하는 甲木(갑목)으로 태어났다.

사주에는 기본적으로 木, 火, 土, 金, 水가 골고루 들어있어서 조화와 균형을 이룬 가운데 본인한테 필요한 성분이 많아야 좋은 바, 여름에 태어난 큰 나무인 甲木(갑목)은 더욱 더 왕성하게 자라 풍성한 결실을 맺어야 하므로 좋은 환경을 가져 자신의 힘이 강해야 하기 때문에 충분한 양의 水(물)가 필요한데, 태어난 年과 月에 무덥고 건조한 土(흙)가 너무 많으므로 태어난 시간에 물(水)이 들어있는 시간대를 선택하여 택일하였으며, 이러한 이유로 水(물)와 木(나무)을 더 필요로 하기 때문에 이런 운이 올 때 크게 발전을 하므로 이름에도 이런 기운을 가진 글자를 선택해서 이름을 지어 사주에 부족한 오행을 채워주었고,

사주가 이런 구조로 태어나면, 성품이 리더의 기질을 가지고 태어났기 때문에 올곧고 인성이 착하며, 가정과 사회에서 리더의 역할을 할 것이고, 잘생겼으며, 두뇌가 좋아서 총명하고,

직업 인연은, 자기 사주에서 어떤 인연을 갖고 태어났느냐와 흘러가는 운에 의해서 결정되는데, 이 사주는 사람의 생명을 살리는 의료 직종에 인연이 많으며, 그 밖에도 교육 직종이나 금융업종, 토목 건축업종, 그리고 나이 들어서는 사업과도 인연이 있고,

운의 흐름은, 태어나서부터 21세까지는 水(물)를 생해주는 金(쇠)운이 오므로 좋고, 22세부터 31세까지는 건조한 기운을 가진 土(흙)운이 오므로 약하며, 32세부터 61세까지는 이 사주에 가장 필요한 水(물)운이 오므로 매우 좋고, 62세부터 말년까지는 자신의 힘을 강하게 해주는 木운이 오므로 좋아서 종합적으로 보면 초년부터 운의 흐름이 매우 좋아서 크게 성공할 사주다.

위에서 설명한 운의 흐름은 10년간씩을 한꺼번에 보는 운이고, 그해 그해의 운의 흐름이 다르기 때문에 실제로는 그해의 운에 따라서 변화가 있다.

❀77 | 고씨 남자 작명

■ 사주

84	74	64	54	44	34	24	14	4		時柱	日柱	月柱	年柱	
丁	戊	丙	乙	甲	癸	壬	辛	庚	大	壬	庚	己	戊	남
辰	卯	寅	丑	子	亥	戌	酉	申	運	午	申	未	戌	자

■ 사주 설명

이 사주는, 절기상 날씨가 무더운 늦여름에 자신을 나타내는 글자를 무쇠 金에 비유해서 해석하는 庚金(경금)으로 태어났다.

사주에는 기본적으로 木, 火, 土, 金, 水가 골고루 들어있어서 조화와 균형을 이룬 가운데 본인한테 필요한 성분이 많아야 좋은 바, 무쇠인 庚金(경금)은 제련을 해서 사람들에게 필요한 도구로 만들어짐을 좋아하기 때문에 우선 자신의 세력이 커야 하나, 이 사주에는 火(불)도 있고, 건조한 기운을 갖고 있는 土(흙)가 너무 많아서 더 이상의 火와 土는 필요로 하지 않고, 자신인 金(쇠)이 더 커져야 하기 때문에 金이 필요하고, 열기를 식혀서 담금질을 해줄 물(水)이 더 필요하기 때문에 흘러가는 운에서 金운과 水운을 만나야 크게 발전하므로 이름에도 이런 기운을 가진 글자를 선택해서 이름을 지어 사주에 부족한 오행을 채워주었고,

사주가 이런 구조로 태어나면, 성품이 올곧고 의리가 있으며, 남성적으로 와일드하며, 일의 추진력도 강하고, 두뇌가 좋아서 총명하며,

직업 인연은, 자기 사주에서 어떤 인연을 갖고 태어났느냐와 흘러가는 운에 의해서 결정되는데, 이 사주는 사람의 생명을 살리는 의료 직종에 인연이 많으며, 그 밖에도 기술성 전문 직종이나 교육 직종, 금융업종에도 인연이 있고,

운의 흐름은, 태어나서부터 23세까지는 자신을 도와주는 金(쇠)운이 오므로 좋고, 24세부터 33세까지는 건조한 기운을 가진 土(흙)운이 오므로 평범하며, 34세부터 63세까지는 이 사주에 가장 필요한 水(물)운이 오므로 매우 좋고, 64세부터 73세까지는 건조한 木(나무)운이 오므로 마음고생이 따르며, 74세부터 83세까지는 습한 木운이 오므로 좋아서 종합적으로 보면 초년부터 운의 흐름이 매우 좋아서 크게 성공할 사주다.

위에서 설명한 운의 흐름은 10년간씩을 한꺼번에 보는 운이고, 그해 그해의 운의 흐름이 다르기 때문에 실제로는 그해의 운에 따라서 변화가 있다.

✿78 | 공씨 남자 작명

■사주

79	69	59	49	39	29	19	9		時柱	日柱	月柱	年柱	
甲	癸	壬	辛	庚	己	戊	丁	大	辛	壬	丙	丙	남
辰	卯	寅	丑	子	亥	戌	酉	運	亥	寅	申	午	자

■사주 설명

이 사주는, 절기상 날씨가 서늘해지기 시작한 초가을에 자신을 나타내는 글자를 강물에 비유해서 해석하는 壬水(임수)로 태어났다.

사주에는 기본적으로 木, 火, 土, 金, 水가 골고루 들어있어서 조화와 균형을 이룬 가운데 본인한테 필요한 성분이 많아야 좋은 바, 가을은 기온이 낮아져 서늘해진 데다가 자신을 나타내는 글자가 추운 기운을 갖고 있는 壬水(임수)이고, 사주를 구성하고 있는 주변 환경이 추운 기운을 갖고 있는 인자들로 구성되어 있어 온도가 낮으므로 큰 火(불)를 눌러서 내것으로 만들려면 火(불)와 木(나무)이 더 필요하기 때문에 흘러가는 운과 이름에서 이런 기운을 보충받아야 하므로 이런 운을 만나야 크게 발전하기 때문에 이름에도 이런 기운을 가진 글자를 선택해서 이름을 지어 사주에 필요한 오행을 채워주었고,

사주가 이런 구조로 태어나면, 성품이 원만한 것 같으나 다소 예민하고, 두뇌가 좋아서 총명하며, 그릇이 커서 활동범위가 넓고, 돈과 여자에 대한 욕심이 많으며,

직업 인연은, 자기 사주에서 어떤 인연을 갖고 태어났느냐와 흘러가는 운에 의해서 결정되는데, 이 사주는 사람의 생명을 살리는 의료 직종에 인연이 있고, 그 밖에 금융계통이나 사업과 인연이 커서 중년이후 사업가로 크게 성공할 것이며,

운의 흐름은, 태어나서부터 18세까지는 찬 기운을 가진 金(쇠)운이 오므로 평범하고, 19세부터 28세까지는 건조한 기운을 가진 土(마른 흙)운이 오므로 좋으며, 29세부터 58세까지는 추운 기운을 갖고 있는 水(물)운이 오므로 평범하며, 59세부터 말년까지는 따뜻한 기운을 가진 木(나무)운에서 더운 기운을 갖고 있는 火(불)운으로 흐를 것이므로 전체적으로 보면 중, 말년운의 흐름이 좋고, 돈복이 있어 큰 부자가 될 것이다.

위에서 설명한 운의 흐름은 10년간씩을 한꺼번에 보는 운이고, 그해 그해의 운의 흐름이 다르기 때문에 실제로는 그해의 운에 따라서 변화가 있다.

✹79 | 구씨 여자 작명

■ 사주

78	68	58	48	38	28	18	8		時柱	日柱	月柱	年柱	
壬	癸	甲	乙	丙	丁	戊	己	大	癸	丙	庚	戊	여
子	丑	寅	卯	辰	巳	午	未	運	巳	申	申	戌	자

■ 사주 설명

이 사주는, 절기상 날씨가 한겨울에 자신을 나타내는 글자를 태양불에 비유해서 해석하는 丙火(병화)로 태어났다.

사주에는 기본적으로 木, 火, 土, 金, 水가 골고루 들어있어서 조화와 균형을 이룬 가운데 본인한테 필요한 성분이 많아야 좋은 바, 초가을은 기온이 낮아졌고, 곡식을 익히고 말리는 계절이기 때문에 충분한 열량의 태양이 필요하나, 이 사주에는 찬 기운을 가진 金(쇠)이 3개, 추운 기운을 가진 水(물)가 1개 있어 기온을 낮추지만 화기를 가진 土(흙)가 2개 있어 좋으나, 火(불)를 도와 주는 木(나무)이 없어서 열량이 낮기 때문에 흘러가는 운과 이름에서 덥게 해주는 火(불)와 木(나무)의 기운을 보충 받아야 크게 발전하므로 이름에도 이런 기운을 가진 글자를 선택해서 이름을 지어 사주에 부족한 오행을 채워주었고,

사주가 이런 구조로 태어나면, 성품이 예민하나 두뇌가 좋은 영재형이고, 리더의 기질을 가져 자존심이 강하며, 조심성이 많고, 예쁘게 생겼으며,

직업 인연은, 자기 사주에서 어떤 인연을 갖고 태어났느냐와 흘러가는 운에 의해서 결정되는데, 이 사주는 火(불)와 木(나무)과 인연이라서 이에 해당하는 직업을 갖게 되는데, 火와 木은 말하는 직업이나 교육자, 항공, 방송, 전자분야에 인연이고, 그 밖에도 사람의 생명을 살리는 의료분야에 인연이 크며,

운의 흐름은, 태어나서부터 37세까지는 이 사주에 가장 필요한 더운 火(불)운이 오므로 매우 좋고, 38세부터 47세까지는 습한 土(흙)운이 오므로 평범하며, 48세부터 67세까지는 따뜻한 木(나무)운이 와서 火(불)를 도와주므로 오므로 좋으며, 68세부터 말년까지는 추운 기운을 가진 水(물)운이 오므로 약해집니다만, 전체적으로 보면 초년부터 약 70년 동안 운의 흐름이 좋기 때문에 크게 성공할 것이다.

위에서 설명한 운의 흐름은 10년간씩을 한꺼번에 보는 운이고, 그해 그해의 운의 흐름이 다르기 때문에 실제로는 그해의 운에 따라서 변화가 있다.

✿80 | 국씨 남자 작명

■ 사주

74	64	54	44	34	24	14	4		時柱	日柱	月柱	年柱	
庚	辛	壬	癸	甲	乙	丙	丁	大	乙	壬	戊	乙	남
辰	巳	午	未	申	酉	戌	亥	運	巳	辰	子	丑	자

■ 사주 설명

이 사주는, 절기상 날씨가 한겨울에 자신을 나타내는 글자를 강물에 비유해서 해석하는 壬水(임수)로 태어났다.

사주에는 기본적으로 木, 火, 土, 金, 水가 골고루 들어있어서 조화와 균형을 이룬 가운데 본인한테 필요한 성분이 많아야 좋은 바, 겨울은 추운 계절이기 때문에 어떤 인자로 태어난다 해도 추운데다가 오행에서 추운 글자로 해석하는 강물인 壬水(임수)로 태어났기 때문에 기본적으로 추운 환경을 갖고 있는 데다가 사주를 구성하고 있는 주변 환경도 추운 인자가 많으므로 사주를 덥게 해주는 火(불)와 찬 기운과 습기를 제거해주는 土(흙)가 우선 필요하므로 흘러가는 운과 이름에서 이런 기운을 보충받아야 크게 발전하기 때문에 이름에도 이런 기운을 가진 글자를 선택해서 이름을 지어 사주에 부족한 오행을 채워주었고,

사주가 이런 구조로 태어나면, 성품이 예민하나 두뇌가 좋아서 총명하고, 아이디어가 풍부하며, 정이 많고,

직업 인연은, 자기 사주에서 어떤 인연을 갖고 태어났느냐와 흘러가는 운에 의해서 결정되는데, 이 사주는 火(불)와 土(흙)가 인연이라서 이에 해당하는 직업을 갖게 되는데, 火는 돈과 관련된 금융이나 사업이며, 土는 조직성 직업군이나 토목, 건축과 관련된 직업군에 인연이며,

운의 흐름은, 태어나서부터 13세까지는 水(물)운이 오므로 약했고, 14세부터 23세까지는 건조한 土(흙)운이 오므로 좋으며, 24세부터 43세까지는 찬 기운을 가진 金(쇠)운이 오므로 평범하며, 44세부터 73세까지는 이 사주에 가장 필요한 火(불)운이 오므로 매우 좋아서 크게 발전할 것이며, 74세부터 말년까지는 따뜻한 기운을 가진 木(나무)운이 오므로 좋기 때문에 전체적으로 보면 운의 흐름이 좋고, 돈복이 있어 큰 부자가 될 것이다.

위에서 설명한 운의 흐름은 10년간씩을 한꺼번에 보는 운이고, 그해 그해의 운의 흐름이 다르기 때문에 실제로는 그해의 운에 따라서 변화가 있다.

❀81 | 권씨 여자 작명

■ 사주

73	63	53	43	33	23	13	3		時柱	日柱	月柱	年柱	
甲	乙	丙	丁	戊	己	庚	辛	大	乙	壬	壬	戊	여
寅	卯	辰	巳	午	未	申	酉	運	巳	午	戌	戌	자

■ 사주 설명

이 사주는, 절기상 날씨가 싸늘한 늦가을에 자신을 나타내는 글자를 강물에 비유해서 해석하는 壬水(임수)로 태어났다.

일반적인 사주에는 기본적으로 木, 火, 土, 金, 水가 골고루 들어 있어서 조화와 균형을 이룬 가운데 본인한테 필요한 성분이 많아야 좋으나, 이 사주는 강물인 水(물)로 태어나 자신과 같은 성분인 水(물)는 하나 더 있으나 뿌리가 전혀 없고, 그 대신 자신을 극하는 火(불)와 土(흙)의 세력이 너무 강해서 도저히 水(물)로서의 기능을 할 수 없으므로, 강한 세력으로 변신을 한 종살격 사주라서 일반격 사주와는 다르게 오히려 자신(壬水)을 극하는 작용을 하는 건조한 土(흙)와 더운 성분을 갖고 있어 土(흙)를 도와주는 火(불)가 필요하므로 흘러가는 운과 이름에서 이런 기운을 만나야 크게 발전하기 때문에 이름에도 이런 기운을 가진 글자를 넣어 이름을 지어 사주에 부족한 오행을 채워주었고,

사주가 이런 구조로 태어나면, 성품이 리더형으로 자존심이 강하고, 두뇌가 좋아 총명하며, 원칙적이라 정직하고, 인물이 예쁘며, 좋은 직업과 훌륭한 남편을 만날

운명이고,

직업 인연은, 자기 사주에서 어떤 인연을 갖고 태어났느냐와 흘러가는 운에 의해서 결정되는데, 이 사주는 土(흙)와 火(불)가 인연이라서 이에 해당하는 직업을 갖게 되므로 공무원, 법관, 금융전문가와 인연이고, 사람의 생명을 살리는 의사와도 인연이며,

운의 흐름은, 태어나서부터 22세까지는 金(쇠)운이 오므로 평범하고, 23세부터 52세까지는 火(불)운이 오므로 매우 좋으며, 53세부터 62세까지는 습한 기운을 가진 土(흙)운이 오므로 평범하며, 63세부터 말년까지는 木(나무)운이 평범하나, 사주 구조와 운의 흐름이 좋기 때문에 크게 성공할 것이다.

위에서 설명한 운의 흐름은 10년간씩을 한꺼번에 보는 운이고, 그해 그해의 운의 흐름이 다르기 때문에 실제로는 그해의 운에 따라서 변화가 있다.

❀82 | 기씨 남자 작명

■ 사주

77	67	57	47	37	27	17	7		時柱	日柱	月柱	年柱	
甲	乙	丙	丁	戊	己	庚	辛	大	戊	壬	壬	戊	남
寅	卯	辰	巳	午	未	申	酉	運	申	午	戌	戌	자

■ 사주 설명

이 사주는, 절기상 날씨가 싸늘한 늦가을에 자신을 나타내는 글자를 강물에 비유해서 해석하는 壬水(임수)로 태어났다.

사주에는 기본적으로 木, 火, 土, 金, 水가 골고루 들어있어서 조화와 균형을 이룬 가운데 본인한테 필요한 성분이 많아야 좋은 바, 가을에는 곡식을 거둬들이고, 말리는 계절이라서 水(물)가 너무 많으면 기온이 낮아지므로 나쁘지만, 이 사주에는 水(물)를 극하는 土(마른 흙)가 4개로 너무 많은 데다 土(흙)를 도와주는 火(불)까지 1개가 있어 자신(壬水)이 심하게 극을 받아 힘이 약해서 엄마로 해석하는 1개의 金(쇠)에 의지하고 있는 상태이기 때문에 자신과 같은 성분인 水(물)와 水를 도와주는 金(쇠)이 더 많이 필요하므로 흘러가는 운과 이름에서 이런 기운을 보충 받아야 크게 발전하기 때문에 이름에도 이런 기운을 가진 글자를 넣어 이름을 지어 사주에 필요한 오행을 채워주었고,

사주가 이런 구조로 태어나면, 성품이 예민하고 두뇌가 매우 좋으며, 조심성이 많아서 일의 추진력이 약하고,

직업 인연은, 자기 사주에서 어떤 인연을 갖고 태어났느냐와 흘러가는 운에 의해서 결정되는데, 이 사주는 水(물)와 金(쇠)이 인연이라서 이에 해당하는 직업을 갖게 되는데, 공직 계통이나 연구직종 또는 교육 직종이나 법관과 인연이고, 의사와도 잘 맞으며,

운의 흐름은, 태어나서부터 36세까지는 水(물)운이 오므로 매우 좋고, 37세부터 56세까지는 木(나무)운이 오므로 평범하며, 57세부터 66세까지는 습한 土(흙)운이 오므로 좋으며, 67세부터 말년은 火(불)운이 오므로 약해진다.

위에서 설명한 운의 흐름은 10년간씩을 한꺼번에 보는 운이고, 그해 그해의 운의 흐름이 다르기 때문에 실제로는 그해의 운에 따라서 변화가 있다.

❀83 | 길씨 남자 작명

■사주

74	64	54	44	34	24	14	4		時柱	日柱	月柱	年柱	
庚	己	戊	丁	丙	乙	甲	癸	大	乙	壬	壬	戊	남
午	巳	辰	卯	寅	丑	子	亥	運	巳	辰	戌	戌	자

■사주 설명

이 사주는, 절기상 날씨가 싸늘한 늦가을에 자신을 나타내는 글자를 강물에 비유해서 해석하는 壬水(임수)로 태어났다.

일반적인 사주에는 기본적으로 木, 火, 土, 金, 水가 골고루 들어 있어서 조화와 균형을 이룬 가운데 본인한테 필요한 성분이 많아야 좋으나, 이 사주는 자신(壬水)과 같은 성분은 2개인데 반해 자신을 극(공격)하는 土(흙)가 4개이고, 火(불)가 하나 있으며, 힘을 약하시키는 木(나무)이 1개 있고, 壬水(물)를 돕는 金(쇠)이 없어 자신의 힘이 매우 약하므로 균형을 잡아주는 水(물)와 금(쇠)이 많이 필요하기 때문에 흘러가는 운과 이름에서 이런 기운을 만나야 크게 발전하기 때문에 이름에도 이런 기운을 가진 글자를 넣어 이름을 지어 사주에 부족한 오행을 채워주었고,

사주가 이런 구조로 태어나면, 성품이 성실하나, 예민하며, 조심성이 많으며, 아이큐가 매우 높은 영재형이고,

직업 인연은, 자기 사주에서 어떤 인연을 갖고 태어났느냐와 흘러가는 운에 의해

서 결정되는데, 이 사주는 水(물)와 金(쇠)이 인연이라서 이에 해당하는 직업을 갖게 되므로 외무공무원, 법관, 연구원과 인연이고, 사람의 생명을 살리는 의사와도 잘 맞으며,

운의 흐름은, 태어나서부터 33세까지는 水(물)운이 오므로 매우 좋고, 34세부터 53세까지는 木(나무)운이 오므로 좋으며, 54세부터 63세까지는 습한 기운을 가진 土(흙)운이 오므로 평범하며, 64세부터 말년까지는 火(불)운이 평범하다.

위에서 설명한 운의 흐름은 10년간씩을 한꺼번에 보는 운이고, 그해 그해의 운의 흐름이 다르기 때문에 실제로는 그해의 운에 따라서 변화가 있다.

✿85 | 나씨 여자 작명

■ 사주

71	61	51	41	31	21	11	1		時柱	日柱	月柱	年柱	
丁	戊	己	庚	辛	壬	癸	甲	大	壬	丙	乙	丙	여
亥	子	丑	寅	卯	辰	巳	午	運	辰	辰	未	寅	자

■ 사주 설명

이 사주는, 절기상 날씨가 무더운 늦여름에 자신을 나타내는 글자를 태양불에 비유해서 해석하는 丙火(병화)로 태어났다.

사주에는 기본적으로 木, 火, 土, 金, 水가 골고루 들어있어서 조화와 균형을 이룬 가운데 본인한테 필요한 성분이 많아야 좋은 바, 여름은 더운 계절인 데다 더군다나 태양불이면서 태양불을 돕는 나무(木)도 있어 화력이 강한데 이는 결국 본인인 火(불)의 세력이 강하다는 것을 의미하므로 열기를 식히기 위해서 추운 성분을 갖고 있는 水(물)가 우선 필요하고, 水를 돕는 기능을 해주는 金(금)이 필요하므로 흘러가는 운과 이름에서 이런 기운을 보충 받아야 크게 발전하기 때문에 이름에도 이런 기운을 가진 글자를 넣어 이름을 지어 사주에 부족한 오행을 채워주었고,

사주가 이런 구조로 태어나면, 성품이 리더형으로 자존심이 매우 강하고, 총명하며, 원칙적이라 정직하고,

직업 인연은, 자기 사주에서 어떤 인연을 갖고 태어났느냐와 흘러가는 운에 의해

서 결정되는데, 이 사주는 水(물)와 金(쇠)이 인연이라서 이에 해당하는 직업을 갖게 되는데, 水는 명예를 추구하는 직업과 관련이고, 金은 돈과 관련된 금융이나 사업이며,

운의 흐름은, 태어나서부터 20세까지는 火(불)운이 오므로 약했고, 21세부터 30세까지는 습한 土(흙)운이 오므로 좋으며, 31세부터 50세까지는 따뜻한 기운을 가진 木(나무)운이 오므로 평범하며, 51세부터 말년까지는 열기를 식혀주는 기운을 가진 水(나무)운이 오므로 좋기 때문에 중년이후의 운의 흐름이 좋기 때문에 크게 발전할 것이다.

위에서 설명한 운의 흐름은 10년간씩을 한꺼번에 보는 운이고, 그해 그해의 운의 흐름이 다르기 때문에 실제로는 그해의 운에 따라서 변화가 있다.

✿ 85 | 남씨 여자 작명

■ 사주

73	63	53	43	33	23	13	3		時柱	日柱	月柱	年柱	
乙	丙	丁	戊	己	庚	辛	壬	大	己	辛	癸	戊	여
卯	辰	巳	午	未	申	酉	戌	運	亥	亥	亥	戌	자

■ 사주 설명

이 사주는, 절기상 날씨가 추워지기 시작한 초겨울에 자신을 나타내는 글자를 보석 金(쇠)에 비유해서 해석하는 辛金(신금)으로 태어났다.

사주에는 기본적으로 木, 火, 土, 金, 水가 골고루 들어 있어서 조화와 균형을 이룬 가운데 본인한테 필요한 성분이 많아야 좋은 바, 자신인 보석 金(쇠)은 불(火)에 의해 아름답고 정교하게 가공된 귀중한 물건에 비유하기 때문에 빛이 나야하므로 火(불)가 가장 필요하나 나타나지 않아 아쉽고, 반면에 찬 기운을 가진 水(물)가 너무 많아 보석이 빛을 발하지 않을 뿐만 아니라 사주가 냉하므로 균형을 잡아주기 위해서 건조한 성분을 가진 土(흙)가 있지만 더 필요하므로 흐르는 운이나 이름에 이런 기운을 가진 글자를 넣어서 이름을 지어 사주에 부족한 오행을 채워 주었고,

사주가 이런 구조로 태어나면, 성품이 두뇌가 좋아서 총명하고, 남자한테는 까칠하며, 인정이 많고, 예쁘며,

직업 인연은, 자기 사주에서 어떤 인연을 갖고 태어났느냐와 흘러가는 운에 의해

서 결정되는데, 이 사주는 土(흙)와 火(불)가 인연이라서 이에 해당하는 직업을 갖게 되므로 교육자나 연구 직종 또는 법과 관련 직종, 그리고, 사람의 생명을 살리는 의료 직종과도 인연이고,

운의 흐름은, 태어나서부터 12세까지는 건조한 기운을 가진 土(흙)운이 오므로 좋고, 13세부터 32세까지는 자신 金(쇠)과 같은 성분으로 찬 기운을 가진 金(쇠)운이 오므로 평범하며, 33세부터 62세까지는 이 사주에 가장 필요한 더운 기운을 가진 火(불)운이 오므로 매우 좋고, 63세부터 72세까지는 습한 기운을 가진 土(흙)운이 오므로 평범하며, 73세부터 말년까지는 따뜻한 기운을 가진 木(나무)운이 오므로 역시 평범하다.

위에서 설명한 운의 흐름은 10년간씩을 한꺼번에 보는 운이고, 그해 그해의 운의 흐름이 다르기 때문에 실제로는 그해의 운에 따라서 변화가 있다.

❀86 | 노씨 남자 작명

■사주

85	75	65	55	45	35	25	15	5		時柱	日柱	月柱	年柱	
壬	辛	庚	己	戊	丁	丙	乙	甲	大	壬	戊	癸	戊	남
申	未	午	巳	辰	卯	寅	丑	子	運	子	午	亥	戌	자

■사주 설명

이 사주는, 절기상 날씨가 추워지기 시작한 초겨울에 자신을 나타내는 글자를 큰 산(흙)에 비유해서 해석하는 戊土(무토)로 태어났다.

사주에는 기본적으로 木, 火, 土, 金, 水가 골고루 들어 있어서 조화와 균형을 이룬 가운데 본인한테 필요한 성분이 많아야 좋은 바, 겨울에 태어난 土(흙)라서 추위를 이기기 위해서 자신의 힘이 강해야 하기 때문에 土(흙)가 여러 개 있어야 하고, 土를 돕는 火(불)도 충분해야 하는데, 이 사주에는 土(흙)가 3개, 火(불)가 1개 가 있으나, 金(쇠)과 木(나무)은 없으며, 水(물)가 4개 있어 자신 土(흙)보다 더 강하므로 강한 水(물)를 다스려 균형과 조화를 맞추기 위해서 건조한 土(흙)와 火(불)가 더 필요하기 때문에 흐르는 운에서 이런 운이 만나야 크게 발전하므로 이름에도 이런 기운을 가진 글자를 넣어서 이름을 지어 사주에 부족한 오행을 채워주었고,

사주가 이런 구조로 태어나면, 성품이 원만해서 둥글둥글하고, 두뇌가 좋아서 총명하고, 잘생겨 여자들한테 인기가 있으며,

직업 인연은, 자기 사주에서 어떤 인연을 갖고 태어났느냐와 흘러가는 운에 의해서 결정되는데, 이 사주는 土(흙)와 火(불)가 인연이라서 이에 해당하는 직업을 갖게 되므로 교육자나 연구 직종 또는 법과 관련 직종, 중년 이후에는 사업에도 인연이고,

운의 흐름은, 태어나서부터 24세까지는 추운 기운을 가진 水(물) 운이 오므로 약하고, 25세부터 44세까지는 따뜻한 성분을 가진 木(나무)운이 오므로 좋으며, 45세부터 54세까지는 습한 기운을 가진 土(흙)운이 오므로 평범하고, 55세부터 84세까지는 이 사주에 가장 필요한 더운 기운을 가진 火(불)운이 오므로 매우 좋아서 큰 부자가 될 것이며, 84세부터 말년까지는 찬 기운을 가진 金(쇠)운이 오므로 평범하다.

위에서 설명한 운의 흐름은 10년간씩을 한꺼번에 보는 운이고, 그해 그해의 운의 흐름이 다르기 때문에 실제로는 그해의 운에 따라서 변화가 있다.

❀87 | 도씨 여자 작명

■ 사주

86	76	66	56	46	36	26	16	6		時柱	日柱	月柱	年柱	
癸	甲	乙	丙	丁	戊	己	庚	辛	大	庚	戊	壬	甲	여
亥	子	丑	寅	卯	辰	巳	午	未	運	申	戌	申	寅	자

■ 사주 설명

이 사주는, 절기상 날씨가 서늘해지기 시작한 초가을에 자신을 나타내는 글자를 큰 산(土)에 비유해서 해석하는 戊土(무토)로 태어났다.

사주에는 기본적으로 木, 火, 土, 金, 水가 골고루 들어 있어서 조화와 균형을 이룬 가운데 본인한테 필요한 성분이 많아야 좋으나, 자신인 土(흙)의 역할은 남편으로 해석하는 나무(木)를 기르는 것인데, 사주에 큰 나무가 나타나 있어 언뜻 좋아 보이나 자식으로 해석하는 金(쇠)이 많아 木(나무)을 자르는 구조라서 이를 막으려면 자신 土(흙)를 도와주며 어머니로 해석하는 火(불)가 절실히 필요하나 없어서 아쉬우며, 설령 金(쇠)이 木(나무)을 자르지 않더라도 자신(土)의 힘이 약해서 나무(木)를 기르기 어렵기 때문에 자식을 낳은 후 이혼했을 것이며, 부친과 돈으로 해석하는 水(물)가 자신을 도와주지 않으므로 경제적으로도 어렵기 때문에 이를 보완하기 위해서 火(불)와 土(흙)가 필요하므로 흘러가는 운과 이름에서 이런 기운을 만나야 크게 발전하므로 이름에도 이런 기운을 가진 글자를 넣어서 이름을 지어 사주에 부족한 오행을 채워주었고,

사주가 이런 구조로 태어나면, 성품이 원만하고, 성실하며 착하지만 유독 남편으로부터는 불신을 받게 되며, 인정이 많고, 일의 추진함에 있어 신중하며,

직업 인연은, 자기 사주에서 어떤 인연을 갖고 태어났느냐와 흘러가는 운에 의해서 결정되는데, 이 사주는 土(흙)나 火(불)와 관련된 교육자나 연구 직종 또는 법과 관련 직종, 그리고, 사람의 생명을 살리는 의료 직종과도 인연이고,

운의 흐름은, 태어나서부터 25세까지는 자신(土)을 도와주는 火(불)운이 오므로 좋고, 26세부터 35세까지는 火(불)운이 오긴했으나 남편으로 해석하는 木(나무)을 흔들고 오기 때문에 마음고생이 따르며, 36세부터 45세까지는 자신에게 해를 끼치는 습한 기운을 가진 土(흙)운이 와서 부부자리를 파괴하므로 역시 마음고생이 따르고, 46세부터 65세까지는 木(나무)운이 오므로 평범하고, 66세부터 말년까지는 水(물)운이 약해진다.

위에서 설명한 운의 흐름은 10년간씩을 한꺼번에 보는 운이고, 그해 그해의 운의 흐름이 다르기 때문에 실제로는 그해의 운에 따라서 변화가 있다.

⊛88 | 마씨 여자 작명

■ 사주

76	66	56	46	36	26	16	6		時柱	日柱	月柱	年柱	
乙	丙	丁	戊	己	庚	辛	壬	大	乙	壬	癸	戊	坤
卯	辰	巳	午	未	申	酉	戌	運	巳	戌	亥	戌	命

■ 사주 설명

이 사주는, 절기상 날씨가 추워지기 시작한 초겨울에 자신을 나타내는 글자를 강물(水)에 비유해서 해석하는 壬水(임수)로 태어났다.

사주에는 기본적으로 木, 火, 土, 金, 水가 골고루 들어 있어서 조화와 균형을 이룬 가운데 본인한테 필요한 성분이 많아야 좋으나, 자신인 水(물)가 3개이고 水를 도와주는 金(쇠)이 없으며, 자신을 극하는 土(흙)가 3개이고, 土를 돕는 火(불)가 1개이며, 水의 기운을 감소시키면서 火를 돕는 木(나무)이 1개라서 결국 자신 의 힘이 약해서 균형을 이루지 못하였으므로 균형을 맞추기 위해서 金(쇠)과 水(물)가 더 필요하기 때문에 흘러가는 운과 이름에서 이런 기운을 만나야 크게 발전하므로 이름에도 이런 기운을 가진 글자를 넣어서 이름을 지어 사주에 부족한 오행을 채워주었고,

사주가 이런 구조로 태어나면, 성품이 원만하고, 성실하며 착하고, 총명하며 잘생겼으며, 일의 추진함에 있어 신중하고,

직업 인연은, 자기 사주에서 어떤 인연을 갖고 태어났느냐와 흘러가는 운에 의해서 결정되는데, 이 사주는 水(물)나 金(쇠)과 관련된 일반 직장인이나 교육자, 연구 직종 또는 법과 관련 직종, 그리고, 사람의 생명을 살리는 의료 직종 또는 전문 직종에도 인연이고,

운의 흐름은, 태어나서부터 15세까지는 자신(물)을 극하는 土(흙)운이 오므로 약하고, 16세부터 35세까지는 金(쇠)운이 오므로 좋으며, 36세부터 65세까지는 더운 기운을 가진 火(불)운이 오므로 마음고생이 따르고, 66세부터 75세까지는 습한 土(흙)운이 오므로 평범하고, 76세부터 말년까지는 木(나무)운이 평범하다.

위에서 설명한 운의 흐름은 10년간씩을 한꺼번에 보는 운이고, 그해 그해의 운의 흐름이 다르기 때문에 실제로는 그해의 운에 따라서 변화가 있다.

■ 사주

72	62	52	42	32	22	12	2		時柱	日柱	月柱	年柱	
乙	丙	丁	戊	己	庚	辛	壬	大	乙	丁	癸	庚	여
亥	子	丑	寅	卯	辰	巳	午	運	巳	亥	未	申	자

■ 사주 설명

이 사주는, 절기상 날씨가 더운 늦여름에 자신을 나타내는 글자를 인공 불에 비유해서 해석하는 丁火(정화)로 태어났다.

사주에는 기본적으로 木, 火, 土, 金, 水가 골고루 들어 있어서 조화와 균형을 이룬 가운데 본인한테 필요한 성분이 많아야 좋은 바, 여름에 태어난 火(불)는 생명체인 木(나무)을 기르는 것이 본분이므로 충분한 열량이 필요하나 이 사주에는 더운 기운을 가진 火(불)가 2개, 따뜻한 기운이면서 火(불)를 도와주는 木(나무)이 1개, 건조한 土(흙)가 1개, 추운 기운이면서 火(불)를 끄는 水(물)가 2개, 찬 기운이면서 水(물)를 돕는 金(쇠)이 2개로 구성되어 결국은 水(물)가 많아서 자신인 火(불)의 힘이 약하므로 흐르는 운에서 火(불)와 木(나무)운을 만나야 발전하기 때문에 이름에도 이런 기운을 가진 글자를 넣어서 이름을 지어 사주에 부족한 오행을 채워주었고,

사주가 이런 구조로 태어나면, 성품이 여리고 감성적이며, 예민하나 성실하고, 두뇌가 좋으며, 예쁘며,

직업 인연은, 자기 사주에서 어떤 인연을 갖고 태어났느냐와 흘러가는 운에 의해서 결정되는데, 이 사주는 火(불)와 木(나무)이 인연이라서 이에 해당하는 직업을 갖게 되므로 교육자나 연구 직종 또는 항공관련 직종, 그리고, 사람의 생명을 살리는 의료 직종과도 인연이고,

운의 흐름은, 태어나서부터 21세까지는 자신(火)과 같은 성분인 火(불)운이 오므로 좋고, 22세부터 31세까지는 습해서 화기를 흡수하는 성분인 土(흙)운이 오므로 약하고, 32세부터 51세까지는 火(불)를 도와주는 따뜻한 성분을 가진 木(나무)운이 오므로 좋고, 52세부터 말년까지는 火(불)를 끄는 水(물)운이 오므로 약해진다.

위에서 설명한 운의 흐름은 10년간씩을 한꺼번에 보는 운이고, 그해 그해의 운의 흐름이 다르기 때문에 실제로는 그해의 운에 따라서 변화가 있다.

■사주

82	72	62	52	42	32	22	12	2		時柱	日柱	月柱	年柱
丙	乙	甲	癸	壬	辛	庚	己	戊	大	丙	辛	丁	癸	여
寅	丑	子	亥	戌	酉	申	未	午	運	申	亥	巳	酉	자

■사주 설명

이 사주는, 절기상 날씨가 더워지기 시작한 초여름에 자신을 나타내는 글자를 보석 金(쇠)에 비유해서 해석하는 辛金(신금)으로 태어났다.

사주에는 기본적으로 木, 火, 土, 金, 水가 골고루 들어 있어서 조화와 균형을 이룬 가운데 본인한테 필요한 성분이 많아야 좋은 바, 자신인 보석 金(쇠)은 무쇠를 용광로 불(火)에 넣어서 아름답고 정교하게 가공해 놓은 물건과 같으므로 잘생겼으나, 남자로 해석하는 火(불)를 싫어하는데도 더운 여름에 태어나 火(불)가 강한 데다 사주에도 火(불)가 너무 많은 관계로 남자를 싫어해서 결혼을 하지 않으려 하거나 결혼을 하면 불화가 생겨 삶에 애로가 많기 때문에 이를 해결하기 위해서는 자신과 같은 성분인 金(쇠)운이 오거나 불(火)을 꺼주는 水(물)운이 오거나 차선책으로 습한 기운을 가지고 있는 土(습한 흙)운을 만나야 하므로 흐르는 운이나 이름에 이런 기운을 가진 글자를 넣어서 이름을 지어 사주에 부족한 오행을 채워주었고,

사주가 이런 구조로 태어나면, 성품이 예민하고, 까칠하며 성실하고 인정이 많으며, 두뇌가 좋고, 예쁘며,

직업 인연은, 자기 사주에서 어떤 인연을 갖고 태어났느냐와 흘러가는 운에 의해서 결정되는데, 이 사주는 金(쇠)과 水(물)가 인연이라서 이에 해당하는 직업을 갖게 되므로 교육자나 연구 직종 또는 해외(무역)와 관련 직종, 그리고, 사람의 생명을 살리는 의료 직종과도 인연이나 초년 운이 약했으므로 서비스 업종에 가장 잘 맞고,

운의 흐름은, 태어나서부터 21세까지는 자신(金)이 가장 싫어하는 火(불)운이 오므로 약하고, 22세부터 41세까지는 자신(쇠)과 같은 성분인 金(쇠)운이 오므로 좋고, 42세부터 51세까지는 자신에게 해를 끼치는 건조한 기운을 가진 土(흙)운이 오므로 약하고, 52세부터 82세까지는 火(불)를 꺼주는 水(물)운이 오므로 매우 좋다.

위에서 설명한 운의 흐름은 10년간씩을 한꺼번에 보는 운이고, 그해 그해의 운의 흐름이 다르기 때문에 실제로는 그해의 운에 따라서 변화가 있다.

❀91 | 반씨 여자 작명

■사주

85	75	65	55	45	35	25	15	5		時柱	日柱	月柱	年柱	
甲	乙	丙	丁	戊	己	庚	辛	壬	大	辛	己	癸	戊	여
寅	卯	辰	巳	午	未	申	酉	戌	運	未	未	亥	戌	자

■사주 설명

이 사주는, 절기상 날씨가 추워지기 시작한 초겨울에 자신을 나타내는 글자를 야산에 비유해서 해석하는 己土(기토)로 태어났다.

사주에는 기본적으로 木, 火, 土, 金, 水가 골고루 들어 있어서 조화와 균형을 이룬 가운데 본인한테 필요한 성분이 많아야 좋으나, 자신과 같은 성분인 건조한 기운을 가진 土(흙)가 5개이고, 습도를 조절해주는 水(물)가 2개이며, 水를 도와주는 金(쇠)이 1개이고, 더운 기운을 가진 火(불)와 따뜻한 기운을 가진 木(나무)은 없으며, 태어난 계절이 겨울임을 감안하더라도 자신인 土(흙)의 힘이 강해서 사주가 건조하므로 土(흙)를 윤습하게 해서 옥토로 만들어 주는 水(물)가 더 필요하며, 水를 도와주는 金(쇠)도 더 필요하기 때문에 흘러가는 운과 이름에서 이런 기운을 만나야 크게 발전하므로 이름에도 이런 기운을 가진 글자를 넣어서 이름을 지어 사주에 부족한 오행을 채워주었고,

사주가 이런 구조로 태어나면, 성품이 원만하고, 일의 추진력이 강하며, 총명하고, 잘생겼으며, 경제적 감각이 발달해 있고,

직업 인연은, 자기 사주에서 어떤 인연을 갖고 태어났느냐와 흘러가는 운에 의해서 결정되는데, 이 사주는 水(물)나 金(쇠)과 관련된 금융업종이나 회계학, 또는 법과 관련 직종, 그리고, 사람의 생명을 살리는 의료 직종에도 인연이 있고,

운의 흐름은, 태어나서부터 14세까지는 자신(土)과 같은 성분인 건조한 土(흙)운이 오므로 약하고, 15세부터 34세까지는 水를 도와주는 金(쇠)운이 오므로 좋으며, 35세부터 64세까지는 더운 기운을 가진 火(불)운이 오므로 평범하고, 65세부터 74세까지는 습한 土(흙)운이 오므로 좋고, 75세부터 말년까지는 木(나무)운이 좋다.

위에서 설명한 운의 흐름은 10년간씩을 한꺼번에 보는 운이고, 그해 그해의 운의 흐름이 다르기 때문에 실제로는 그해의 운에 따라서 변화가 있다.

🏵92 | 방씨 여자 작명

■사주

82	72	62	52	42	32	22	12	2		時柱	日柱	月柱	年柱	
乙	甲	癸	壬	辛	庚	己	戊	丁	大	壬	戊	丙	己	여
酉	申	未	午	巳	辰	卯	寅	丑	運	戌	子	子	亥	자

■사주 설명

이 사주는, 절기상 날씨가 추운 한겨울에 자신을 나타내는 글자를 큰 산(土)에 비유해서 해석하는 戊土(무토)로 태어났다.

일반적인 사주에는 기본적으로 木, 火, 土, 金, 水가 골고루 들어 있어서 조화와 균형을 이룬 가운데 본인한테 필요한 성분이 많아야 좋으나, 이 사주는 겨울에 태어나 추운 데다 추운 기운을 가진 水(물)가 너무 많으므로 자신의 노력과 힘으로 많은 水(물)를 막아내는 땜의 둑과 같은 역할을 해야 하기 때문에 더 많은 건조한 土(흙)가 필요하고, 흙(土)을 단단하게 해주는 火(불)도 더 필요하며, 水(물)를 또 다른 사물에 비유하면 돈(재물)인데, 이 많은 물을 잘 막아 다스리기만 하면 큰 부자가 될 것이므로 흘러가는 운과 이름에서 이런 기운을 만나야 크게 발전하기 때문에 이름에도 이런 기운을 가진 글자를 넣어 이름을 지어 사주에 부족한 오행을 채워 주었고,

사주가 이런 구조로 태어나면, 성품이 원만하고, 성실하여, 이웃과의 교우관계가 좋을 것이며, 일을 추진하는 데 있어 신중하고,

직업 인연은, 자기 사주에서 어떤 인연을 갖고 태어났느냐와 흘러가는 운에 의해서 결정되는데, 이 사주는 土(흙)와 火(불)가 인연이라서 이에 해당하는 직업을 갖게 되므로 교육자나 연구원 또는 법률과 관련 직종, 그리고, 사람의 생명을 살리는 의료 직종과도 인연이며,

운의 흐름은, 태어나서부터 11세까지는 얼어있는 土(흙)운이 오므로 약하고, 12세부터 21세까지는 따뜻한 기운을 가진 木(나무)운이 오므로 좋으며, 32세부터 41세까지는 습한 기운을 가진 土(흙)운이 오므로 약하며, 42세부터 71세까지는 더운 기운을 가진 火(불)운이 오므로 매우 좋고, 72세부터 말년까지는 金(쇠)운이 오므로 평범하나, 사주 구조와 운의 흐름이 좋기 때문에 경제적으로는 일생 성공한 삶을 살아갈 것이다.

위에서 설명한 운의 흐름은 10년간씩을 한꺼번에 보는 운이고, 그해 그해의 운의 흐름이 다르기 때문에 실제로는 그해의 운에 따라서 변화가 있다.

❀93 | 변씨 여자 작명

■ 사주

75	65	55	45	35	25	15	5		時柱	日柱	月柱	年柱	
丙	丁	戊	己	庚	辛	壬	癸	大	辛	己	甲	戊	여
辰	巳	午	未	申	酉	戌	亥	運	未	丑	子	戌	자

■ 사주 설명

이 사주는, 절기상 날씨가 추운 한겨울에 자신을 나타내는 글자를 야산에 비유해서 해석하는 己土(기토)로 태어났다.

사주에는 기본적으로 木, 火, 土, 金, 水가 골고루 들어 있어서 조화와 균형을 이룬 가운데 본인한테 필요한 성분이 많아야 좋으나, 겨울생이라 추운 기운이 강한데 추운 기운을 가진 水(물)와 金이 각 1개씩 있고, 자신과 같은 성분인 土(흙)가 5개로 많지만 추위를 막아줄 더운 기운을 가진 火(불)가 없어 아쉬우나 火(불) 대용으로 쓸 따뜻한 기운을 가진 木(나무)이 나타나 있어 좋은데, 훗날 남편이면서 직업으로 삼을 이 나무(木)를 건강하게 길러야 하므로 더운 기운을 가진 火(불)와 따뜻한 기운을 가진 木(나무)이 더 필요하므로 흘러가는 운과 이름에서 이런 기운을 만나야 크게 발전하기 때문에 이런 기운을 가진 글자를 넣어서 이름을 지어 사주에 필요한 오행을 채워주었고,

사주가 이런 구조로 태어나면, 성품이 원칙적이고, 고지식하며, 일의 추진력이 강하고, 두뇌가 매우 좋으며,

직업 인연은, 자기 사주에서 어떤 인연을 갖고 태어났느냐와 흘러가는 운에 의해서 결정되는데, 이 사주는 火(불)나 木(나무)과 관련된 고급 공무원이나 법관, 교육 분야에 인연이고, 사람의 생명을 살리는 의료 직종에도 인연이며,

운의 흐름은, 태어나서부터 14세까지는 추운 성분인 水(물)운이 오므로 약하고, 15세부터 24세까지는 건조한 기운을 가진 土(흙)운이 오므로 좋으며, 25세부터 44세까지는 찬 기운을 가진 金(쇠) 운이 오므로 평범하고, 45세부터 말년까지는 이 사주에 가장 필요하면서 더운 성분을 가진 火(불)운이 오므로 매우 좋다.

위에서 설명한 운의 흐름은 10년간씩을 한꺼번에 보는 운이고, 그해 그해의 운의 흐름이 다르기 때문에 실제로는 그해의 운에 따라서 변화가 있다.

❀94 │ 복씨 남자 작명

■ 사주

73	63	53	43	33	23	13	3		時柱	日柱	月柱	年柱	
辛	庚	己	戊	丁	丙	乙	甲	大	己	癸	癸	戊	남
未	午	巳	辰	卯	寅	丑	子	運	未	亥	亥	戌	자

■ 사주 설명

이 사주는, 절기상 날씨가 추워지기 시작한 초겨울에 자신을 나타내는 글자를 겨울 비에 비유해서 해석하는 癸水(계수)로 태어났다.

사주에는 기본적으로 木, 火, 土, 金, 水가 골고루 들어 있어서 조화와 균형을 이룬 가운데 본인한테 필요한 성분이 많아야 좋으나, 겨울생이라 추운 기운이 강한데다 자신과 같은 성분으로 추운 기운을 가진 水(물)가 4개라서 자신의 세력이 강하고, 따뜻한 기운을 가지고 있는 木(나무)과 더운 기운을 가진 火(불), 찬 기운을 가진 金(쇠)이 없으나, 강한 水(물)의 기운을 다스리고 조정해줄 건조한 기운을 가진 土(흙)가 4개 있어 이 사주의 형상을 자연 현상에 비추어 보면 큰 호수의 물을 강한 土(흙)로 큰 제방을 쌓아 막고 있는 구조라서 土(흙)의 힘이 더 강해져야 하므로 건조한 土(흙)가 더 필요하고, 土(흙)를 더 강하게 해줄 더운 기운을 가진 火(불)도 필요하므로 흘러가는 운과 이름에서 이런 기운을 만나야 크게 발전하기 때문에 이런 기운을 가진 글자를 넣어서 이름을 지어 사주에 필요한 오행을 채워주었고,

사주가 이런 구조로 태어나면, 성품이 원칙적이고, 고지식하며, 일의 추진력이 강

하고, 두뇌가 매우 좋은 영재형이며,

직업 인연은, 자기 사주에서 어떤 인연을 갖고 태어났느냐와 흘러가는 운에 의해서 결정되는데, 이 사주는 土(흙)나 火(불)와 관련된 고급 공무원이나 법관, 토목, 건축분야, 금융업종이나 회계학, 중년 이후에는 사업에도 인연이 있어 크게 성공할 것이며,

운의 흐름은, 태어나서부터 22세까지는 자신과 같은 추운 성분인 水(물)운이 오므로 평범하고, 23세부터 42세까지는 따뜻한 기운을 가진 木(나무)운이 오므로 좋으며, 43세부터 52세까지는 습한 기운을 가진 土(흙)운이 오므로 평범하고, 53세부터 말년까지는 따뜻한 성분이고 돈으로 해석하는 火(불)운이 오므로 매우 좋다.

위에서 설명한 운의 흐름은 10년간씩을 한꺼번에 보는 운이고, 그해 그해의 운의 흐름이 다르기 때문에 실제로는 그해의 운에 따라서 변화가 있다.

❀95 | 변씨 남자 작명

■ 사주

78	68	58	48	38	28	18	8		時柱	日柱	月柱	年柱	
壬	辛	庚	己	戊	丁	丙	乙	大	壬	庚	甲	戊	남
申	未	午	巳	辰	卯	寅	丑	運	午	辰	子	戌	자

■ 사주 설명

이 사주는, 절기상 날씨가 추운 한겨울에 자신을 나타내는 글자를 무쇠 金에 비유해서 해석하는 庚金(경금)으로 태어났다.

사주에는 기본적으로 木, 火, 土, 金, 水가 골고루 들어 있어서 조화와 균형을 이룬 가운데 본인한테 필요한 성분이 많아야 좋으나, 무쇠 金은 기본적으로 가공되어 지지 않는 물건에 비유하기 때문에 쇠를 녹이는 火(불)를 좋아하므로 火가 있어야 좋은데 태어난 시간에 火가 있고, 화력을 발생시켜줄 木(나무)이 있으며, 습기를 막아줄 건조한 土(흙)도 있어서 좋으나, 한겨울에 태어나 추운 데다 불을 꺼뜨리는 水(물)가 2개 있고, 한기를 조장하는 습한 土(흙)가 있어 종합적으로는 화력이 다소 약하므로 더운 기운을 가진 火(불)와 불을 피우는 장작으로 작용해주는 木(나무)이 더 필요하기 때문에 흘러가는 운과 이름에서 이런 기운을 만나야 크게 발전하므로 이런 기운을 가진 글자를 넣어서 이름을 지어 사주에 필요한 오행을 채워주었고,

사주가 이런 구조로 태어나면, 성품이 남성적이고, 자신의 의지가 강해서 일의 추

진력이 강하며, 두뇌가 매우 좋고,

직업 인연은, 자기 사주에서 어떤 인연을 갖고 태어났느냐와 흘러가는 운에 의해서 결정되는데, 이 사주는 火(불)나 木(나무)과 관련된 직업인 고급 공무원이나 법관, 금융업종이나 회계사, 의료 직종에 인연이고, 중년 이후에는 사업을 해도 크게 성공할 것이며,

운의 흐름은, 태어나서부터 17세까지는 얼어있는 土(흙)운이 오므로 평범하고, 18세부터 37세까지는 따뜻한 기운을 가진 木(나무)운이 오므로 좋으며, 38세부터 47세까지는 습한 기운을 가진 土(흙)운이 오므로 평범하고, 48세부터 말년까지는 이 사주에 가장 필요한 더운 성분을 가진 火(불)운이 오므로 매우 좋다.

위에서 설명한 운의 흐름은 10년간씩을 한꺼번에 보는 운이고, 그해 그해의 운의 흐름이 다르기 때문에 실제로는 그해의 운에 따라서 변화가 있다.

❀96 | 선씨 남자 작명

■사주

75	65	55	45	35	25	15	5		時柱	日柱	月柱	年柱	
壬	辛	庚	己	戊	丁	丙	乙	大	己	戊	甲	戊	남
申	未	午	巳	辰	卯	寅	丑	運	未	子	子	戌	자

■사주 설명

이 사주는, 절기상 날씨가 가장 추운 한겨울에 자신을 나타내는 글자를 겨울 산에 비유해서 해석하는 戊土(무토)로 태어났다.

사주에는 기본적으로 木, 火, 土, 金, 水가 골고루 들어 있어서 조화와 균형을 이룬 가운데 본인한테 필요한 성분이 많아야 좋으나, 한겨울생에 태어난 큰 산으로, 자신과 같은 글자인 土(흙)가 다섯개라서 크고 넓은 산인데, 이렇게 크고 넓은 산에 소나무와 같은 큰 거목을 기르고 있는 형상이라 좋은 사주로, 생명체인 나무를 기르기 위해서는 더운 기운을 가진 火(불)가 많이 있어야 좋으나 나타나지 않아 다소 아쉬우나 다행히도 火(불)를 품고 있는 건 조한 土(흙)가 있어 火를 대신해주고 있어 좋지만 火와 火를 생해주는 木(나무)이 더 필요하므로 흘러가는 운과 이름에서 이런 기운을 만나야 크게 발전하기 때문에 이런 기운을 가진 글자를 넣어서 이름을 지어 사주에 필요한 오행을 채워주었고,

사주가 이런 구조로 태어나면, 성품이 원칙적이고, 고지식하며, 일의 추진력이 강하고, 두뇌가 매우 좋아 총명하며,

직업 인연은, 자기 사주에서 어떤 인연을 갖고 태어났느냐와 흘러가는 운에 의해서 결정되는데, 이 사주는 木(나무)이나 火(불)와 관련된 고급 공무원이나 법관, 전자공학, 그리고, 사람의 생명을 살리는 의료 직종(의사)과도 인연이 있어 크게 성공할 것이며,

운의 흐름은, 태어나서부터 14세까지는 얼어있어 추운 성분인 土(흙)운이 오므로 평범하고, 15세부터 34세까지는 따뜻한 기운을 가진 木(나무)운이 오므로 매우 좋으며, 35세부터 44세까지는 습한 기운을 가진 土(흙)운이 오므로 평범하고, 45세부터 말년까지는 더운 기운을 갖고 있는 火(불)운이 오므로 매우 좋고, 전체적으로 운의 흐름이 매우 좋아서 크게 성공할 것이다.

위에서 설명한 운의 흐름은 10년간씩을 한꺼번에 보는 운이고, 그해 그해의 운의 흐름이 다르기 때문에 실제로는 그해의 운에 따라서 변화가 있다.

■사주

84 74 64 54 44 34 24 14 4			時柱	日柱	月柱	年柱
甲 乙 丙 丁 戊 己 庚 辛 壬	大		乙	甲	癸	戊	여
寅 卯 辰 巳 午 未 申 酉 戌	運		亥	寅	亥	戌	자

■사주 설명

이 사주는, 절기상 날씨가 추워지기 시작한 초겨울에 자신을 나타내는 글자를 큰 나무에 비유해서 해석하는 甲木(갑목)으로 태어났다.

사주에는 기본적으로 木, 火, 土, 金, 水가 골고루 들어 있어서 조화와 균형을 이룬 가운데 본인한테 필요한 성분이 많아야 좋으나, 자신과 같은 성분이고 따뜻한 기운을 가진 木(나무)이 3개이고, 추운 기운을 가지고 있는 水(물)가 3개이며, 돈(금고)으로 해석하는 건조한 土(흙)가 2개이고, 더운 기운을 가진 火(불)와 찬 기운을 가진 金(쇠)은 없으며, 태어난 계절이 겨울이고 추운이 강하므로 돈으로 해석하는 土(흙)를 이용해서 추운 기운을 막는 구조라서 돈복을 타고 났고, 土(흙)를 도와주는 火(불)가 나타났으면 더 좋을 것이나 없어서 아쉽기 때문에 흘러가는 운과 이름에서 이런 기운을 만나야 크게 발전하므로 이런 기운을 가진 글자를 넣어서 이름을 지어 사주에 부족한 오행을 채워주었고,

사주가 이런 구조로 태어나면, 성품이 리더형으로 자존심이 강하고, 보수적인 성품을 가졌으며, 원만하고, 일의 추진력이 강하며, 총명하고, 경제적(돈) 감각이 발

달해 있어 사업수완이 좋고,

직업 인연은, 자기 사주에서 어떤 인연을 갖고 태어났느냐와 흘러가는 운에 의해서 결정되는데, 이 사주는 土(흙)나 火(불)와 관련된 금융업종이나 회계학, 사업, 법률, 전자분야와 관련된 직종, 그리고, 사람의 생명을 살리는 의사와도 인연이 있고,

운의 흐름은, 태어나서부터 13세까지는 자신이 가장 필요로 하는 건조한 土(흙)운이 오므로 매우 좋고, 14세부터 34세까지는 찬 기운을 가진 金(쇠)운이 오므로 평범하며, 34세부터 63세까지는 자기가 좋아하는 더운 기운을 가진 火(불)운이 오므로 매우 좋고, 64세부터 73세까지는 습한 土(흙)운이 오므로 평범하며, 74세부터 말년까지는 따뜻한 성분을 가진 木(나무)운이 평범하다.

위에서 설명한 운의 흐름은 10년간씩을 한꺼번에 보는 운이고, 그해 그해의 운의 흐름이 다르기 때문에 실제로는 그해의 운에 따라서 변화가 있다.

고객을 감동시킬 수 있는 방법은
각자의 사주가 다르고, 운의 흐름에 따라
자기가 현재 처해있는 현실이 다르기 때문에
설령 호응은 얻을 수 있을지라도
모든 사람들은 감동시킬 수는 없다.

**부록에 써 놓은 사주풀이서는
필자가 작명 및 개명을 의뢰한 분들에게
이름과 함께 함께 제공했던
자료이니 독자 여러분들은 활용하시고,
더욱 더 발전시키기를 기대합니다.**

자원오행

개정판 작명길라잡이

한길수 작명 · 철학원장 편저

416쪽 | 46판 변형 | 2도
값 48,000원

"2015년 대법원에서 임명용 한자로 추가 지정한 2,700여자와 기존에 사용하고 있는 5,400여자를 합하여 총 8,100여자에 대한 부수, 획수, 자원오행을 파악해서 빠짐없이 적어놓았으며, 찾기 쉽도록 오행별로 묶어서 기술하였다"

이번에 출간하게 된 "자원오행" "작명 길라잡이"는 기존에 사용하던 인명용 한자 5,400여자 외에 대법원에서 2015년부터 추가로 지정한 인명용 한자 2,700여자를 포함하여 총 8,100여자에 대한 부수, 획수, 자원오행을 파악해서 빠짐없이 적어놓았으며, 찾기 쉽도록 오행별로 묶어서 기술하였고, 같은 뜻을 가진 글자들은 오행에 상관없이 한데 묶어놓음으로써 찾는데 헷갈리지않도록 심혈을 기울였다.

프로방스 | 전국 서점과 인터넷 서점에서 절찬리 판매 중!!
Tel. 031-925-5366~7 Fax. 031-925-5368 E-mail. provence70@naver.com